Tragödie und Neubeginn

Erika Speth / Marlies Kibler

Tragödie und Neubeginn

Umsiedler, Flüchtlinge und Heimatvertriebene, die zwischen 1945 und 1954 nach Möckmühl kamen, erzählen ihre Erlebnisse

Bibliografische Information der Deutschen Nationalbibliothek:
Die Deutsche Nationalbibliothek verzeichnet diese Publikation in der
Deutschen Nationalbibliografie; detaillierte bibliografische Daten
sind im Internet über http://dnb.dnb.de abrufbar.

© 2019 Erika Speth, Marlies Kibler

Herausgeber: Heimatkundlicher Arbeitskreis der Stadt Möckmühl
Einbandmotiv: Mühlgasse Möckmühl um 1950
Foto: Stadtarchiv Möckmühl
Layout: Dr. Thomas Klemm, Leipzig
Karte: Deutsche Siedlungsgebiete im Osten von 1937 © Peter Palm, Berlin
Herstellung und Verlag: BoD – Books on Demand, Norderstedt
ISBN: 978-3-741210129

INHALTSVERZEICHNIS

Einleitung 11

Die Bessarabiendeutschen 23

Umsiedlung der Familie Scheurer aus Mathildendorf in Bessarabien
nach Westpreußen und die spätere Flucht in den Westen 34

Ostpreußen 41

Flucht der Familie Balz aus Kukehnen bei Zinten Kreis Heiligenbeil in
Ostpreußen 48

Schlesische Geschichte 55

Flucht der Familie Grundmann aus Malsen Landkreis Breslau in
Niederschlesien 60

Erinnerungen an die Flucht der Familie Deloch von Possnitz Kreis
Leobschütz in Oberschlesien nach Möckmühl im Jahre 1945 73

Aufzeichnungen von Herrn Emil Hudek über die Flucht von Possnitz nach
Möckmühl im Jahre 1945 84

Emil Hudek – Kunstmaler aus Hochkretscham Kreis Leobschütz / OS 90

Schwarzmeerdeutsche 91

Umsiedlung und anschließende Flucht der Familie Rehberg aus Freudental
in der Schwarzmeerregion 96

Umsiedlung und anschließende Flucht der Familie Schütz aus Freudental
in der Schwarzmeerregion 102

Sudetenland 117

Flucht der Familie Darilek aus Znaim an der Thaja, Landesteil Südmähren
im Sudetenland 123

Ein Rückblick auf die Geschichte des Egerlandes 130

Vertreibung der Familie Wetter aus Poppitz Landkreis Nikolsburg,
Bezirk Lundenburg, Landesteil Südmähren im Sudetenland 134

Vertreibung der Familie Koffend aus Palitz Landkreis und Bezirk Eger,
Egerland im Sudetenland 139

Vertreibung der Familie Wild aus Sandau Kreis Marienbad, Egerland im
Sudetenland und anschließende Flucht aus Möhra bei Meiningen aus der SBZ .. 142

Ungarndeutsche – Donauschwaben 147

Vertreibung der Familie Schissler aus Leinwar Kreis Gran 154

Die Bodenreform von 1945 / 1946 in der SBZ 161

Flucht der Familie Hädicke aus Maasdorf bei Köthen (Südliches Anhalt im
Landkreis Anhalt-Bitterfeld in Sachsen-Anhalt) 163

Anhang 171

Umsiedlungen der in Ost- und Südosteuropa lebenden Deutschen
von 1939 und 1944 171

Dokumente der Alliierten Kontrollkommission in Ungarn 173

Zur Deportierung der Ungarndeutschen in die Sowjetzone Deutschlands 176

Aufruf zur Ausweisung der Familie Affenzeller aus Tichá, früher Oppolz
Kreis Kaplitz, heute Kreis Český Krumlov, Südböhmen, am 18.9.1946 179

Das Kriegsgefangenenlager in Heilbronn-Böckingen 181

Lastenausgleich 183

Herkunftsgebiete der Umsiedler, Flüchtlinge und Heimatvertriebenen 184

Zuzugsjahr der Umsiedler, Flüchtlinge und Heimatvertriebenen 185

Altersstruktur der Umsiedler, Flüchtlinge und Heimatvertriebenen 185

Religionszugehörigkeit der Umsiedler, Flüchtlinge und Heimatvertriebenen 186

Sudetendeutsche Heimatvertriebene 186

Ungarndeutsche Heimatvertriebene 187

DANKSAGUNG

Wir danken allen, die uns ihre Geschichte erzählt oder ihre Berichte überlassen haben. Dieser Dank gilt ausdrücklich auch den Mitarbeitern des Heimatkundlichen Arbeitskreises: Ilse Saur, die uns stets bereitwillig und kompetent mit ihren unschätzbaren Kenntnissen und Ratschlägen zur Seite stand; Klaus Wehr, der Diagramme erstellte und Fotos einscannte und bearbeitete sowie Heide Clausecker, die zuverlässig die leidige, aber notwendige Aufgabe des Korrekturlesens übernahm.

Große Unterstützung erfuhren wir seitens vieler Landsmannschaften und Institutionen, die uns Bilder und Landkarten zumeist kostenlos zur Verfügung stellten und unsere Fragen geduldig beantworteten. Das ansprechende Layout des Buches verdanken wir dem Leipziger Grafiker Dr. Thomas Klemm, die Drucklegung besorgte der Berliner Historiker Dr. Ulrich Mählert.

Erika Speth und Marlies Kibler
Im Januar 2019

Deutsche Siedlungsgebiete im Osten von 1937 (Quelle: © Peter Palm, Berlin)

EINLEITUNG

Warum erst jetzt, fragten viele, als wir im Jahre 2016 begannen, die Erinnerungen der Menschen zu sammeln, die als Kinder umgesiedelt oder vertrieben wurden oder flüchten mussten.

Nach dem Zweiten Weltkrieg (1939–1945) verloren 14 Millionen Deutsche ihre Heimat – durch Umsiedlung, Flucht, Vertreibung. Zwei Millionen Menschen kamen dabei ums Leben, viele wurden verschleppt. 1.095 Menschen verschlug es nach Möckmühl, haben wir anhand der alten Einwohnermeldekarten ermittelt. Nicht alle von ihnen blieben hier, für viele war es nur eine Zwischenstation. 69 der zugezogenen Männer kamen aus Gefangenenlagern, wie z.B. Heilbronn-Böckingen, 11 waren direkt von der Wehrmacht entlassen worden. 32 Personen hatten zuvor in Lagern gelebt, wie z.B. in Weinsberg oder Schwäbisch Gmünd. Auch war es für manche schon die zweite Anlaufstelle nach Flucht oder Vertreibung. Die Einwohnerzahl stieg in Möckmühl von ca. 2.000 bei Kriegsende auf 2.700 im Jahre 1954 an. Deutlich änderte sich auch die Religionszugehörigkeit. Waren es 1905 nur 99 Katholiken im Vergleich zu 1.662 Protestanten, so stieg die Zahl auf 525 zu 1.896 im Jahre 1950 an.

Jahrzehntelang wurde geschwiegen über das Leid, das die Betroffenen und die ganze deutsche Gesellschaft so verletzt hat, abgesehen davon, was der Verlust des Ostens kulturell und finanziell für ganz Deutschland bedeutet hat, das war ja eine gigantische Massenenteignung. So kam es, dass die Nachkriegsgenerationen fast nichts, jedenfalls nichts Genaues über die Menschen wissen, die vor einem dreiviertel Jahrhundert zu uns gekommen sind.

Andere fragten, warum auch wir noch dieses Thema aufgreifen, es seien doch schon so viele Bücher darüber geschrieben worden. Wir wollen das Schicksal und die Geschichte der Vertriebenen, die nach Möckmühl gekommen sind, in den Vordergrund stellen. Für deren Kinder und Kindeskinder, die wissen wollen, woher ihre Vorfahren stammen und für alle, die – so wie wir im Stadtarchiv heute in Vergangenem stochern – in vielleicht hundert Jahren einmal nachfragen, wie das damals war. In der Schule haben wir darüber nichts erfahren und auch in Zukunft wird die Geschichte der Massenvertreibungen und wie es dazu kam, kein Unterrichtsfach sein.

Ursprünglich hatten wir nur eine Auflistung der zwischen 1945 und 1954 nach Möckmühl gekommenen Flüchtlinge und Vertriebenen vorgesehen. Im Internet suchten wir nach den Orten, aus denen die Menschen geflüchtet waren. Je mehr wir suchten desto mehr faszinierte uns, was wir fanden. Bald war uns klar: mit einer Auflistung war es nicht getan, diese Historie mussten wir genau recherchieren.

Manche haben ihre Geschichte irgendwann aufgeschrieben, damit ihre Kinder wüssten, woher sie kommen oder um sich den Schrecken von der Seele zu schreiben oder „damit es nicht vergessen wird". Andere, die wir interviewten, erinnerten sich nach mehr als 70 Jahren noch an erstaunliche Einzelheiten, die Vergangenheit war immer noch lebendig. Manche konnten nie darüber sprechen. Jede/jeder hat ihre/seine eigene Wahrnehmung der Geschichte, deshalb haben wir die Betroffenen selbst erzählen lassen. Wir haben aus jeder Herkunftsregion eine oder zwei Erzählungen stellvertretend für alle herausgegriffen, mehr hätten den Umfang dieser Arbeit gesprengt.

Anfangs gab es eine Reihe von Begriffen für die Millionen Fremden, die ins Land geschwappt und keineswegs willkommen waren. 1947 ordnete die amerikanische Besatzungsmacht an, alle Vertriebene – expellees – zu nennen. Nach dem Bundesvertriebenengesetz (BVFG) gelten diejenigen als „Flüchtlinge", die aus der Sowjetischen Besatzungszone (SBZ) – später DDR – geflohen sind. Damit wurde auch zum Ausdruck gebracht, dass die Vertreibung endgültig war und keine Hoffnung auf Rückkehr bestand.

Bei unserer Spurensuche tat sich für uns eine völlig unbekannte längst vergangene Welt auf. Wir mussten viele Jahrhunderte zurückgehen und uns Schritt für Schritt voran arbeiten. Wir lernten Gebiete kennen, die zum Teil bis 1945 zu Deutschland gehörten, von denen wir so gut wie nichts wussten und die heute nach über siebzig Jahren den wenigsten etwas sagen. Andere Menschen sind dort angesiedelt worden, die Dörfer und Städte wurden zerstört und haben andere Namen bekommen oder sind ausgelöscht. Wir lernten hochstehende Kulturlandschaften kennen, so etwa Schlesien, das kulturell reichste Land des alten deutschen Ostens, mit der Hauptstadt Breslau; wir lernten die reichen Industriegebiete um Lodz sowie in Wolhynien und Galizien kennen; wir hörten zum ersten Mal von Gelsendorf in Galizien, wo Anfang des 20. Jahrhunderts Erdgas entdeckt und das ganze Dorf kostenlos mit Erdgas beheizt und mit Strom versorgt wurde; wir staunten über den Wohlstand und die prächtigen Städte Ostpreußens und die wunderschönen Landschaften und verstanden plötzlich Siegfried Lenz, wenn er so liebevoll über seine Heimat Masuren schrieb. Wir entdeckten, wie viele berühmte Menschen aus dem alten deutschen

Osten kamen: Immanuel Kant und Käthe Kollwitz aus Königsberg, Horst Köhler, dessen Eltern aus Bessarabien umgesiedelt wurden, Arthur Schopenhauer und Günter Grass aus Danzig, Ferdinand Porsche aus Böhmen, Balthasar Neumann aus Eger, Ottfried Preußler aus Reichenberg, Dieter Hildebrand, Käthe Kruse und Willy Ulfig aus Schlesien, um nur wenige zu nennen.

Außerhalb des Deutschen Reiches hatten sich deutsche Siedler vom Baltikum bis zum Schwarzen Meer aus Sümpfen, karger Steppe und von Kriegen verwüsteter Erde fruchtbare Kornkammern geschaffen. Die Landnahme war friedlich erfolgt. Sie alle waren gerufen worden. Trotz der vielfältigen Hindernisse, die es zu überwinden galt, inspirierten sich die alten und die neuen Bewohner gegenseitig. Kultur und Wirtschaft blühten auf. Erst in der zweiten Hälfte des 19. Jahrhunderts bildete sich Zwietracht heran. Der Wahnsinn des Nationalsozialismus machte dem allen ein verheerendes Ende. 1945 waren 14 Millionen Deutsche heimatlos geworden.

Jede Geschichte hat ihre Vorgeschichte. Wie sind die Deutschen in den Osten gelangt und warum wurden sie von dort vertrieben? Zum besseren Verständnis haben wir zu jedem Herkunftsgebiet unserer Protagonisten einen Abriss der Hintergrundgeschichte geschrieben.

Wie kam es eigentlich zu der Vertreibung? Ende des 19. Jahrhunderts gab es immer wieder Auseinandersetzungen. Von Vertreibungen der Deutschen war die Rede. Die Tschechen wollten ihren eigenen Staat, den sie 1918 nach dem Ersten Weltkrieg, als das Habsburger Vielvölkerreich auseinandergefallen war, auch bekamen. Dabei war nicht bedacht worden, dass weder die Tschechen von den Deutschen regiert werden wollten, noch wollten die Deutschen von den Tschechen regiert werden. Das von Wilson propagierte Selbstbestimmungsrecht der Völker war außer Acht gelassen worden. Das Münchner Abkommen von 1938 bestimmte, dass die Tschechoslowakei das von Deutschen bewohnte so genannte Sudetenland räumen und binnen zehn Tagen an das Deutsche Reich abtreten musste. Weder die Tschechoslowakei noch die UdSSR waren nach München eingeladen worden. Der US-amerikanische Historiker Carroll Quigley schildert in seinem Buch *Das Anglo-Amerikanische Establishment*, dass eine Gruppe um Helmuth James Graf von Moltke am 28. September 1938 ein Komplott gegen Hitler plante. Sie hatten die Befürchtung, dass Hitlers Tschechoslowakei-Politik zum Krieg führen würde. Lord Halifax, der Außenminister, wurde am 5. September 1938 informiert. Die Botschaft enthielt eine Bitte an die britische Regierung, sich auf die Seite der Tschechoslowakei zu stellen und klar zu machen, dass Großbritannien Deutschland den Krieg erklären würde, wenn Deutschland tschechoslowakisches Gebiet verletzen würde. Deutschland war sehr schlecht ausgerüstet, schlechter als die Tschechoslowakei. „Zu diesem Zeitpunkt hätte Deutschland, wenn es die britische Regierung gewünscht hätte, Frankreich, Großbritannien, Russland und der Tschechoslowakei gegenübergestanden." (Carroll Quigley

Karte aus dem Deutsch-Sowjetischen Grenz- und Freundschaftsvertrag (Quelle: von Unbekannt)

in AAE, S. 353–354) Als gegen Mittag in Berlin die Nachricht eintraf, dass Neville Chamberlain, der britische Premierminister, nach München reiste, wurde das Komplott abgesagt. Die Gruppe nahm an, dass ihrer Bitte entsprochen würde. Durch die auch in Großbritannien umstrittene Appeasement-Politik sah Hitler sich in seinen Plänen bestätigt. Das Unheil nahm seinen Lauf.

Zu dem am 28.09.1939 zwischen dem Deutschen Reich und der Sowjetunion geschlossenen Grenz- und Freundschaftsvertrag gehörten geheime Zusatzprotokolle über die „Umsiedlung der deutschstämmigen Bevölkerung – sofern sie den Wunsch haben – aus dem Gebiet der sowjetischen Einflusssphäre in das von Deutschland besetzte Gebiet." Die Bevölkerungsgruppen wurden in den Protokollen nicht spezifiziert. Die nebenstehende Karte trägt die Unterschriften von Josef Stalin und Reichsaußenminister Joachim von Ribbentrop. Die kleine Unterschrift Stalins bezeichnet abgestimmte Veränderungen der Linie südöstlich von Warschau.

Ziel der nationalsozialistischen Außenpolitik war es, Lebensraum für das deutsche Volk zu gewinnen, die Weltherrschaft der arischen Rasse zu sichern, gegen die jüdisch-bolschewistische Gefahr vorzugehen. Keine Seite hatte die Absicht, sich an ein Abkommen zu halten. Hitler stellte schon in seinem Buch *Mein Kampf* klar, dass Verträge nicht geschlossen werden, um eingehalten zu werden, sondern um Zeit zu gewinnen. Wo immer die Nationalsozialisten in der Folgezeit auftraten, wüteten sie unmenschlich. Die Rache der Opfer nach dem Seitenwechsel war gewaltig.

Auf der Konferenz von Teheran 1943 zwischen Churchill, Roosevelt und Stalin – Frankreich war nicht eingeladen – wurde u. a. über die Festlegung der Ostgrenzen und die Vertreibung der Deutschen aus den Ostgebieten gesprochen. Edvard Benesch erhielt 1943 zunächst von Stalin die Zusage zur Vertreibung der Deutschen aus der Tschechoslowakei, später auch von Churchill und Roosevelt. (Siehe *Sudetenland*)

Zur Vertreibung der Deutschen aus Ungarn schreibt Andreas Kossert in seinem Buch *Das Kalte Herz* auf Seite 38: „Der generelle Zusammenhang zwischen der Politik der Vertreibung und der Bodenreform, die im östlichen Teil Europas nach 1945 forciert wurde, trat im ungarischen Fall auf besonders bemerkenswerte Weise zutage. Da der im ungarischen Tiefland von Kommunisten und Nationalisten geweckte Landhunger nur mit dem Boden der ‚Schwaben' gestillt werden konnte, wurden gerade nicht die ‚Naziaktivisten', die meist nur wenig oder kein Land besaßen, sondern die Eigentümer der mittelgroßen und noch größeren Hofstellen vertrieben, die den ‚Naziaktivitäten' überwiegend ablehnend gegenübergestanden hatten." Dazu führte der ungarische Minister, József Antalls, auf einer Kabinettssitzung am 22. Dezember 1945 aus, es sei „aus nationalpolitischer Sicht nicht zu bezweifeln, dass es im Interesse Ungarns liegt, wenn möglichst viele Deutsche das Land verlassen. Es wird nie wieder eine solche Gelegenheit geben, die Deutschen loszuwerden." (Manfred Kittel/Horst Möller: *Die Benesch-Dekrete und die Vertreibung der Deutschen im europäischen Vergleich*, in Vierteljahrshefte für Zeitgeschichte 4 (2006), S. 542–582, hier S. 572.

Am 17. Juli 1945, am Tag des Beginns der Potsdamer Konferenz, legte die ungarische Regierung dem Vorsitzenden der sowjetischen Kontrollkommission die Bitte zur „Repatriierung der Schwaben" nach Deutschland vor. (Siehe *Dokumente der Alliierten Kontrollkommission in Ungarn*)

Die Vertreibungen waren schon lange vor der Potsdamer Konferenz im Gange. Sie „mochten wenig organisiert und primitiv sein, waren aber weder spontan noch zufällig. Vielmehr wurden sie nach einer durchdachten Strategie verwirklicht – so ineffizient und in vieler Hinsicht kontraproduktiv sie auch sein mochten –, die alle betroffenen Regierungen schon lange vor Kriegsende ausgearbeitet hatten." (R. M. Douglas in *Ordnungsgemäße Überführung. Die Vertreibung der Deutschen nach dem Zweiten Weltkrieg*, S. 123)

„In ordnungsgemäßer und humaner Weise", wie im Protokoll der Potsdamer Konferenz festgelegt, erfolgten die Vertreibungen nicht. „Tausende Berichte in der Ostdokumentation des Bundesarchivs in Koblenz bezeugen die Brutalität des Geschehens." (A. De Zayas in *Die Anglo-Amerikaner und die Vertreibung der Deutschen*)

Die Stimmen, die sich gegen die Vertreibung wandten, verhallten. The London Economist protestierte am 15.09.1945; Robert Murphy, der politische Berater Eisenhowers, am 12.10.1945. General Dwight Eisenhower telegrafierte am 18.10.1945 von Berlin nach Washington: „In Schlesien verursachen die polnische Verwaltung und ihre Methoden eine grosse Flucht der deutschen Bevölkerung... viele, die nicht weg können, werden in Lagern interniert, wo unzureichende Rationen und schlechte Hygiene herrschen...Todesrate und Krankheit in diesen Lagern sind extrem hoch. Die von den Polen angewandten Methoden entsprechen in keiner Weise der Potsdamer Vereinbarung... Die Todesrate in Breslau hat sich verzehnfacht, und es wird von einer Säuglingssterblichkeit von 75 Prozent berichtet. Typhus, Fleckfieber, Ruhr und Diphtherie verbreiten sich." (National Archives, Record Group 165,

Records of the War Department TS OPD Message File, Telegramm No. S 28399; alle zitiert nach: A. De Zayas in *Die Anglo-Amerikaner und die Vertreibung der Deutschen – Das Parlament*)

Der US-amerikanische Völkerrechtler und Historiker Alfred de Zayas nannte in der New York Times vom 13. November 1946 die Potsdamer Protokolle den „unmenschlichsten Beschluss, der jemals von zur Verteidigung der Menschenrechte berufenen Regierungen gefasst wurde."

Die Deutschen wurden „mit dem denkbar höchsten Maß an Brutalität vertrieben", schrieb der britisch-jüdische Sozialist Victor Gollancz 1946 in seinem Buch *„Our Threatened Values".* (Zitiert nach A. De Zayas in *Die Anglo-Amerikaner und die Vertreibung der Deutschen)*

„In Artikel 6 der Satzung des Nürnberger Gerichtshofes und Punkt 3 und 4 der Nürnberger Anklage wurden Massendeportationen klar als Kriegsverbrechen und Verbrechen gegen die Menschheit verurteilt, trotzdem wurden zur gleichen Zeit Millionen Deutsche aus ihrer Heimat vertrieben auf Beschluss oder zumindest mit Billigung derselben Mächte, die als Ankläger und Richter in Nürnberg über nationalsozialistische Kriegsverbrechen, u. a. auch Massendeportationen, befanden." (Alfred de Zayas in *Die Nemesis von Potsdam)*

Ebenso deutlich wurde der irische Historiker R. M. Douglas: „Unbestritten bleibt, dass die sieben Monate währende Periode der ‚Wilden Vertreibungen' einen gewaltigen Ausbruch staatlich geförderter Gewalt bedeutete, die nach vorsichtigen Schätzungen Hunderttausende von Opfern forderte. Als solche sind sie einzigartig in der Geschichte der Friedenszeiten im Europa des 20. Jahrhunderts." (R. M. Douglas in *Ordnungsgemäße Überführung. Die Vertreibung der Deutschen nach dem Zweiten Weltkrieg*, S. 167) Und er fügt hinzu, dass sie nur von wenigen Europäern und bis auf die direkt anwesenden auch von kaum einem Amerikaner wahrgenommen wurden. Ähnlich äußerte sich der britische Philosoph Bertrand Russell.

Lew Kopelew, der 1945 mit der Roten Armee in Ostpreußen war, wurde Zeuge der schrecklichen Gräuel gegen die Zivilbevölkerung und versuchte, die Brutalität zu verhindern. Dafür wurde er wegen Mitleid mit dem Feind zu zehn Jahren Haft verurteilt und in den Gulag geschickt. Das gleiche Schicksal widerfuhr Alexander Solschenizyn, der ihm in seinem Buch *Der erste Kreis der Hölle* ein Denkmal setzte.

Waren im Krieg von 1939 bis 1945 vor allem Männer gefährdet und wurden getötet, lag bei Flucht und Vertreibung die größte Last auf den Schultern der Frauen. Sie hatten ihre Kinder und die Alten und Schwachen in schwierigster Zeit zu versorgen und waren selbst oft verletzt, hatten Gewalt erlitten, waren von Bombenangriffen und Übergriffen bedroht und oft mussten sie hilflos zuschauen, wie ihre Kinder starben.

Das Eigentümliche an der Vertreibung ist wohl, dass man in ein Gebiet gesetzt wird, in dem man keine Vorfahren hat und sich als erstes Anerkennung erarbeiten muss, aber dieses Land noch lange nicht als Heimat ansieht. (K.-E. Franzen, Hans Lemberg, *Die Vertriebenen* S.198)

Nach dem Kriegsende am 8. Mai 1945 übernahmen die vier Siegermächte – Sowjetunion, USA, Großbritannien und Frankreich – die Hoheitsgewalt über das Deutsche Reich und teilten sein Gebiet in vier Besatzungszonen auf. Der Norden Ostpreußens wurde unter sowjetische Verwaltung, der Süden Ostpreußens und die östlichen Gebiete unter polnische Verwaltung gestellt. Weitere Gebiete wurden zunächst Großbritannien, Belgien, den Niederlanden, Luxemburg, Frankreich zugeschlagen, die jedoch ab 1949 zum großen Teil an die Bundesrepublik Deutschland zurückgingen.

Die 14 Millionen Menschen mussten untergebracht werden. Die Sieger verteilten die Heimatlosen auf die neu geschaffenen Besatzungszonen. Die Franzosen wollten keine aufnehmen; sie waren zur Potsdamer Konferenz nicht eingeladen worden. Da die Städte zerstört und verarmt waren, wurden die Vertriebenen in ländlichen Gegenden untergebracht, wo es noch irgendeine Form von Wohnraum, aber kaum Arbeitsmöglichkeiten gab. Jüngere Frauen und Männer arbeiteten zunächst als Magd und Knecht beim Bauern, Frauen auch im Haushalt einer Familie. Dann hatten sie wenigstens ein Dach über dem Kopf und etwas zu essen. Nahrung war knapp.

Die Alliierten befürchteten Unruhen und versuchten daher, die Ansiedlung von geschlossenen Gruppen zu verhindern. Die Dorfbewohner hingegen wollten zusammenbleiben, was einigen in Möckmühl gelang.

Schon ab Herbst 1945 begannen die Flüchtlinge und Vertriebenen, sich gegen die Verbote der Alliierten in Verbänden zusammenzuschließen. Nur Karl Rüb, einem Diplom-Ingenieur aus Bessarabien gelang es, sein Hilfswerk Rüb zu halten und seine Landsleute geschlossen anzusiedeln. (Siehe *Die Bessarabiendeutschen*).

Die meisten Vertriebenen trafen im Laufe des Sommers ein, im Herbst wurden die Kinder eingeschult. Die ‚Flüchtlingskinder' litten in der Schule nicht selten unter Hänseleien und Demütigungen der einheimischen Mitschüler. Und überhaupt mit den ‚Ausländern' die Wohnung teilen? Wieso konnten die so gut Deutsch? Die sozialen Spannungen verschärften sich erheblich." (K.-E. Franzen, Hans Lemberg, *Die Vertriebenen* S. 195)

Zunächst gab es Soforthilfe, um die dringendste Not abzuwenden, später Wohlfahrtsunterstützung für diejenigen, die keine Arbeit und keine Rente hatten. Die Besatzungsmächte gaben 1945 neue Lebensmittelkarten aus, die zum Kauf von geringen Mengen von Grundnahrungsmitteln berechtigten. Sie waren bis 1950 in Gebrauch.

Richtung Bittelbronn, gleich nach dem Bahnübergang, wo heute die Agria-Werke stehen, stellte die Stadt Möckmühl den Flüchtlingen einen Acker zur Verfügung, der in Parzellen aufgeteilt war, wo sie Kartoffeln und Gemüse anbauen konnten.

Wasser konnte man aus einem kleinen Bach in der Nähe der Bahnlinie holen. Das Stück musste man erst urbar machen.

Im Sommer gingen ganze Gruppen, meistens Frauen und Kinder, zum Ährenlesen, d. h. nach der Ernte sammelte man hinter dem Bauern die liegengebliebenen Ähren auf, ließ sie dreschen und in der Mühle zu Mehl mahlen.

Im Herbst sammelte man Bucheckern im Wald und ließ sie in der Ölmühle zu Öl pressen. Man brauchte sehr viele Bucheckern, um einen Liter Öl zu erhalten. 1946 war ein gutes Bucheckernjahr. Überhaupt wurde alles gesammelt, was wild, also auf öffentlichem Grund und Boden, wuchs und essbar war: Holunderblüten und -beeren, Himbeeren, Brombeeren, Hagebutten; Pilze wurden gesammelt, getrocknet und so für den Winter haltbar gemacht; junge Brennnesseln ersetzten den Spinat, die wertvolle Vitamine und Mineralien lieferten. Äpfel wurden in Ringe geschnitten und zum Trocknen aufgehängt. Die gehörten zum „Schlesischen Himmelreich", einem typischen Gericht aus Kartoffelklößen, Rauchfleisch und Backobst (getrocknete Äpfel). Feld- und Waldhüter kontrollierten, ob man nicht zu viel mitnahm. Wer Platz hatte, hielt Hühner und Hasen. Die Kreativität, dem Hunger zu entgehen, kannte keine Grenzen.

Nach dem kältesten Winter des Jahrhunderts – 1946 / 1947 – gab es ab April 1947 in den Schulen die Hoover-Speisung, so benannt nach dem ehemaligen US-Präsidenten Herbert Hoover (1928–1932), umgangssprachlich unter dem Begriff *Schülerspeisung* bekannt. Damit sollte gewährleistet werden, dass Kinder zwischen sechs und achtzehn Jahren täglich eine warme Mahlzeit von 350 kcal erhielten. Die Lebensmittel kamen zunächst aus den Beständen der US-Armee. Die Kosten trugen die USA. So gab es Grapefruitsaft, Erdnüsse und Eispulver, auch Suppe mit Fleischeinlage oder Dampfnudeln. Sehr beliebt war Kakao. Welches Kind kannte schon Schokolade? Ein Gefäß und einen Löffel mussten die Kinder mitbringen. Für manche war das schon ein Problem. Die Kinder wurden regelmäßig gemessen und gewogen. Die Hoover-Speisung endete am 30. Juni 1950. Möckmühl war die dritte Gemeinde im Kreis Heilbronn, in der die Hoover-Speisung 1951 durch die *Schulspeisung* ersetzt wurde.

Wer das Glück hatte, Verwandte in Amerika zu haben, erhielt bisweilen ein Care-Paket. Auch Kirchen und Hilfsorganisationen erhielten und verteilten Care-Pakete.

Im Rathaus konnte man für wenig Geld einen Holzleseschein oder ein „Los" erwerben, das berechtigte einen, in einem bestimmten Areal im Wald Reisigholz, Tannenzapfen, abgebrochene Äste zu sammeln. Damit konnte man Feuer machen. Für Dauerwärme sorgten Kohlebriketts.

Es gab auch Bezugsscheine, etwa für einen Wintermantel, Kleiderspenden von der Kirche oder von Hilfsorganisationen, es gab Bezugsscheine für Schuhe, aber keine Schuhe, vor allem nicht für Kinder. Kinder gingen im Sommer barfuß. Manche trugen „Klapperlatschen", das waren Sandalen mit einer Holzsohle aus einzelnen beweglichen Holzteilen, die durch eine Art Sohle innen zusammengehalten wurden. Im Winter gab es einmal genagelte knöchelhohe Stiefel aus hartem Leder oder mit eisernen Hufeisen an den Absätzen, damit sie lange hielten und möglichst zwei Nummern größer, damit Kinderfüße nicht herausgewachsen waren, bevor es wieder Schuhe gab. Manche findigen sudetendeutschen Frauen fertigten Schuhe aus Stroh.

Um all das kümmerten sich die Frauen, die selber fast am Verhungern waren. Die Männer waren tot oder in Kriegsgefangenschaft oder kriegsversehrt.

Trotz aller Härten – auch arme Kinder spielen. Spielsachen hatten nur einheimische Vorkriegskinder. Während des Krieges wurde kein Kinderspielzeug hergestellt. Kriegskinder und erst recht Flüchtlingskinder hatten – Fantasie. Das Kinderleben spielte sich weitgehend auf der Straße ab. Stelzenlaufen war begehrt – ein Zimmermann hatte sie gefertigt. Sehr beliebt war Seilhüpfen, obwohl man nicht hüpfen sollte wegen der Schuhsohlen. Himmel und Hölle, Fangen und Verstecken. Manche Kinder entwickelten ein großes Geschick, kleine Kreisel tanzen zu lassen. Bald gab es sogar erste Puppen. Sie hatten Körper aus Stoff, die Köpfe waren aus Holz geschnitzt. Im Sommer lernten alle Kinder schwimmen in der Jagst, in der Seckach badete man nur, wenn es sehr heiß war, wie im Sommer 1947. Drinnen spielte man gerne Quartett oder „Mensch ärgere dich nicht" und andere Würfelspiele. Am Anfang gab es ja nicht mal Radio.

Die Kinder wollten keine „Flüchtlingskinder" sein, sie wollten so sein wie alle anderen und passten ihre Sprache sehr rasch dem jeweiligen Dialekt an. Die alten Geschichten der Eltern und Großeltern wollten sie nicht mehr hören. Auch die einheimischen Nachbarn wollten nichts davon hören, wie schön es in der alten Heimat gewesen sei. Anfangs bewahrten die Vertriebenen ihre Traditionen. Die Älteren trugen ihre Tracht, man erkannte sie an ihrer Sprache – die Schlesier, die Ostpreußen, die Ungarn, die Deutschböhmer und Deutschmährer. Sie brachten aber auch Neues mit, was bis dahin hier unbekannt war, die Ungarn etwa Paprika und Gulasch, die Schlesier ihren Mohnkuchen, die ehemaligen Österreicher aus der Tschechoslowakei Strudel und Buchteln. Sie brachten auch vielseitige Qualifikationen, Fleiß und den eisernen Willen mit, sich hier ihren Platz zu schaffen – wie vormals ihre Ahnen – und hatten einen bedeutenden Anteil am kommenden deutschen Wirtschaftswunder. Jeder tat das, was er oder sie konnte und sie konnten viel. Sie nahmen die Arbeit an, die sich ihnen bot. Damals war Arbeit dazu da, einen Menschen zu ernähren, nicht um Spaß zu haben. Der Begriff Traumberuf existierte nicht. Geschenkt wurde nichts.

Männer, die zu Hause selbständige Handwerker oder Bauern oder Gutsbesitzer waren, konnten hier nur als schlecht bezahlte landwirtschaftliche Hilfskräfte arbeiten, was für sie ein sozialer und finanzieller Abstieg war. Andere Arbeitsmöglichkeiten gab es in der gleich nach dem Krieg gegründeten Agria – die erste Produktion entstand in Baracken – und in der Papierfabrik in Möckmühl, viele arbeiteten eine Kampagne (Zeit, in der die Zuckerrüben zu Zucker verarbeitet wurden) in der Zuckerfabrik in Züttlingen. Als es mit der Wirtschaft aufwärts ging, konnten die Jüngeren eine Ausbildung machen, weiterführende Schulen besuchen, sich ein Unternehmen aufbauen. Frauen arbeiteten in der Reissbaumwollefabrik Rohtex in Ruchsen, im Volksmund „Lumpenzwick" genannt. Oder in der Papierfabrik. Oder zeitweise beim Bauern. Arbeitsplätze bei der Stadt oder im Notariat waren rar. Frauen, die nähen konnten, erwarben von irgendwoher eine defekte Nähmaschine, die ein mechanisch begabter Vater oder Bruder reparierte und schlugen sich mit Näharbeiten durch. Weil es nichts zu kaufen gab, wurden Kleidungsstücke aufgetrennt, gewendet und neu geschneidert. Weggeworfen wurde nichts.

Hervorzuheben ist auch, dass damals Männer bei der Ausbildung und bei den Arbeitsplätzen bevorzugt wurden, weil sie eine Familie zu ernähren hatten. Familienpolitik richtete sich deutlich gegen die Erwerbstätigkeit von Frauen und Müttern. „Das Bundesfamilienministerium propagierte zu dieser Zeit die so genannte Normalfamilie, in der die Witwen aber nicht zu integrieren waren, denn sie sollten entsprechend dem damaligen Frauenbild *Enthaltsamkeit* und *Zurückhaltung* üben, auch in Bezug auf das Arbeitsleben." (Quelle: Michael Fellner: Kriegerwitwen, Lebensbewältigung zwischen Arbeit und Familie in Westdeutschland nach 1945)

Anfang 1950 übernahm die zentralisierte Kriegsopferversorgung die Versorgung der Kriegerwitwen. Sie erhielten eine Grundrente, die aber oft nicht ausreichte, um auch noch ihre Kinder zu versorgen. Sollten Kriegerwitwen wieder heiraten, verloren sie ihren Versorgungsanspruch. Um die staatliche Versorgung nicht zu gefährden, lebten Frauen in "Onkelehen", also ohne zu heiraten, mit einem Mann zusammen.

Als es mangels Papier noch keine Zeitung gab, wurden öffentliche Nachrichten einmal in der Woche ins „Käschtle" gehängt. An mehreren Stellen der Stadt befand sich ein sogenannter „Bekanntmachungskasten" mit Glasscheibe. Hatte der Amtsbote neue Mitteilungen gebracht, tat er dies mit seiner Glocke kund.

Lange noch waren „Flüchtlinge" stigmatisiert, etwa wenn sie Einheimische heiraten wollten oder sich bei einer öffentlichen Verwaltung bewarben. Mitte der 50er Jahre wurden Schulabgänger noch abgelehnt, nur weil sie „Flüchtling" waren. Bei den Beamten sah die Sache anders aus. Auf der Grundlage von Art. 131 GG konnte ein Großteil der vertriebenen und geflüchteten Beamten in ihrer alten beruflichen und sozialen Stellung untergebracht werden. In den 60er Jahren war dieser Vorgang abgeschlossen.

Es sind vorwiegend Vertriebene und deren Nachkommen, die die Verbindung zu ihrer alten Heimat knüpften, Partnerschaften übernahmen, Zerstörtes wieder aufbauten und die Beziehungen zu unseren östlichen Nachbarn pflegen. Auf Initiative der Möckmühler mit ungarischen Wurzeln wurde 2004 der Partnerschaftsvertrag mit Piliscsaba, einer Stadt 14 km von Budapest entfernt, geschlossen. Seither finden regelmäßig Fahrten in die Partnerschaftsstadt statt. Fürchteten die Nachbarn zunächst, die Deutschen könnten ihr Hab und Gut zurückfordern, scheint diese Angst nicht mehr zu bestehen.

Erika Speth und Marlies Kibler
Möckmühl, April 2019

DIE BESSARABIENDEUTSCHEN

Die Bezeichnung Bessarabien leitet sich vom walachischen Fürstengeschlecht Basarab ab, das dort im 13. und 14. Jahrhundert herrschte. Nach dem Ende der 350jährigen Türkenherrschaft wurde im Bukarester Frieden 1812 Russland das Gebiet zugesprochen, von da an nannte man das Land zwischen den Flüssen Pruth, Dnjester und Donau Bessarabien.

Um das weite, fast menschenleere Land zu besiedeln, warb Zar Alexander I. (1801–1825), Sohn von Sophia Dorothea von Württemberg, ähnlich wie 1763 seine Großmutter Katharina II. (Die Große) um deutsche Bauern, denen er je Familie 60 Dessjatine Land, das sind 65 ha, Befreiung vom Militärdienst, zehn Jahre Steuerfreiheit, Autonomie, Religionsfreiheit und andere Privilegien „auf ewig" zusagte. Russische Bauern waren bis 1861 Leibeigene. Er richtete seinen Aufruf vornehmlich an deutsche Siedler im Herzogtum Warschau, die unter ärmlichen wirtschaftlichen und politisch unsteten Verhältnissen lebten. Sie hatten sich nach der ersten Teilung Polens 1772 in die damals preußischen Distrikte niedergelassen und waren aus Preußen, Württemberg und Baden angeworben worden. Nach dem Tilsiter Frieden von 1807 gingen diese Gebiete im Herzogtum Warschau auf und die Lage der Siedler wurde trostlos. Nur zu gern nahmen sie das Angebot des Zaren an.

Sie reisten auf unbeschreiblich schlechten Straßen mit Pferdewagen, mit Handkarren, zu Fuß von Polen über Radziwill und Tiraspol in das Siedlungsgebiet. 1814 kamen die ersten Deutschen in Bessarabien an. Weil sie aus der Gegend um Warschau kamen, hießen sie die Warschauer Kolonisten.

Der zweite Landweg ging von Württemberg über Lemberg, Radziwill, Tiraspol nach Bessarabien. Er dauerte bis zu einem Jahr und hätte ohne eine ansehnliche Barschaft nicht bewältigt werden können.

Die dritte Route, der Wasserweg, führte auf kleinen Booten, den sogenannten „Ulmer Schachteln", von Ulm donauabwärts bis Ismail, wo ein Quarantänelager eingerichtet war. Fast die Hälfte der Auswanderer überlebte diese Bootsfahrt nicht, Seuchen und Epidemien forderten ihren Tribut. Nach wochenlanger Quarantänezeit ging es von Ismail mit Pferdewagen, die sie angekauft hatten, weiter. Entmutigt und von den Entbehrungen der Reise gezeichnet, kamen sie an ihren Siedlungsorten an.

Die Siedler aus Südwestdeutschland wanderten aus wirtschaftlichen, politischen und religiösen Gründen aus. Der Höhepunkt der Auswanderung wurde in den Jahren 1817 / 1818 verzeichnet. Nach dem „Jahr ohne Sommer" 1816, der als Folge des Ausbruchs des indonesischen Vulkans Tambora im April 1815 gesehen wird, hob der König von Württemberg das Auswanderungsverbot auf. In den Jahren 1814 bis 1842 wanderten etwa 9000 Deutsche in Bessarabien ein. Sie gründeten auf einem geschlossenen, von der Regierung in der Budschak-Steppe zugewiesenen Landstück von 150.000 ha, „Kronsland" genannt, weil sie das Land von der russischen Krone erhalten hatten, 25 Mutterkolonien. Jede Familie erhielt „eine Wirtschaft Land" (65 ha), das allernötigste Material für den Bau eines „Kronshäuschens" zusammen mit sehr bescheidenem Inventar. Zunächst allerdings lebten die meisten in Erdhütten. Eine Wirtschaft bestand aus dem Hof mit den dazugehörenden Feldern.

Die Kolonisten sahen sich während der gesamten Siedlungszeit vor große Herausforderungen gestellt: Naturkatastrophen und politische Repressalien. Aufgrund der russischen Liquidationsgesetze von 1915 wurden die deutschen Siedler enteignet und nach Sibirien und in den Südosten des Russischen Reiches deportiert, obwohl die deutschen Männer an der Front für Russland kämpften. Da negative wirtschaftliche Folgen (Landbestellung, Ernte, Versorgung, Getreidemühlen, landwirtschaftliche Maschinenfabriken) zu befürchten waren, wurde eine Aussetzung der Liquidationsgesetze bis Winter 1916 in Südrussland verfügt. Der Wintereinbruch und die Märzrevolution 1917 (nach dem damals in Russland geltenden Julianischen Kalender begann die Revolution am 23. Februar, nach dem Gregorianischen Kalender am 8. März) verschonten die Bessarabiendeutschen vor dem Schicksal der später so genannten Russlanddeutschen. Nach dem Ende der Zarenherrschaft war Bessarabien kurze Zeit autonom und fiel 1918 an Rumänien. Rumänien führte 1920 / 1921 eine Landreform durch, die den Bessarabiendeutschen einen schweren Schlag versetzte, von dem viele sich nicht erholten.

Für ihren steten äußerst mühevollen Kampf hatten sie ein geflügeltes Wort:

Den Ersten der Tod,
Den Zweiten die Not,
Den Dritten das Brot.

Nach 125 Jahren waren auf dem Land zwischen Dnjestr und Pruth 150 deutsche Gemeinden entstanden, mit einem doppelt so großen Landbesitz wie bei der Gründung, trotz der Landreform. Die angetretene Ursteppe war durch den Fleiß der deutschen Siedler zur Kornkammer des Schwarzmeergebietes geworden und ihre Dörfer zum beispielhaften Gemeinwesen im Völkergemisch Südosteuropas. Der Anteil der Deutschen an der Gesamtbevölkerung war gering. Sie lebten in gutem Einvernehmen miteinander. Bei der Umsiedlung im Herbst 1940 waren sie 93.318 Personen.

Die Umsiedlung

Am 23. August 1939 schlossen Hitler und Stalin den deutsch-sowjetischen Nichtangriffspakt, genannt „Hitler-Stalin-Pakt". Am 28. September 1939 folgte der Grenz- und Freundschaftsvertrag zwischen dem Deutschen Reich und der Sowjetunion. In einem geheimen Zusatzprotokoll, das von Moskau 50 Jahre lang geleugnet, erst 1989 unter Gorbatschow als existierend anerkannt und schließlich als nichtig erklärt wurde, „wurde die Umsiedlung der deutschstämmigen Bevölkerung aus dem Gebiet der sowjetischen Einflusssphäre in das von Deutschland besetzte Gebiet geregelt." In diesem geheimen Zusatzprotokoll wurde Bessarabien zum sowjetischen Interessengebiet deklariert. Deutschland erklärte sein „völliges politisches Desinteressement an diesen Gebieten". Deutschlands Augenmerk war nur darauf gerichtet, die Deutschen „Heim ins Reich" zu holen. Sie sollten auf freiwilliger Basis umgesiedelt werden. Und sie sollten Polen besiedeln. Doch zuvor sollten die Polen von Haus und Hof vertrieben werden.

Die Polen wurden ins Generalgouvernement (GG) gebracht. Das GG umfasste die ehemaligen Wojewodschaften Kielce, Warschau Stadt und Land, Lublin, Krakau, Lodz und Lemberg; nach dem Überfall auf die Sowjetunion zusätzlich Galizien. Das GG diente als Arbeitskräftereservoir und Vernichtungsort für Juden und Polen. Seit 1939 sprach Hitler offen aus, dass Polen auch als Nation vernichtet werden sollte.

Nach der Kapitulation Frankreichs am 22. Juni 1940 sah die Sowjetunion den Zeitpunkt gekommen, Bessarabien und die Nordbukowina zurückzufordern. Am 23. Juni 1940 unterrichtete der sowjetische Außenminister Molotow den deutschen Botschafter in Moskau Friedrich-Werner Graf von der Schulenburg von der bevorstehenden Besetzung Bessarabiens durch die UdSSR. Erst da fiel dem Auswärtigen Amt in Berlin auf, dass Schulenburg in dem geheimen Zusatzprotokoll Bessarabien nicht schriftlich benannt hatte, er hatte nur von „diesen Gebieten" gesprochen. Von der Bukowina zumal sei nie die Rede gewesen. Entsprechend die Überraschung in Berlin. Die rumänische Regierung hatte keine Kenntnis von diesem Protokoll, war demgemäß überrumpelt und bat die Deutschen um Hilfe. Die deutsche Regierung schlug sich auf die Seite der Sowjetunion, wohl wissend, dass sie auf der Grundlage des Wortlauts des Zusatzprotokolls keine Handhabe gegenüber der Sowjetunion hatte. Der Reichsminister des Auswärtigen Joachim von Ribbentrop ließ über Schulenburg wissen, dass Deutschland an Bessarabien desinteressiert sei, nicht jedoch am Schicksal der dort lebenden Deutschen und von der UdSSR erwarte, deren Zukunft sicherzustellen. Zu gegebener Zeit werde man Vorschläge für die Umsiedlung dieser Volksdeutschen wie in Wolhynien unterbreiten.

Molotow bestand aber auf einer Antwort bis spätestens 25. Juni abends, die er bekam. Am 26. Juni 1940 meldete Schulenburg dem Auswärtigen Amt in Berlin, Molotow danke für die „verständnisvolle Haltung der Deutschen Regierung und ihre Bereitwilligkeit, die Durchsetzung der sowjetischen Ansprüche zu unterstützen" und habe die Zustimmung gegeben, die deutschen Wünsche hinsichtlich der in Bessarabien lebenden Deutschen zu erfüllen. Am 26. Juni 1940 teilte Molotow dem deutschen Botschafter telefonisch mit, dass er dem rumänischen Gesandten die sowjetische Abtretungsforderung in Form eines Ultimatums mit 24stündiger Frist bekanntgegeben habe. Am 27. Juni 1940 trat die rumänische Regierung Bessarabien an die UdSSR ab. Am 28. Juni 1940 besetzte die Sowjetunion das Territorium Bessarabien und Nordbukowina. Die rumänischen Truppen hatten vier Tage Zeit, sich aus diesem Gebiet zurückzuziehen. Am 5. September 1940 wurde in Moskau nach harten, langwierigen Verhandlungen zwischen einer deutschen Kommission und dem Außenkommissariat der UdSSR die „Vereinbarung über die Umsiedlung der deutschstämmigen Bevölkerung aus den Gebieten Bessarabiens und der nördlichen Bukowina in das Deutsche Reich" unterzeichnet.

In allen deutschen Dörfern Bessarabiens verkündeten ab 15. September 1940 Aufrufe in deutscher und russischer Sprache, dass „die deutschstämmige Bevölkerung frei und ungehindert auf deutschen Boden ausreisen kann, wenn sie den Wunsch dazu hat." Für die Umsiedlung wurde vertragsgemäß die Zeit vom 15. September bis 15. November angegeben, also gerade mal zwei Monate, in einer wetterunbeständigen Jahreszeit. Kurz nach Abschluss des Umsiedlungsvertrages trafen die Mitglieder der in Galatz schon konzentrierten deutschen Umsiedlungskommission ein. Der gesamte deutsche Stab für Bessarabien und Bukowina durfte die Zahl von 599 Mitarbeitern nicht überschreiten, Sanitäts- und Transportpersonal mit eingeschlossen. Für den Transport insgesamt war eine Kraftwagenkolonne von höchstens 250 Pkw, Sanitätskraftwagen (Sankra) und Lkw von den Sowjets zugelassen. Die Eisenbahnzüge wurden von sowjetischer Seite zur Verfügung gestellt.

Der gesamte Umsiedlungsbereich Bessarabiens war in vier Bereiche eingeteilt mit je einem Gebietsbevollmächtigten, dessen Stellvertreter und 21 Personen Hilfspersonal. Die wirklich ausführenden Organe waren die Ortsbevollmächtigten, das waren meistens alte Mitarbeiter des VDA, Verein der Auslandsdeutschen, mit einem Stellvertreter und zwei Personen Hilfspersonal. Und rund 200 ehrenamtliche deutsche Helfer. Außerdem gab es einen deutschen und einen sowjetischen Hauptbevollmächtigten. Der Sitz des Umsiedlungsstabes war Tarutino. Das für Mathildendorf zuständige Gebiet war Kischinew.

Alle Deutschen, die 14 Jahre alt waren, konnten den Wunsch zur Umsiedlung beim deutschen Bevollmächtigten vorbringen. Zur Meldung war eine Volkszugehörigkeitsurkunde vorzulegen. Für die Ausreise von Kindern unter 14 Jahren genügte die Meldung des Familienoberhauptes. Fast alle ließen sich registrieren. Die deutsche Schule wurde geschlossen, die deutsche Zeitung eingestellt, die Gottesdienste durften nicht mehr auf Deutsch abgehalten werden. Die Deutschen mussten noch einmal Steuern zahlen an die Sowjets, obwohl sie an die Rumänen schon Steuern gezahlt hatten. Und anderes. Die Sowjetisierung hatte begonnen.

Jeder Registrierte erhielt eine Umsiedlungskarte und stand damit unter dem Schutz des Deutschen Reiches. Auf jeder Umsiedlungskarte stand die Umsiedlungsnummer, die auf jedem Gepäckstück vermerkt werden musste.

Die Taxatoren, bestehend aus Mitarbeitern der deutschen und sowjetischen Umsiedlungskommission, gingen von Hof zu Hof und legten den Wert des zurückbleibenden Besitzes fest, was mitunter zu großen Spannungen innerhalb der Kommission bei der Vermögensbewertung führte. Die Arbeit ging zügig voran, und schon bald konnte mit dem Transport der Umsiedler in die Donauhäfen begonnen werden. Zunächst wurden die Kranken, Alten und Frauen mit Kleinkindern auf Sanitätskraftwagen an die festgelegten Grenzübergänge befördert. Dann kamen im Bus oder Lkw oder mit der Eisenbahn alle diejenigen dran, die nicht über ein eigenes Pferdegespann verfügten. Zuletzt zogen die Männer mit den größeren Kindern über 14 Jahre mit Pferd und Wagen Treck um Treck durch das Land, auf vorher genau festgelegten Routen, nach einem fein ausgearbeiteten Plan für die mehrere Tage dauernde Reise.

Zu den Häfen nahmen die Umsiedler verschiedene Wege. Die einen wurden mit Sankras, Bus oder Lkw nach Kilia oder Reni gebracht und von da gleich auf die Schiffe, die anderen kamen nach Galatz, wo sie oft noch Tage in einem Durchgangslager bleiben mussten, ehe sie aufs Schiff konnten.

Die Wagen wurden akkurat auf einem großen Platz abgestellt, die Pferde nahmen die Russen gleich an sich. (Allein beim Durchgangslager Galatz blieben 11.630 Wagen und 22.922 Pferde.)

An persönlicher Habe (Bekleidung, Schuhwerk, Wäsche, einige Lebensmittel) durfte mitgenommen werden: auf der Eisenbahn als Kleingepäck bis zu 50 kg pro Person, mit Lkw für Erwachsene 35 kg und für Kinder 15 kg. Auf dem Treckwagen durften einschließlich landwirtschaftlicher Produkte wie Lebensmittel und Futter bis zu 250 kg mitgenommen werden. Was nicht mitgenommen werden konnte (Hausrat, Möbel, landwirtschaftliche Geräte, Maschinen etc.) wurde an die dortige Bevölkerung verkauft oder verschenkt.

Heimkehr ins Reich: Treck
(Quelle: Bessarabiendeutscher Verein Stuttgart)

Heimkehr ins Reich: Treck über die Pruth
(Quelle: Bessarabiendeutscher Verein Stuttgart)

Heimkehr ins Reich – September bis Oktober 1940: Empfang der Flüchtlinge im Auffanglager in Galatz
(Quelle: Bessarabiendeutscher Verein Stuttgart)

Heimkehr ins Reich: die abgestellten Wagen
(Quelle: Bessarabiendeutscher Verein Stuttgart)

Verboten war die Ausfuhr von größeren Mengen Bargeld, Gold, Platin, Silber, Edelsteine, Kunstgegenstände, Waffen, Urkunden der Gemeinden, Kirchenbücher etc.

Über das zurückgelassene Vermögen wurden Vermögenslisten erstellt. Die Vermögenswerte wurden zwischen der UdSSR und dem Deutschen Reich verrechnet und von den Sowjets durch Erdöl- und Getreidelieferungen entschädigt.

Zurück blieben:
- 374.000 Hektar Kulturland (von den Vorfahren aus dem Urwasen erschlossen)
- ungezählte Siedlungshäuser, Schulen, Kirchen, Bet- und Rathäuser, Gemeindezentren,
- Vorratsmagazine, Vereinsheime
- Mühlen und Fabriken
- Handels-, Bank-, Gewerbe-, Genossenschaftsbetriebe
- Brücken und Brunnenanlagen, das deutsche Schwarzmeerbad Burnas
- ungezählte Haustiere und Viehherden

Zurück blieb: Die Heimat

Als die Menschen ausziehen, beginnt die Kirchenglocke zu läuten. Sie läutet, bis die Staubwolken des letzten Trecks verschwunden sind.

Am 22. Oktober 1940 fuhr der letzte Treck über die Pruthbrücke.

Von Kilia oder Galatz aus fuhren die Umsiedler mit dem Raddampfer donauaufwärts nach Prahovo oder Semlin. Die Fahrt dauerte zwischen drei und sechs Tagen. Dort waren Durchgangslager, die von den Jugoslawiendeutschen betreut und mit Lebensmitteln versorgt wurden. Nach kurzem Aufenthalt von wenigen Tagen fuhren sie mit der Bahn weiter Richtung Deutschland. Sie wurden auf 250 Umsiedlungslager verteilt, die sich hauptsächlich in Sachsen, Franken, Bayern, im Sudetenland und in Österreich befanden. Jedes Dorf war einem bestimmten Lager zugeteilt. Die Mathildendorfer wurden in Nikolsburg und in Auspiz untergebracht.

1940 beschlagnahmte Heinrich Himmler für die von ihm geführte Volksdeutsche Mittelstelle, eine SS-Organisation, Gebäude, vor allem aus kirchlichem Besitz, um darin Durchgangslager einzurichten. Sie waren über ganz Deutschland und von Deutschland besetzte Gebiete verteilt. Im Laufe der Jahre gab es 800 dieser Lager, in denen nicht nur Umsiedler untergebracht wurden. In den Umsiedlungslagern wurden alle Umsiedler einer gesundheitlichen, rassischen und politischen Untersuchung unterzogen und je nach Beurteilung eingestuft. Nur wer als „gesund", „rassisch wertvoll" und „politisch zuverlässig" eingestuft wurde, konnte im Osten angesiedelt werden. Das waren die O-Fälle. Die A-Fälle kamen ins „Altreich", die S-Fälle (Sonstige) durften nur im Generalgouvernement (GG) unterkommen, häufig versuchte man auch, sie in ihre Herkunftsländer abzuschieben, was selten gelang. Im GG befanden sich die Vernichtungslager Treblinka, Majdanek und Auschwitz.

Das Umsiedlungsprogramm wurde 1943 abgebrochen – die vorhandenen Höfe konnten nicht alle besiedelt werden, aus dem „Altreich" zeigte sich kein Interesse an einem Hof in Polen.

Die Ansiedlung im Osten

Viele Monate, manchmal Jahre, mussten die Menschen unter schwierigen Bedingungen in den Umsiedlungslagern ausharren, sie wurden ständig kontrolliert und überwacht und konnten sich nicht frei bewegen. Daher waren sie froh, als ihnen ein Hof in Polen zugeteilt wurde – trotz ihrer Enttäuschung, nicht im Reich, sondern in Polen angesiedelt zu werden. Eigene Bauernhöfe und die Gestaltung ihrer alten bessarabischen Dorfgemeinschaft waren ihnen versprochen worden. Es muss ein beklemmendes Gefühl gewesen sein, in ein Haus zu kommen, das unübersehbar eben noch bewohnt gewesen war, dessen Bewohner zum Teil vor ihren Augen vertrieben wurden. Sie ahnten, dass ihre neue Existenz auf Unrecht aufbaute. Das konnte nicht gut gehen.

Es ging nicht gut. Die Männer mussten an die Front, auf den Frauen lastete die Arbeit und die Verantwortung für Familie und Hof. Im Sommer 1944 nach nur zwei Jahren war das deutsche Siedlungsprojekt im Osten gescheitert und die sowjetische Front rückte näher. Auch hier wurden sie wieder kontrolliert und überwacht, die Behörden beschwichtigten bis zuletzt, alles gehe gut, der Krieg werde gewonnen. Viel zu spät, Ende 1944 / Anfang 1945, es war ein bitterkalter Winter, wurde die Flucht organisiert. Die Flüchtlingsmassen gerieten zwischen die Fronten, wurden vom Feind überrollt und von Tieffliegern beschossen, wurden zum Teil auf Jahre in Polen zurückgehalten. Unbeschreiblich grauenhaft.

Besonders schwer betroffen waren die Bessarabiendeutschen, die weit im Osten angesiedelt waren, wie z. B. die Friedenstaler in der Gegend von Kutno. Es ist bekannt, dass von den 2000 Personen, die sich auf die Flucht begaben, 1144 entweder auf der Flucht ums Leben kamen oder in sowjetische Gefangenschaft gerieten. Noch heute befinden sich Nachkommen von ihnen in Sibirien und im Kaukasus.

Doch die Bessarabiendeutschen hatten endlich Glück. Ein außergewöhnlicher Mann war zur richtigen Zeit am richtigen Ort und ergriff die richtige Initiative:

„In der Geschichte des deutschen Volkes hat es schon manchen Tiefpunkt gegeben, der von Not und Niederlage gekennzeichnet war. Dennoch können wir Zeugen der Zeitgeschichte uns nicht vorstellen, dass das Elend und die Verzweiflung der Menschen einmal größer gewesen sind als im Jahre 1945", beginnt Gertrud Knopp-

Rüb, 2013 verstorbene Ehrenbundesvorsitzende des Bessarabiendeutschen Vereins, ihre Würdigung für ihren Onkel Karl Rüb.

In einer aussichtslos scheinenden Situation gründete der aus Lichtental in Bessarabien stammende Diplom-Ingenieur Karl Rüb (1896–1970) in Stuttgart schon im Frühjahr 1945 das „Hilfswerk für evangelische Umsiedler aus Bessarabien und der Dobrudscha" als erste Flüchtlingsorganisation in Deutschland. Die amerikanische Militärregierung hatte verboten, dass Flüchtlinge und Vertriebene sich zusammenschließen oder sich in geschlossenen Gruppen ansiedeln. Ausnahmen waren nur den Kirchen erlaubt. Karl Rüb war politisch unbelastet und hatte aus seiner Studienzeit in Deutschland gute Beziehungen zu wichtigen Persönlichkeiten in Stuttgart, so auch zu OB Dr. Klett. Folglich konnte seine Organisation ab dem 2.7.1945 unter die Fittiche der Ev. Landeskirche Württemberg schlüpfen. Als erstes klärte Rüb die kirchlichen und weltlichen Institutionen, die Militärregierung und die maßgeblichen Bevollmächtigten darüber auf, wer die Bessarabiendeutschen waren. Dadurch und durch direkte Verhandlungen mit den Kreisen und wiederholte Bittgänge erreichte er die hohe Zahl an Aufnahmequoten und danach immer weitere. Er richtete einen Suchdienst ein und organisierte Güterzüge, um seine in ganz Deutschland verstreuten Landsleute nach Nordbaden und Nordwürttemberg zu bringen. An manchen Tagen trafen auf dem Bahnhof in Stuttgart bis zu 60 Waggons ein. Dank seiner guten Verbindungen zu den Landkreisen konnten in manchen Fällen die Züge direkt in die Kreise weitergeleitet werden.

In Stuttgart-Zuffenhausen wurde ein Durchgangslager eingerichtet, in dem Menschen medizinisch betreut und mit Essen versorgt wurden. Ebenfalls in Stuttgart-Zuffenhausen konnten 40 Wohnungen für Familien mit Pferdegespannen errichtet werden. Rüb hatte dem OB Dr. Klett angeboten, dass die Familien mit diesen Fuhrwerken die Trümmer in Stuttgart beseitigen würden. Dieses Angebot machte großen Eindruck auf den OB, und die Stadt Stuttgart übernahm die Patenschaft für die Bessarabiendeutschen. So konnten in kurzer Zeit ca. 35.000 Bessarabiendeutsche in ihre Urheimat zurückkehren, manche sogar in die Orte, aus denen ihre Vorfahren ausgewandert waren. In den folgenden Jahren zogen weitere Angehörige und Freunde nach.

Etwa 20.000 Bessarabiendeutsche haben in Norddeutschland, etwa 10.000 in Mitteldeutschland eine neue Heimat gefunden. An die 3.000 sind nach Kanada und in die USA ausgewandert.

Aufgrund des Koalitionsverbots der Militärregierung im April/Mai 1946, das Vereinigungen Vertriebener untersagte, und weil das Hilfswerk Rüb auf den Schutz der Kirche angewiesen war, zog Rüb sich aus der Leitung zurück. Als 1947 das Koalitionsverbot gelockert wurde, gründete Rüb den „Verband deutscher Umsiedler aus Bessarabien", der seinen Landsleuten die wirtschaftliche Eingliederung erleichtern sollte. Dieser Verband löste sich 1948 wieder auf, da die Bessarabiendeutschen sich problemlos einlebten und von den artverwandten Schwaben angenommen wurden. Aus diesem Hilfswerk ist der Bessarabiendeutsche Verein Stuttgart entstanden.

Erika Speth

Quellen: überwiegend Bessarabiendeutscher Verein Stuttgart; die Informationen zum sowjetischen Ultimatum an Rumänien sind dem Artikel „Das sowjetische Ultimatum an Rumänien" von J. W. Brügel entnommen, erschienen in Vierteljahrshefte für Zeitgeschichte, Heft 4/1963.

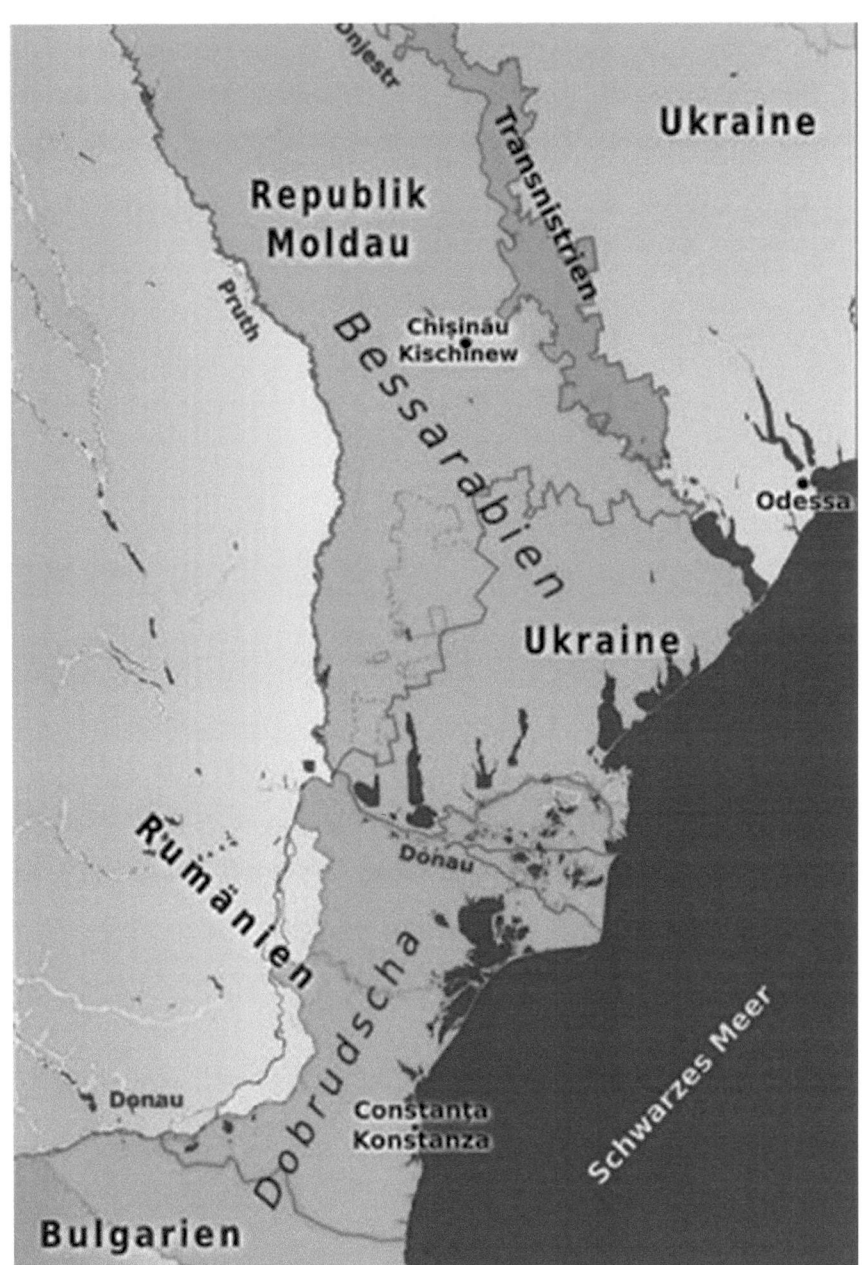

Karte Bessarabien (Quelle: Bessarabiendeutscher Verein)

Umsiedlung der Familie Scheurer aus Mathildendorf in Bessarabien (heute: Schowtnewe / Ukraine) nach Westpreußen und die spätere Flucht in den Westen

Emil Scheurer (geb. 1938) lebte mit seinen Eltern Otto Scheurer (1913–1989) und Elsa Scheurer geb. Kron (1915–1975) in Mathildendorf / Bessarabien. Die Kreisstadt war Bender (oder Bendery), die Hauptstadt des Landes Kischinew. Dem bis ins 18. Jahrhundert zurückreichenden Ahnenpass kann man entnehmen, dass seine Vorfahren aus den verschiedensten Regionen nach Bessarabien gekommen sind. Einige stammten aus dem Schwabenland, z. B. aus Kirchheim am Neckar oder aus Thailfingen, andere aus dem Elsass, aus Rheinland-Pfalz oder Mecklenburg. Es gibt aber auch Familien, die zuvor in Preußisch-Polen lebten, in der Gegend von Thorn, Warschau oder Lodz. Sie waren Ende des 18. Jahrhunderts dorthin ausgewandert, u. a. aus Württemberg. Die neu gegründeten Orte hießen Haukenfeld, Königshuld, Sulzfeld oder Alt-Stettin. Es lässt sich nachweisen, dass der älteste Vorfahr, Johann Jacob Scheurer und auch dessen Bruder Michael, 1782 aus Nufringen bei Herrenberg in Württemberg mit ihren Familien nach Preußisch-Polen gezogen sind und sich zuerst in Czyste bei Kulm an der Weichsel in Preußen an-

Mathildendorf: Bethaus mit Pastorat (Quelle: Bessarabiendeutscher Verein Stuttgart)

gesiedelt haben. Dieses Gebiet war 1772 bei der ersten polnischen Teilung von Preußen annektiert worden. Die Preußenkönige warben um Siedler für dieses Gebiet. Das „Herzogtum Warschau" wurde im Frieden von Tilsit 1807 von Napoleon geschaffen. Für die Siedler herrschte zu der Zeit eine katastrophale wirtschaftliche Situation. Viele konnten den Erbzins nicht bezahlen und verloren wieder Haus und Hof. Zu Beginn des 19. Jahrhunderts wurden unter Zar Alexander I. (1801–1825) Siedler für das Schwarzmeergebiet angeworben. Dem Ruf folgten nun auch Familien aus dem Herzogtum Warschau. Als sie ankamen, fanden sie öde Steppe vor. Die Deutschen haben sie urbar gemacht. Bereits der Enkelsohn von Johann Jacob Scheurer, Jakob Scheurer, wurde 1816 in Bessarabien geboren, in der schwierigen Zeit der Urbarmachung des Landes. 1917/18 wurde Bessarabien für kurze Zeit unabhängig, danach kam es zu Rumänien.

Die Mutter von Emil war die Tochter des Johann Kron und der Magdalena geborene Weippert. Auch sie besaßen in Mathildendorf einen Hof, ebenso wie die Großeltern väterlicherseits: Emmanuel Scheurer (getauft 1848) und Mathilde geb. Franz aus Klöstitz. Emil war der letzte der Familie, der in Mathildendorf geboren wurde.

Mathildendorf wurde 1858 gegründet. Bei der Umsiedlung im September 1940 hatte es 443 Einwohner. Die Sprache war schwäbisch mit gedehntem „e".

Es war ein Zweireihendorf. Auf dem Ortsplan von Mathildendorf sieht man rechts und links einer 1,5 km langen Straße 55 Hofstellen, darunter den Hof seines

Mathildendorf: Pferde beim Dreschen (Quelle: Bessarabiendeutscher Verein Stuttgart)

Donauschiff mit Umsiedlern nach Deutschland 1940 (Quelle: Bessarabiendeutscher Verein Stuttgart)

Vaters und die Höfe seiner Großeltern väterlicher- und mütterlicherseits. 1896 wurde ein großes Bethaus mit freistehendem Glockenturm gebaut, es gab eine deutsche und eine rumänische Schule. Zum Dorf gehörten auch Weinberge. Die Winter waren recht kalt, mit viel Schnee und die Sommer sehr heiß. Trotzdem war Weinbau möglich. Emil Scheurer erinnert sich noch weit zurück. Er weiß noch, wo im Haus sein Bett stand. Im Herbst wurde mit Pferden und Walzen gedroschen, Dreschmaschinen waren noch selten. Es war noch warm und seine Mutter hatte ihn in einen Waschzuber gesetzt. Da konnte er planschen und beim Dreschen zuschauen.

Einmal saß er beim Vater auf dem Kutschbock und durfte in die Stadt auf den Markt mitfahren. Sein Vater kaufte ihm ein Beigel, einen Hefekringel, den er ihm an einer Schnur um den Hals hängte. Unterwegs konnte er davon herunterbeißen.

1940 wurde Bessarabien durch die Sowjetunion besetzt. Hitler hat durch einen Vertrag mit Stalin ca. 93.000 Bessarabiendeutsche aus 125 deutschen Ortschaften „Heim ins Reich" geholt. Bei der Umsiedlung bestand die Familie Scheurer aus drei Personen. Wenige Familien sind zurückgeblieben und sie wurden später sehr schlecht behandelt. Die Umsiedlung wurde durch eine deutsche Kommission und einen sowjetischen Bevollmächtigten organisiert.

Umsiedler im Lager (Quelle: Bessarabiendeutscher Verein Stuttgart)

Im Oktober 1940 wurden Mütter mit Kindern sowie Familien, die keine Fuhrwerke hatten, mit Lastwagen und Omnibussen zum Donau-Hafen Kilia gebracht. Mit Raddampfern ging es dann die Donau aufwärts. Emil Scheurer erinnert sich daran, dass er auf dem Schiff die Treppe heruntergefallen ist und er hat noch ein Brandmal vom Kohleofen. Einmal wurde er entdeckt, als er an der Reling hing und dem Schaufelrad zuschaute. Männer und Jugendliche verließen in einem Treck von Fuhrwerken den Ort.

Siebzehn Monate waren die Umsiedler in drei verschiedenen Lagern unterwegs. Eines der Lager war Auspitz im Kreis Nikolsburg in Südmähren/Sudetenland. Dort wurde der Ahnenpass von einem Standesbeamten geprüft. Vermutlich wurde der Ahnenpass noch vor der Umsiedlung anhand der Kirchenbücher von Klöstitz und Mathildendorf erstellt. Die Urgroßmutter Sophie Kron, geborene Ruff, ist am 21.2.1941 im Alter von 83 Jahren in Auspitz gestorben. Später kamen sie in ein anderes Lager, nach Litzmannstadt im Wartheland/Polen. Hier wurde Bruder Siegfried 1942 geboren. Im März 1942 wurde die Familie in Lansen Kreis Thorn/Westpreußen auf einem Hof neu angesiedelt. Auch die Mutter des Vaters und seine Geschwister sowie Familie Ruff, Verwandte der Mutter, lebten dort. 1943 kam Schwester Irma in Lansen zur Welt. Der Hof war hufeisenförmig angelegt: Wohngebäude,

Stallungen für Kühe, Ochsen und Pferde sowie Wirtschaftsgebäude. Die früher hier lebenden Polen waren zuvor vertrieben worden. Etwas weiter weg war ein Hof, auf dem noch Polen lebten und diese waren alles andere als freundlich zu den deutschen Umsiedlern. Im Herbst 1944 wurde Emil Scheurer eingeschult.

Im September des gleichen Jahres wurde der Vater zur Wehrmacht eingezogen. Doch die Front rückte näher. Ende 1944 musste die Mutter mit ihren drei Kindern und weitere Familien mit dem Zug über Bromberg Richtung Westen fliehen. Unter widrigen Umständen kamen sie in Berlin an. Von Berlin ging es weiter nach Nauen, wo sie viele Bombennächte im Keller einer Gärtnerei verbrachten. Hier brachte die Mutter einen weiteren Buben zur Welt. In einer taghellen Bombennacht auf Berlin ging die Flucht zu Fuß Richtung Westen weiter. Man hatte einen Handwagen von den Besitzern der Gärtnerei bekommen. Immer wieder wurden die Flüchtenden von Tieffliegern beschossen, es war grauenvoll.

Großmutter Reule (väterlicherseits, sie hatte noch einmal geheiratet aber der Mann war im Lager gestorben) sowie die Geschwister hatten in Westpreußen einen Treck zusammengestellt und waren mit den Pferden Richtung Westen geflohen. Tante Emma hatte auch Sachen von Scheurers mitgenommen. Später waren sie dann auch in Nauen. Nach der Bombennacht hat man sich aber aus den Augen verloren.

Tiefflieger waren nur eines von vielen Problemen. Elsa Scheurer war mit ihren Kindern unterwegs bei Perleberg/Brandenburg. Dabei war noch ein älteres Ehepaar mit Tochter. Rechts und links der Chaussee standen Bäume, die Chaussee war mit Kopfsteinpflaster befestigt. Rechts davon war ein Sandweg für die Landwirtschaft. Sie waren allein auf der Straße. Es herrschte Totenstille, nur ab und zu fuhr ein Auto vorbei. Die Mutter zog den Handwagen mit zwei Geschwistern darauf. Den jüngsten Bruder, der in Nauen auf die Welt gekommen war, trug sie in einem Tuch bei sich. Plötzlich sah Emil hinter sich eine Stoßstange. Er konnte noch ausweichen. Die Tochter des Ehepaares ging rechts von ihm. Das Auto hat sie überfahren, ihr Arm kam in die Kardanwelle. Der Mutter ist das Auto über beide Beine gefahren, der Handwagen wurde fortgeschoben. Sie erlitt schmerzhafte Quetschungen an den Beinen und konnte nur mühsam gehen. Dabei musste sie sich um ihre vier kleinen Kinder kümmern. Es war ein deutsches Feuerwehrauto gewesen und darin saß deutsches Militär. In Perleberg hat der Russe die Flüchtlinge eingeholt. Es gab noch eine Schießerei, sie waren in einem Keller. Der Mann von dem Ehepaar konnte russisch, weil er bei den Russen bis 1917 gedient hatte. Er bekam von den Russen eine deutsche Kutsche und ein Pferd. In Perleberg starb der jüngste Bruder an einer Kinderkrankheit. Es gab weder Ärzte noch Medizin. Sie fuhren nun die gleiche Strecke zurück. Es war schrecklich. Ihnen war ein deutscher Treck gefolgt. Er war total zerbombt worden, die Leute saßen noch tot auf den Wagen, tote Pferde lagen davor, ein grauenvoller Anblick. Der Zwischenfall mit dem Feuerwehrauto hatte sie vor diesem Schicksal bewahrt.

Im August 1945 war der Vater aus russischer Gefangenschaft entlassen worden. Er war der erste deutsche Landser, der gesichtet wurde. Wie er seine Familie so schnell in dem kleinen Dorf gefunden hat, weiß man nicht. So schnell wie möglich zogen sie weiter in die englische Zone und kamen in Kakerbeck bei Stade unter. Die Landsleute aus Bessarabien hatten aber immer irgendwie Kontakt untereinander.

In Norddeutschland haben sich viele Bessarabiendeutsche zusammengetan und einen Güterzug zusammengestellt. Sie wollten der Sprache wegen ins Schwabenland, aus dem die meisten ihrer Vorfahren stammten. In jedem Güterwaggon waren 3–4 Familien untergebracht. So kamen sie nach Heilbronn und wurden im Landkreis auf verschiedene Orte verteilt. Familie Scheurer und einige andere Familien gelangten am 09.04.1946 nach Möckmühl. Verwandte väterlicherseits sind z. B. in Herbrechtingen gelandet und leben noch heute dort. Die Großeltern mütterlicherseits waren erst in Bülow / Mecklenburg. Später zogen sie auch nach Möckmühl. Ein Bruder der Mutter war in Hamburg-Harburg geblieben, eine Schwester im Osten starb bald an Herzversagen. Eine weitere Schwester lebte in Cloppenburg. Auch sie starb noch in jungen Jahren durch die Strapazen an Herzversagen.

Die erste Unterkunft in Möckmühl war beim „Hans Baron" (Baron Hans von Ellrichshausen) in der Domenecker Straße 1 in zwei kleinen Dachzimmern. Die Küche wurde im Gartenhäuschen eingerichtet. Zwei Familien, zusammen zehn Personen, mussten damit zurechtkommen. Die andere Familie waren die Reichs, die später nach Kanada ausgewandert sind. Außerdem kamen die Familien Esslinger, Müller und Schock nach Möckmühl. Für die Eltern war es sehr schwierig, ihre Kinder satt zu bekommen. Otto Scheurer hatte zunächst bei der Stadt Arbeit im Wald gefunden. Emil wurde ein zweites Mal in Möckmühl eingeschult und fand neue Freunde. Später arbeitete der Vater in der Zuckerfabrik in Züttlingen, dann bei Auto-Hediger und zum Schluss im Bauhof der Stadt Möckmühl. Nach einiger Zeit zogen sie in eine Wohnung im Gasthaus „Krone" um, es ging wieder aufwärts. 1954 haben die Eltern mit einem Startkapital von 1.500 DM mit der Kreissiedlung eine Haushälfte für zwei Familien in der Große-Binsach-Straße gebaut.

Ab 1953 machte Emil eine Lehre zum technischen Zeichner bei den AGRIA Werken in Möckmühl, danach begann seine Grafik-Tätigkeit im Werbebüro. Den Wehrdienst leistete er von 1959–1960 ab. 10 Jahre war er bei der Firma Hörner in Eberstadt tätig. In dieser Zeit schloss er auch ein Studium an der Kunstakademie in Stuttgart als Grafikdesigner ab.

1961 heiratete er Hannelore Waldbüßer. Ihre beiden Söhne Michael (1964) und Ingo (1966) wurden geboren.

Im Jahre 1970 machte sich Emil selbständig und eröffnete ein Design-Studio für Grafik und Innenarchitektur. Viele namhafte Firmen im In- und Ausland gehörten zu seinem Kundenkreis, es waren zum größten Teil Einzelhandelsgeschäfte und große Textilunternehmen. Das waren sehr interessante und erfolgreiche Jahre. Im Lehle in Möckmühl hat die Familie 1979 ein modernes Huf-Fachwerkhaus gebaut, in dem sie sich heute noch wohlfühlen.

Aufgeschrieben von Emil Scheurer im November 2017; ergänzt durch seine Erzählungen vom 13.11.2017 und Informationen aus dem Bericht „Mathildendorf"

Marlies Kibler
Januar 2018

OSTPREUSSEN

Deutschsprachige Siedler wanderten im Hochmittelalter zwischen 1200 und 1350 in die östlichen Randgebiete des Heiligen Römischen Reiches ein. Um 1225 ersuchte der polnische Teilfürst Herzog Konrad von Masowien den 1198 gegründeten Deutschen Orden unter dem Hochmeister Hermann von Salza um Hilfe gegen die baltischen Prußen. Als Gegenleistung für den militärischen Beistand bot Konrad dem Orden das Kulmer Land an. In schweren Kämpfen unterwarf der Orden die Prußen und weitete in der Folge sein Territorium aus. Der Orden besiedelte das Land durch Deutsche und gründete rund 60 Ordensburgen, 93 Städte und 1500 Dörfer nach deutschem Recht. Die Siedler erhielten das Land zwar zu erblichem Besitz, der Orden behielt sich jedoch das letztliche Eigentumsrecht über Grund und Boden vor. An die Verleihung waren bestimmte Leistungen an den Orden gebunden. *(Wikipedia: Deutschordensstaat)*

1309 verlegte der Hochmeister seinen Sitz von Venedig nach Marienburg, übernahm die Regierung und baute eine blühende Wirtschaftsmacht auf. Der Ordensstaat bestand bis 1525, Kriege und Krisen besiegelten seinen Niedergang. Im Zuge der Reformation säkularisierte der letzte Hochmeister in Preußen Albrecht von Brandenburg-Ansbach den restlichen Ordensstaat mit der Hauptstadt Königsberg und trat zum evangelischen Glauben über.

Der katholisch gebliebene Teil verlegte den Hochmeistersitz nach Mergentheim. Der Ordensstaat wurde in das Herzogtum Preußen (1525–1701) umgewandelt. Anfang des 18. Jahrhunderts entvölkerte die Pest weite Teile des Landes. 1732 siedelten sich 15.000 evangelische Salzburger in Ostpreußen an, die für das Land von wirtschaftlichem Nutzen waren. Im Ostpreußischen Landesmuseum in Lüneburg ist die „Historie der Salzburger Exulanten" von 1732 zu sehen.

1758–1762 annektierte die Zarin Elisabeth von Russland das Herzogtum für vier Jahre. Am 18. Januar 1701 krönte sich Kurfürst Friedrich III. in Königsberg als König Friedrich I. in Preußen. Von 1701–1772 gehörte das Land zum Königreich Preußen. 1772 wurde aus dem Preußenland die Provinz Ostpreußen.

*Königsberg Münzplatz, Junkerstraße 1889–1914
(Quelle: Bildarchiv Ostpreußen, www.bildarchiv-ostpreussen.de)*

*Dominsel mit Alter Universität und Holzbrücke 1930–1940
(Quelle: Bildarchiv Ostpreußen, www.bildarchiv-ostpreussen.de)*

Im alkoholfreien Kaffee- und Speisehaus „Zur weissen Schleife" Hufen, Bahnstraße 1B, geleitet vom Bunde abstinenter Frauen, findet man angenehmen Aufenthalt, gutes und billiges Essen, auch **„vegetarisch"**. Kein Trinkgeld, kein Trinkzwang.

*Gasthaus „Zur Weißen Schleife" 1914, von Frauen geführt, alkoholfrei und vegetarisch
(Quelle: Bildarchiv Ostpreußen, www.bildarchiv-ostpreussen.de)*

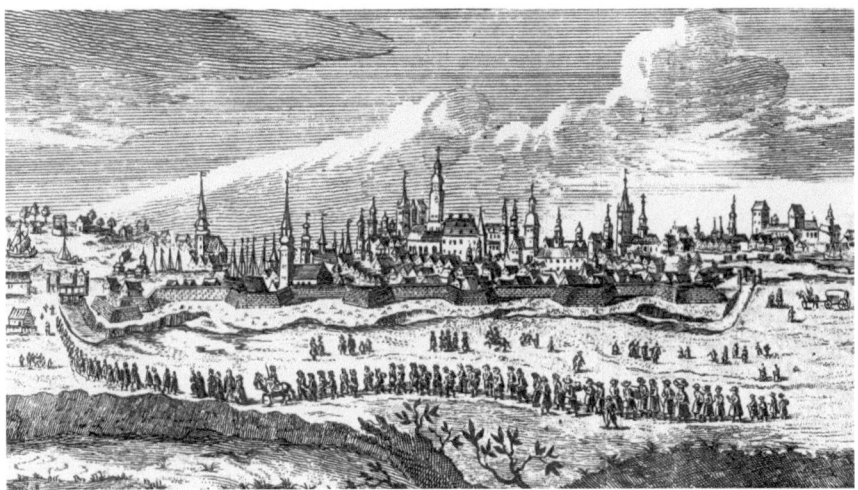
Ankunft der Salzburger 1732 (Quelle: Bildarchiv Ostpreußen, www.bildarchiv-ostpreussen.de)

Kriege, Unwetterkatastrophen und Seuchen dezimierten die Bevölkerung immer wieder und immer neue Siedler wurden herbeigezogen. So die Salzburger im Regierungsbezirk Gumbinnen, die Hugenotten aus Frankreich, die hauptsächlich in die Städte zogen, die holländischen Mennoniten, die spezielle Kenntnisse zur Trockenlegung der Sümpfe und der Moorlandschaften mitbrachten. Schon zur Zeit der Reformation wurden große Teile der benachbarten masowischen Bevölkerung in Masuren angesiedelt. Sie alle wurden zum ostpreußischen Volksstamm.

Von 1871 bis 1945 war Ostpreußen der östlichste Landesteil Deutschlands. Um 1900 hatte Ostpreußen etwa zwei Millionen Einwohner, rund drei Viertel der Bevölkerung lebten von der Landwirtschaft. Moderne Agrar-Techniken und ein ausgeklügeltes Drainagesystem machten aus der weit verbreiteten Moorlandschaft gutes Ackerland, das reiche Ernten einbrachte. Im 19. Jahrhundert war Ostpreußen die Kornkammer Deutschlands, wenn nicht Europas.

Nach dem Ersten Weltkrieg trennten die Siegermächte im Versailler Vertrag von 1919 große Teile Westpreußens, Danzig, die ostpreußische Stadt Soltau und das Memelgebiet ab und teilten sie Polen zu. Ostpreußen wurde durch den „polnischen Korridor", einen 30 bis 90 Kilometer breiten Landstreifen, der Polen den Zugang zur Ostsee ermöglichte, vom Deutschen Reich getrennt. Dadurch geriet Ostpreußen in eine wirtschaftliche Isolation, die sich in der Weltagrarkrise 1928 zuspitzte. Durch den Preisverfall von Roggen und Kartoffeln sowie wegen höherer Steuern drohte vielen Gutshöfen der Bankrott. Der Bevölkerung stand eine Hungersnot bevor.

Ortelsburg, Blick vom Rathausturm auf die Hauptstraße 1930–1940 (Quelle: Bildarchiv Ostpreußen, www.bildarchiv-ostpreussen.de)

Ortelsburg, Markttreiben in der zerstörten Stadt 1914–1915 (Quelle: Bildarchiv Ostpreußen, www.bildarchiv-ostpreussen.de)

Deshalb beschloss die Regierung der Weimarer Republik die Osthilfe, die Steuersenkungen, Kredithilfen und Frachtkostenerstattung für Großbetriebe umfasste. Fortan hing Ostpreußen am Tropf des Reichshaushaltes.

Bei der Volksabstimmung im Jahr 1920, die gemäß dem Versailler Vertrag vorgesehen war, votierte die Mehrheit zu über 90 % für einen Verbleib im Deutschen Reich. Als Folge der Zerstörungen im Ersten Weltkrieg entstand in den 1920er Jahren in Ostpreußen eine ganz neue Architektur, das Neue Bauen, die viel Beachtung fand.

Tilsit Ortsansicht 1916 (Quelle: Bildarchiv Ostpreußen, www.bildarchiv-ostpreussen.de)

Insterburg, 9 Motive 1935–1941 (Quelle: Bildarchiv Ostpreußen, www.bildarchiv-ostpreussen.de)

Nach der Ernennung Adolf Hitlers zum deutschen Reichskanzler im Jahr 1933 übernahmen die Nationalsozialisten auch in Ostpreußen die Macht. Während des Zweiten Weltkrieges war die Provinz lange die Befehlszentrale für den Ostfeldzug Hitlers. Vom „Führerhauptquartier Wolfsschanze" im heutigen Polen dirigierte Hitler bis Ende 1944 seine Truppen.

Im Oktober 1944 waren sowjetische Soldaten kurzzeitig über die deutsche Ostgrenze vorgestoßen. Es gab Tote unter Zivilisten. Die Menschen in Ostpreußen wussten, dass eine Offensive der Roten Armee bevorstand. Doch die nationalsozialistische Führung verbot eine Flucht, selbst Vorbereitungen zur Flucht. Sie beharrte auf der Diktion vom deutschen Sieg. Als die Rote Armee im Januar 1945 über Ostpreußen hereinbrach, mussten 1,4 Millionen Menschen überstürzt fliehen, unter grausamen Bedingungen und bei Temperaturen von bis zu minus 30 Grad.

Der Raddampfer „Grenzland" verließ Anfang Mai 1945 mit 300 Flüchtlingen an Bord Pillau und kam über Bornholm nach Schleswig-Holstein. Bekannt waren in den 30er und 40er Jahren seine „Mondscheinfahrten". Umgebaut zur Gaststätte 1954. 1966 wurde das Schiff nach Holland verkauft. Dort sank es etwas später und wurde verschrottet.

Raddampfer „Grenzland" auf der Memel bei Tilsit 1930–1944, Eigner: Karl Wilhelm Skorloff (1901–1976) (Quelle: Bildarchiv Ostpreußen, www.bildarchiv-ostpreussen.de)

Nach dem ersten sowjetischen Vorstoß wurde das weltberühmte Gestüt Trakehnen, in der Nähe von Gumbinnen ansässig, ab 17. Oktober 1944 in andere Gestüte evakuiert. Ein kleiner Teil dieser ostpreußischen Pferde erreichte mit Flüchtlingstrecks nach monatelanger Flucht den Westen, ein überwiegender Teil gelangte als Reparation in die Sowjetunion. Die Anfänge der Zucht gehen zurück in die Zeit des Deutschen Ordens.

Nach Kriegsende, genau am 17. Oktober 1945, wurde Ostpreußen von den Siegermächten aufgeteilt, das nördliche Gebiet fiel an die Sowjetunion, der südliche Teil wurde polnisch. Die deutsche Lebensart war ausgelöscht. Die Kornkammer wurde Brachland.

Rund 45.000 Deutsche, Oberschlesier und Masuren blieben zurück. Sie mussten ihre deutschen Namen ablegen und es war ihnen verboten, deutsch zu sprechen. Sie waren bösen Drangsalierungen ausgesetzt und wurden schließlich ausgewiesen. Anderen, Oberschlesiern zumal, gelang es viel später, in die Bundesrepublik Deutschland auszureisen. Manche erhielten nie die Ausreisegenehmigung.

Erika Speth

Quellen: Wikipedia (Deutsche Minderheit in Polen) und persönliche Berichte Betroffener

Karte Ostpreußen 1945 (Quelle: © Peter Palm, Berlin)

Flucht der Familie Balz aus Kukehnen bei Zinten Kreis Heiligenbeil in Ostpreußen (heute: Ladoschskoje / Russland)

Walter Balz – geb. 05.02.1906 (bei der Flucht 39 Jahre)
Erika Balz geb. Freiburghaus – geb. 27.02.1912 (bei der Flucht 33 Jahre)
Edeltraut Balz, später verheiratete Knandel – geb. 16.09.1932
    (bei der Flucht 13 Jahre)
Dieter Balz – geb. 17.06.1940 (bei der Flucht 5 Jahre)

Wir wohnten in Kukehnen bei Zinten im Kreis Heiligenbeil in Ostpreußen (jetzt Sowjetische Republik). Kukehnen hatte ca. 350 Einwohner, eine Schule, einen Bahnhof und ein Schloss. Unser Vater Walter Balz arbeitete als Schweizer (Melker) auf dem Gut Kukehnen und hatte eine Viehherde von etwa 150 Kühen, darunter etwa 80 Milchkühe, zu versorgen.

Im November / Dezember 1944 wurde auf dem Gut Kukehnen viel Militär stationiert. Auf den Weiden wurden Zelte aufgestellt und im Schloss ein Militärbüro eingerichtet. Vorher waren schon Soldaten auf dem Gut, aber nicht so viele. Mit

Gut Kukehnen, Gutshaus, Vorderansicht 1930–1944 (Quelle: Bildarchiv Ostpreußen, www.bildarchiv-ostpreussen.de)

dem Zug kamen laufend viele Militärsachen. Aus der Ferne hörte man es grollen und schießen und der Himmel verfärbte sich ganz rot. Von Kukehnen aus wurden die Soldaten an die Front geschickt. Die Soldaten, die wieder zurückkamen, erzählten vom Krieg an der Front und wirkten ganz versteinert und von Angst erfüllt. In Kukehnen wurden noch alle alten Männer zum Volkssturm einberufen, die jungen Männer waren schon alle beim Militär. Unser Vater wurde nicht eingezogen, weil er die Versorgung der Bevölkerung und des Militärs aufrechterhalten musste. Es halfen ihm noch zwei Polen und die Frauen, die auf dem Gut wohnten. Die beiden Polen waren schon immer auf dem Hofgut beschäftigt und sehr angenehm und freundlich. Auf dem Hof waren nur noch drei deutsche Männer: unser Vater, Herr Ei der Pferdezüchter und Herr Schulz der Inspektor. Das Gestüt des Hofes umfasste 100 Pferde.

Die Front kam immer näher. Die Gutsbesitzer waren schon lange fort. Mein Vater wunderte sich, warum die Besitzer schon im Herbst 1944 viele große Koffer und Kisten verschickten. Der Gutsbesitzer Ruhnau war Oberst beim Militär und ahnte wahrscheinlich, was kommen wird.

Im Januar 1945 wurde es ganz schlimm. Immer mehr Tiefflieger überflogen uns und der Kanonendonner hörte nicht mehr auf. Aus Zinten kamen Mutters Schwester, Tante Olga, und ihre zwei Kinder Eva geb. am 29.10.1929 und Edith geb. 1935, zu uns aufs Land nach Kukehnen, da die Stadt Zinten oft bombardiert wurde. Eva, die bereits 16 Jahre alt war, ging nochmals nach Zinten, um zu sehen, welche Schä-

Schule Kukehnen 1944 (Quelle: Bildarchiv Ostpreußen, www.bildarchiv-ostpreussen.de)

den durch die neuen Bombenangriffe entstanden waren. Als sie wiederkam, war sie ganz erschüttert und weinte sehr, da die ganze Stadt brannte. Die Schule war wegen des Krieges schon ab Weihnachten 1944 geschlossen.

Am 8. Februar gab Gauleiter Koch aus Königsberg dann den Befehl, dass die Bevölkerung nach Westen flüchten soll. Inspektor Schulz gab den Auftrag, das Vieh loszubinden und die Ställe zu öffnen. Den Soldaten war es gleichgültig, ob das Vieh in den Ställen verblieb oder nicht, da die Front nur noch 6 km entfernt war. Es war wirklich höchste Zeit zu flüchten. Es entstand ein großes Chaos. Der Himmel und die Erde brannten.

Der Hof hatte sehr viele Gummiwagen. Diese Wagen wurden verteilt und immer zwei Familien erhielten einen Wagen mit Pferden zugeteilt. In der Hauptsache wurden Betten, Wäsche und Lebensmittel mitgenommen. Ich rannte zu unserem Hund Aline, der sich auf dem Dachboden verkroch und verabschiedete mich. Meine Cousine Eva lief nochmals ins Haus, um ihr Schifferklavier zu holen, an dem sie sehr hing. Unser Gummiwagen war inzwischen schon auf die Straße gefahren und unsere Mütter waren außer sich vor Angst, weil wir beide fehlten. Soldaten packten uns auf ein Auto und brachten uns zu unserem Wagen. Darüber waren unsere Mütter sehr froh und erleichtert, denn sie konnten uns ja auf keinen Fall zurücklassen.

Der Nachbar, Herr Ei, mit dem wir uns einen Wagen teilten, kutschierte unseren Wagen. In diesem Winter war es sehr kalt, es waren ca. 30 Grad minus. Wir fuhren in Richtung Heiligenbeil. Es war ein großer Treck und es ging mit den Pferden nur langsam vorwärts. Auf der Hälfte des Weges mussten wir Halt machen, da die Pferde gefüttert und getränkt werden mussten. Wir hielten auf dem Gut von Bülows. Dort waren fast alle Leute schon geflohen. Nur der Besitzer Bülow und einige Bedienstete waren noch da. Wir nahmen dann vom Wagen unsere Betten und konnten im Stall übernachten. Unser Vater durfte und sollte melken und versorgte uns mit Milch. Bülows hatten für uns frischen Tee gekocht. Zum Essen hatten wir noch dabei. Am nächsten Tag zogen wir gleich morgens rechtzeitig los. Die Straßen waren verstopft und es war kein Weiterkommen. Deshalb wollte unser Treck umkehren und wieder nach Hause fahren, aber die Soldaten, die überall waren, ließen dies nicht zu und wir mussten weiter. Auf der Straße war sehr viel Schlamm und Schmutz von Panzern und dem Militär, dazu kamen immer wieder Tiefflieger. Wir mussten uns vor dem Beschuss der Tiefflieger schützen und legten uns daher unter unsere Wagen. Als wir wieder aufstehen konnten, waren wir voller Erde und Schmutz und ganz nass.

In Heiligenbeil angekommen, wurden wir durch Soldaten zu einem Entrümpelungsplatz dirigiert. Da sah es schrecklich aus. Unser Inspektor sagte, wir müssen hier alles stehen lassen, da wir über das gefrorene Haff etwa 25 – 30 km gehen müssen. Wir konnten uns dort einen kleinen Wagen mit Pferd oder einen Handwagen nehmen. Die Gummiwagen waren auf dem Eis des zugefrorenen Haffs zu schwer.

Auf dem Platz standen viele Wagen und Pferde herum. Wir hatten zum Glück unseren Vater noch. Aber für viele Frauen, deren Männer im Krieg waren, die mit ihren Kindern allein flüchteten, war es sehr schwierig. Papa und Mutti fuhren mit Fahrrädern, die wir auf dem Entrümpelungsplatz fanden, zu unserem Onkel Gottfried, der 10 km von Heiligenbeil mit seiner Familie auf einem Gut wohnte. Das Gut war noch weiter von der Front entfernt und unsere Eltern hofften, dass der Krieg bald zu Ende geht und wir dortbleiben könnten. Nach Stunden des Wartens kamen sie mit unserem Onkel Gottfried und einem kleinen Wagen mit Pferd zurück. Eilig wurden unsere Habseligkeiten umgeladen und wir verabschiedeten uns schweren Herzens von unseren Nachbarn und Freunden, mit denen wir eng verbunden waren. Dann fuhren wir bei eiskalter Nacht auf das Gut Romanhorn zur Familie unseres Onkels.

Dort war auch überall Militär. Unser Onkel hat einen Stall gesäubert und wir konnten mit unserem Bettzeug in einem geschützten Raum schlafen. Wir schliefen todmüde ein. Bei unserem Onkel Gottfried Freiburghaus waren schon sein Bruder Alfred Freiburghaus (beide Onkel waren Brüder unserer Mutter) mit Tante Anna und sechs Kindern. In der Waschküche wurde für alle gekocht und es gab immer etwas zu essen. Unser Vater half überall mit. Nun kam die Front dort auch ganz nah und die Leute von dem Gut flüchteten ebenfalls. Am 20. Februar 1945 war es dann soweit und wir mussten auch weiterziehen. An eine Umkehr nach Hause war nicht mehr zu denken. Wir waren inzwischen sieben Erwachsene und elf Kinder: unsere Eltern, Onkel Gottfried, seine Frau Tante Lene und ihre Tochter Inge und Onkel Alfred, seine Frau Tante Anna und ihre Kinder Helmut, Anni, Erika, Georg, Ruth, Hans und Kathrin, Tante Olga (Onkel Ernst war auch im Krieg) und ihre Kinder Eva und Edith.

Der Oberste des Militärs gab den Befehl, dass die Männer nicht flüchten dürfen, nur die Frauen und die Kinder. Die Männer mussten dort den Hof und die Militärs versorgen. Onkel Gottfried und Onkel Alfred hatten die Schweizer Staatsangehörigkeit, da unser Großvater aus der Schweiz nach Ostpreußen ausgewandert war und die Schweizer Staatsangehörigkeit behalten hatte. Aus diesem Grund mussten sie nicht zum Militär und konnten mit uns flüchten ohne unseren Vater. Es wurde wieder ein Pferdewagen mit dem Allernötigsten beladen. Wer nicht laufen konnte, setzte sich auf den Wagen. Nun ging es los. Wir hatten 3 km zum zugefrorenen Haff. Das Militär ließ uns aufs Haff, weil unser Wagen nicht zu schwer war. Unser Vater kam noch bis zum Haff mit und wir mussten Abschied nehmen. Es war ein furchtbarer Abschied, es wurde laut geweint, aber es nützte nichts, das Militär trieb uns immer vorwärts. In Leysuhnen ging es aufs Eis. Es war eine sternklare Nacht und sehr kalt. Wir gingen nachts aufs Eis wegen der Tiefflieger, da sie uns bei Nacht nicht so sehen konnten. Auf dem Eis sah es bereits wie auf einem Schlachtfeld aus. Es lagen dort eingebrochene Wagen mit toten Pferden, Kinderwagen standen herum, tote Kinder und Erwachsene lagen wie gesät auf dem Eis. Es war grausam. Dazwischen befanden sich Hausrat und alle möglichen Dinge. Die Menschen zogen schweigend und versteinert vorbei. Einmal stand unser Wagen zur Hälfte mit dem Rad im Wasser und das Eis knirschte. Wir hatten Gummistiefel an. Alle schrien vorwärts, vorwärts, ich höre heute noch die Schreie in den Ohren. Wir kamen mit viel Glück wieder aufs stabile Eis. Wir schauten zum Himmel und hatten das Gefühl, dass uns ein Schutzengel begleitete. Wir waren die ganze Nacht unterwegs und kamen am Morgen auf die Nehrung (Landzunge) und hatten wieder festen Boden unter den Füßen. Es war ein sandiger Landweg. Wir fuhren auf Anweisung des Militärs, das überall war, auf einen Platz. Viele Wagen hatten Räder verloren und gestorbene Menschen wurden beerdigt. Es gab keine Trauer, es ging nur noch vorwärts. Durch Lautsprecher wurde durchgesagt, dass Wagen und Pferde stehenbleiben müssten. Die Soldaten fuhren die Leute zum Schiff. Jeder nahm sein Gepäckstück und reihte sich in die Menge ein. Wir wurden von Neutief mit der Fähre nach Pillau übergesetzt. In Pillau angekommen, erhielten wir eine warme Suppe von den Soldaten. Die Häuser in Pillau waren schon alle leer. Die Einwohner waren bereits geflüchtet. Eine Nacht verbrachten wir in Pillau in einem Haus auf dem Fußboden. Morgens ging es zum Hafen. Dort waren Unmengen von Menschen. Die Menschen drängten alle zum Schiff. Vorne am Schiff hatte das Militär die Einteilung. Wer zu dicht an der Mauer beim Schiff stand, fiel ins Wasser und konnte nicht herausgeholt werden. Es hieß vom Militär immer nur vorwärts. Wir hatten uns alle an den Händen gefasst, damit wir nicht auseinandergerissen wurden. Glücklich erreichten wir das Schiffsdeck. Das Schiff hieß „Westpreußen" und war ein Kohledampfer. Er hatte vier große Kohlenbunker. Über eine Treppe kam man in die einzelnen Bunker. Der Fußboden war dünn mit Stroh bedeckt. Als Verpflegung bekam jeder ein Stück Brot und das Militär versorgte uns mit Tee. Vor dem Schiff standen noch viele weinende Kinder ohne Eltern und das Schiff legte trotzdem ab. Das Schlimmste war das Klo. Kinder und alte Leute konnten die etwa 100 Stufen nicht hoch zum Deck, auf dem das Klo war. Hinter der Treppe, ich werde es nicht vergessen, stand ein Soldat mit einem Eimer. Er breitete seinen Mantel aus als Schutz, damit die Leute auf den Eimer gehen konnten. Dann trug er den Eimer hoch und schüttete ihn über Bord. Oben auf Deck waren zwei Holzverschläge mit einer Stange, da konnten die Personen, die die Treppe noch hochkamen, ihre Notdurft verrichten. Die Fahrt mit dem Kohlendampfer dauerte sechs Tage. Unsere Tante Olga war zu diesem Zeitpunkt hochschwanger und wir bangten um sie und das Kind.

Wir wundern uns heute noch, dass auf dem Schiff trotz der sehr schlechten hygienischen Verhältnisse keine Krankheiten ausgebrochen sind. Es war ein ganz großes Wunder. Einmal gab es Windstärke 12. Die Menschen waren alle seekrank, fix und fertig und ganz apathisch. Wir hätten nicht gemerkt, wenn das Schiff untergegangen wäre. Mit uns fuhr ein Geleitzug. Vor und hinter uns Kriegsschiffe. Wir fuhren über Danzig nach Swinemünde. Dort wurden wir ausgeschifft, in der Schule untergebracht und mit Essen versorgt. In Swinemünde wurden wir auf offene Güterzüge verladen und bekamen Decken zum Zudecken. Es ging weiter über Rostock nach Rendsburg. Nach drei Tagen waren wir dort am 3. März 1945 angekommen. Unterwegs mussten wir wegen Fliegeralarm aussteigen. Es war bitterkalt. Ich hatte im Gesicht eine nässende Flechte und meine Zehen waren gefroren. Wir wurden in eine Turnhalle gebracht. Auf dem Fußboden lag Stroh. Zum ersten Mal wurden wir entlaust. Wir hatten Glück, dass wir keine Läuse hatten. Wir bekamen Wasser zum Waschen und konnten auf eine richtige Toilette gehen. Weiter bekamen wir frische Wäsche und Kleider. Unsere Wäsche war verdreckt und roch ganz übel. Essen gab es dann auch. Alle waren todmüde, aber keiner störte sich, jeder wollte nur schlafen. Ich weiß noch, dass die Fenster durch die Bomben kaputtgingen, aber alle waren zufrieden, ein Dach über dem Kopf zu haben. Wir wurden registriert und am zweiten Tag zum Zug gebracht. Tante Olga kam ins Krankenhaus nach Rendsburg und gebar einen Sohn, der nach drei Wochen starb. Unsere Fahrt ging nach Melsdorf, ein Dorf, 8 km von Kiel entfernt. Wir hatten nur noch eine Tasche. Die anderen Habseligkeiten mussten auf dem Schiff bleiben. In Melsdorf kamen wir in einen großen Saal, in dem wir Erbsensuppe erhielten. Dann kam der Bürgermeister und verteilte die Leute an Familien. Alle saßen wir da wie die armen Sünder und hatten nichts mehr, auch keine Heimat. Wir erhielten ein kleines Häuschen mit einem kleinen Zimmer mit Bett und Strohsack zugewiesen. In dem Haus hatten wir einen Küchenanteil, in dem wir kochen konnten. Aber der Krieg war noch nicht aus. Es gab jeden Abend Fliegeralarm. Bei Fliegeralarm gelangten wir über eine Wiese in einen Bunker, in dem wir Schutz suchten. Der dauernde Fliegeralarm endete am 8. Mai 1945. Endlich war der Krieg vorbei. Von November 1944 bis Mai 1945 war unser Leben nur begleitet von Schießen und Kanonendonner. Die Geschosse von der Ostsee her waren höllisch. Zur Verpflegung gab es nun Lebensmittelkarten. Dann wurde Schleswig-Holstein von den Engländern besetzt. Die Engländer waren sehr freundlich und gaben uns die erste Schokolade. Nach dem Krieg fing langsam die Schule wieder an. Ich hatte etwa drei Stunden am Tag Schule. Anschließend ging ich in einem Lebensmittelgeschäft arbeiten. Meine erfrorenen Zehen konnte ich nur mit meinem eigenen Urin heilen, sonst hatte ich nichts.

Unser Vater kam im Herbst 1945 nach Gefangenschaft und Flucht auf vielen Umwegen aus Ostpreußen zu uns. Er war nach Berlin geflüchtet, da er dort zwei Schwestern, Tante Ella und Tante Lisa, hatte. Im zerbombten Berlin konnte er aber seine Schwestern nicht mehr finden und kam in russische Gefangenschaft. Ein Mitgefangener hörte, dass Männer für die Bäckerei im Lager gesucht wurden und meinte: „Walter, du bist doch kräftig, komm wir melden uns", und so kamen die beiden in die Bäckerei und hatten wenigstens etwas zu essen. Später wurden für die Feldarbeit wieder Leute gesucht und die beiden meldeten sich für die Feldarbeiten. Sie fassten den Entschluss zu fliehen, was sie auch taten. Sie haben auf der Flucht Fürchterliches durchgemacht, hatten nichts zu essen und keine Unterkunft und mussten immer auf der Hut sein, dass man sie nicht erwischte. Unser Vater hatte sich nach Duisburg durchgeschlagen und kam dort halb verhungert und verlumpt bei unserer Tante Anne an, der Schwester unserer Mutter, die schon vor dem Krieg nach Duisburg geheiratet hatte. Unsere Mutter hatte sich bereits mit ihrer Schwester Anna in Verbindung gesetzt und ihr mitgeteilt, dass wir in Melsdorf wohnten. Unser Vater meldete sich bei uns und kam dann auch nach Melsdorf. Dort hatte er keine Arbeit und wir hatten sehr wenig zu essen. Durch Zufall hatte unser früherer Gutsbesitzer, der noch weitere Güter in Deutschland besaß, unter anderem den Seehof bei Züttlingen, erfahren, wo mein Vater war. Unser Vater war das weite Land in Ostpreußen gewöhnt und dachte immer, die Berge und die Enge hier würden ihn erdrücken und ihm die Luft nehmen. Mit der Zeit hat er sich aber an die ganz andere Landschaft gewöhnt. So haben wir unsere Heimat verloren, aber auch wieder eine neue Heimat gefunden.

Auf dem Seehof bekamen wir, weil unsere Mutter Schweizer Abstammung war, aus der Schweiz Päckchen mit Nahrungsmitteln geschickt, worüber wir uns riesig freuten. Unsere Onkel Gottfried und Karl konnten in die Schweiz einreisen und fanden mit ihren Familien dort auch eine neue Heimat.

Unsere Cousine Eva lebt heute noch in Kiel. Ihre Mutter, Tante Olga und Edith zogen zu uns nach Möckmühl.

Aufgeschrieben von Edeltraut Knandel geb. Balz (+ 21.12.2017)

14.02.2008

SCHLESISCHE GESCHICHTE

Ein kurzer historischer Abriss

Spätestens ab etwa 100 n. Chr. war Schlesien von den germanischen Lugiern beziehungsweise vandalischen Silingen besiedelt. Ab etwa 550–600 n. Chr. wanderten Westslawen (Slensanen, Opolanen) ein. Die seit Ende des 10. Jahrhunderts andauernden kriegerischen Auseinandersetzungen zwischen Böhmen und Polen um die Vormachtstellung in Schlesien wurden erst 1137 mit dem Pfingstfrieden von Glatz beendet und ein eindeutiger Grenzverlauf festgelegt. Durch den Tod des polnischen Herzogs Bolesław III. „Schiefmund" 1138 zerfiel Polen in einzelne Teilgebiete. Das Gebiet von Schlesien fiel an den ältesten Sohn Władysław. Er begründete das Herzogtum Schlesien und war Stammvater der Schlesischen Piasten. Er starb 1159 im Exil im thüringischen Altenburg. Erst 1163 durften seine drei Söhne zurückkehren und das ihrem Vater entwundene Schlesien in Besitz nehmen. Im Zuge der Auflösung des für das Königreich Polen geltenden Senioratsprinzips erlangte das Herzogtum Schlesien, neben anderen polnischen Herzogtümern, de facto die politische Selbständigkeit.

Unter Herzog Heinrich I., der 1201 seinem Vater Boleslaw I. als Herzog von Schlesien nachfolgte, wurde die Besiedlung Schlesiens mit Deutschen und Holländern gefördert. Ebenso unter seinem gleichnamigen Sohn Heinrich II., der 1226 von seinem Vater zum Mitregenten berufen wurde. Er fiel 1241 beim Mongoleneinfall in der Schlacht bei Liegnitz. Unter seinen Nachkommen wurde das Herzogtum Schlesien ab 1249 durch Teilungen in zahlreiche Teilherzogtümer zersplittert, deren Herzöge sich nachfolgend politisch dem Königreich Böhmen zuwandten. Zwischen 1289 und 1292 unterstellten fast alle oberschlesischen Herzöge ihre Teilherzogtümer als ein Lehen dem Herzog Wenzel II., 1327 folgte das Herzogtum Oppeln und bis 1329 die meisten niederschlesischen Teilherzogtümer. 1331 huldigten auch die Herzöge von Glogau und 1336 von Münsterberg dem böhmischen König Johann von Luxemburg. 1342 folgte das geistliche Fürstentum Neisse diesem Beispiel. Bereits 1335 wurden die bis dahin erreichten Verhältnisse mit dem Vertrag von Trentschin anerkannt. König Karl IV. unterstellte Schlesien 1348 dem Heiligen Römischen Reich. Da es ihm jedoch nur mittelbar unterstellt war, besaßen die Herzöge von Schlesien und der Fürstbischof des Fürstentums Neisse nicht die Reichsstandschaft und damit keinen Sitz und Stimme im Reichstag. Sie waren nur Böhmen untertan.

Erst nach dem Tod des kinderlosen Herzogs Bolko II., dessen Nichte Anna von Schweidnitz mit dem römisch-deutschen und böhmischen König Karl IV. verheiratet war, fiel das Herzogtum Schweidnitz 1368 erbrechtlich an Böhmen. Mit dem Tod des Herzogs Georg Wilhelm I. fielen 1675 die Herzogtümer Liegnitz, Brieg, Wohlau und Ohlau als letzte der schlesischen Herzogtümer durch Heimfall an Böhmen.

Nach dem Ersten Schlesischen Krieg 1742 fiel Schlesien mit seinem größten Teil an Preußen, während der südliche Teil bei Böhmen verblieb und als Österreichisch-Schlesien bezeichnet wurde. Seit 1815 bildete der preußische Teil die Provinz Schlesien. Die Provinz Niederschlesien entstand nach dem Ersten Weltkrieg durch Aufteilung der Provinz Schlesien in die zwei neuen Provinzen Niederschlesien (West- und Mittelteil) und Oberschlesien (östliches Drittel). Von 1919 bis 1938 und von 1941 bis 1945 war Niederschlesien eine eigenständige preußische Provinz mit der Hauptstadt Breslau. Ursprünglich bestand die Provinz Oberschlesien nur aus dem Regierungsbezirk Oppeln. Oberschlesien war sprachlich ein Mischgebiet (Schlesisch / Polnisch bzw. Tschechisch ca. 60%, Deutsch ca. 40%) und mehrheitlich katholisch (88%). Die Bevölkerung von Niederschlesien war meistens deutschsprachig bzw. sorbischsprachig und, mit Ausnahme der zum größten Teil katholischen Grafschaft Glatz, überwiegend evangelisch (68%).

1920 wurde ein Teil des Teschener Schlesiens (Olsagebiet) und 1922 auch Ostoberschlesien als Autonome Woiwodschaft Schlesien Polen angegliedert. Während des Zweiten Weltkriegs (1939–1945) war die preußische Provinz Oberschlesien um die bisherige Autonome Woiwodschaft Schlesien und weitere Gebiete, u. a. Auschwitz und das ehemalige Neuschlesien, vergrößert.

Provinz Schlesien (Ober- und Niederschlesien):
37.013 km²; 4.846.333 Einwohner (Mai 1939)

Der größte Teil der preußischen Provinz Schlesien in den Grenzen von 1937 wurde gemäß den Beschlüssen der Potsdamer Konferenz 1945 („Westverschiebung Polens") unter vorläufige polnische Verwaltungshoheit gestellt, de facto aber administrativ direkt der Volksrepublik Polen eingegliedert (die deutschen Ortsnamen wurden entfernt und die deutsche Bevölkerung größtenteils vertrieben oder zwangs-polonisiert). Er gehört seit 1990 völkerrechtlich zur Republik Polen, kleinere Teile zählen zu Deutschland und zu Tschechien (vormals Tschechoslowakei). Die DDR erkannte die Grenze zu Polen bereits 1950 mit dem Görlitzer Abkommen diplomatisch an, die Bundesrepublik Deutschland die westliche Staatsgrenze Polens zunächst durch den Warschauer Vertrag (ratifiziert 1972) und endgültig mit dem deutsch-polnischen Grenzvertrag von 1990.

Ein Teil der damals 4,5 Millionen Schlesier floh ab Anfang 1945 vor der anrückenden Roten Armee. Ab dem Frühsommer 1945 wurde die Vertreibung der Deutschen von polnischen Stellen organisiert. Für Gebiete, die außerhalb der Reichsgrenzen von 1937 gelegen waren, ermöglichten die hierzu erlassenen „Bierut-Dekrete" die Einziehung des gesamten beweglichen und unbeweglichen Eigentums von Personen deutscher Nationalität zugunsten des polnischen Staates. Daneben nahmen örtliche polnische Verwaltungsbehörden auch schon sofort nach Kriegsende eigenmächtig „wilde Vertreibungen" aus Gebieten innerhalb der Reichsgrenzen von 1937 vor. Das Eigentum der geflohenen und vertriebenen Deutschen wurde im Jahre 1946 durch zwei polnische Dekrete als „verlassenes bzw. herrenloses Gut" entschädigungslos konfisziert. Bis 1950 haben 3,6 Millionen vertriebene Schlesier Aufnahme in der Bundesrepublik und der Deutschen Demokratischen Republik gefunden. Davon lebten zwei Drittel in der Bundesrepublik und ein Drittel in der DDR.

Der Hauptteil des zu Polen gehörenden schlesischen Anteils ist seit 1999 in drei Woiwodschaften geteilt: Woiwodschaft Niederschlesien (die teilweise mit dem historischen Niederschlesien übereinstimmt), Woiwodschaft Oppeln und Woiwodschaft Schlesien. Einige kleinere Gebiete wurden auf benachbarte Woiwodschaften aufgeteilt.

Der Teil der Oberlausitz, den das Königreich Sachsen 1815 an Preußen abtreten musste und der 1816/1825 bis 1945 zu den Provinzen Schlesien bzw. Niederschlesien gehörte, kam – westseits der Lausitzer Neiße – 1945 wieder zum Land Sachsen. Heute liegt er im Norden der sächsischen Landkreise Görlitz und Bautzen sowie im Süden des brandenburgischen Landkreises Oberspreewald-Lausitz.

Marlies Kibler
September 2018

Quelle: Freie Enzyklopädie Wikipedia Schlesien (Allgemeines); Provinz Oberschlesien und Provinz Niederschlesien

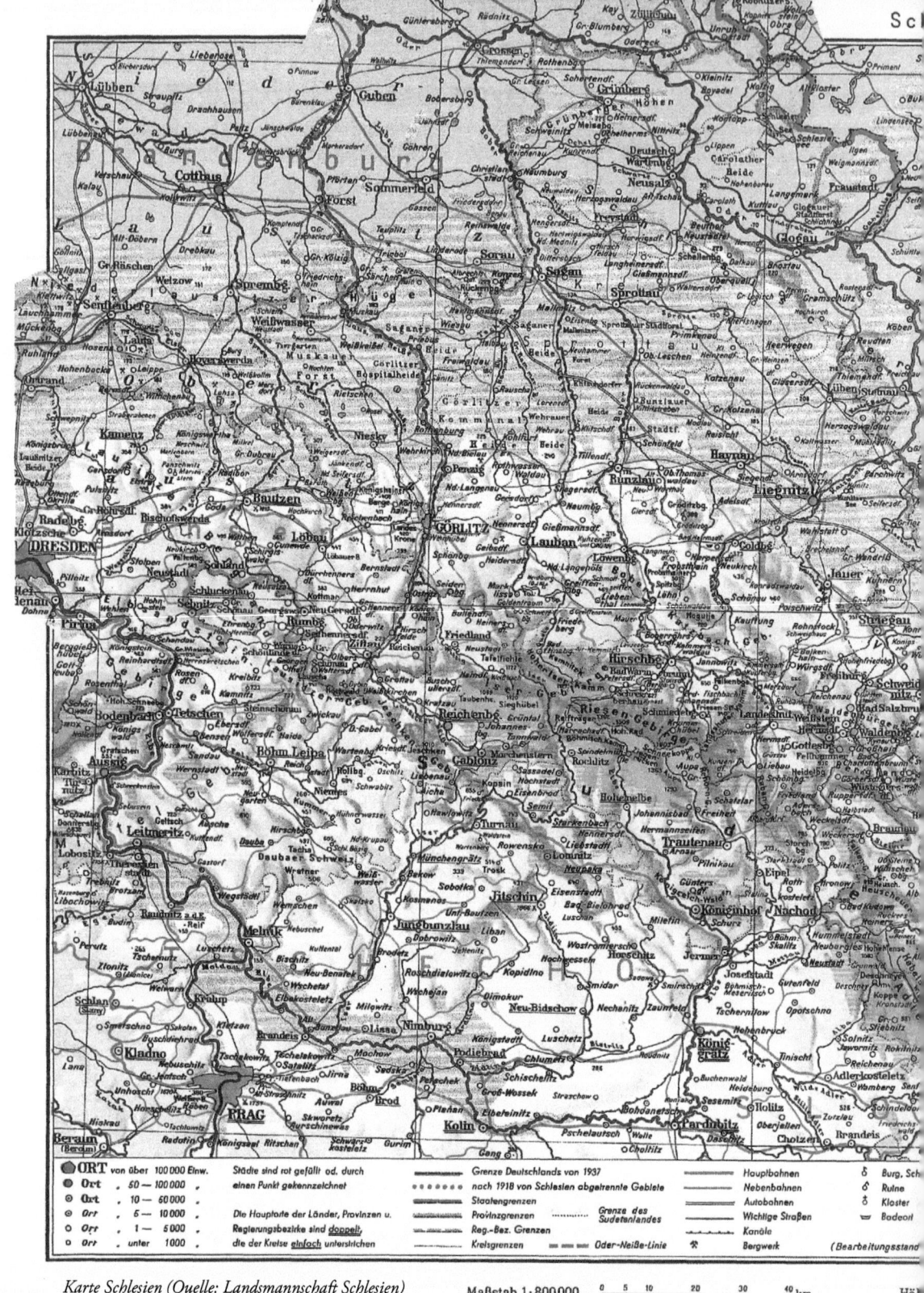

Karte Schlesien (Quelle: Landsmannschaft Schlesien)   Maßstab 1:800000

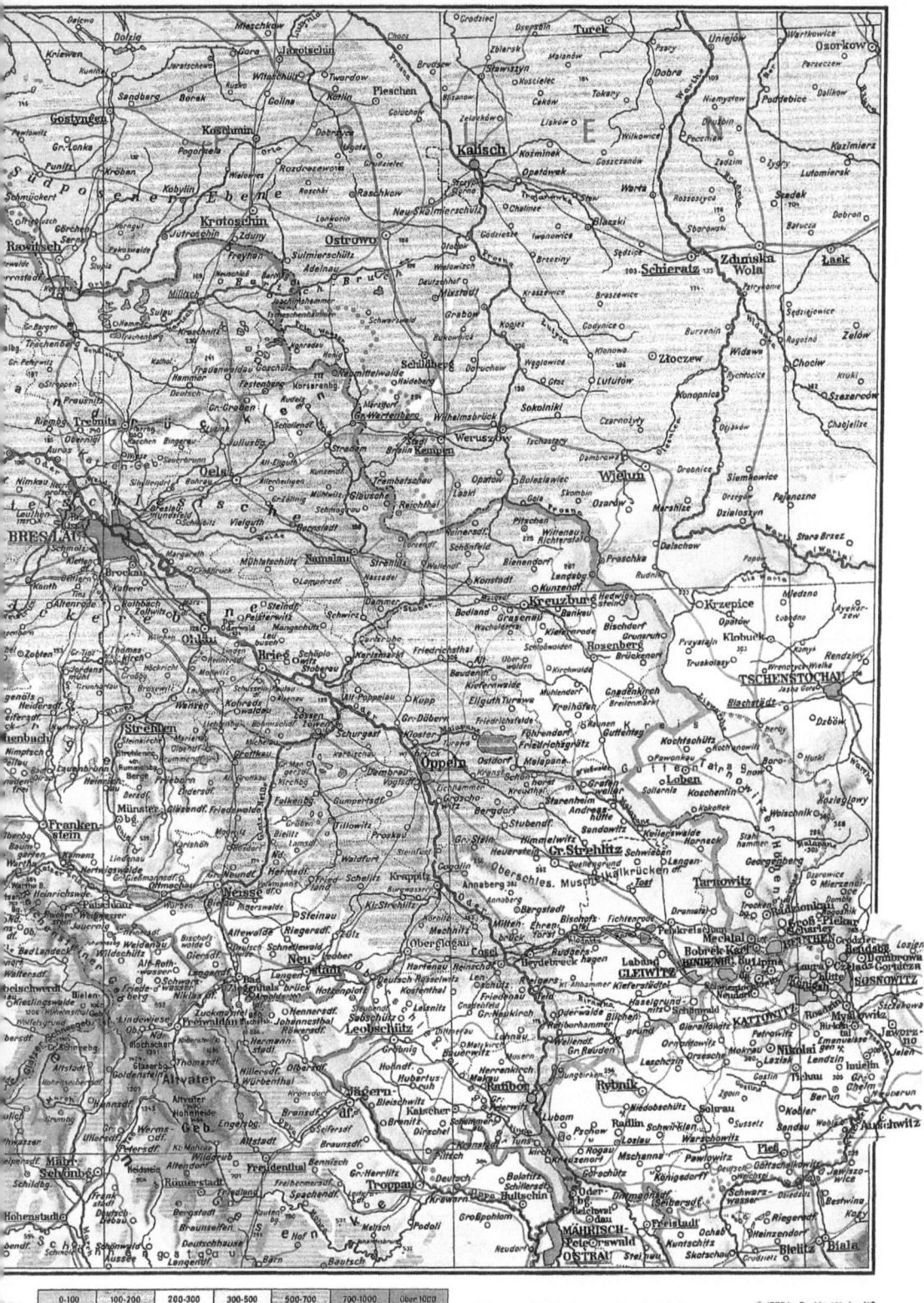

Flucht der Familie Grundmann aus Malsen Landkreis Breslau in Niederschlesien (heute: Małuszów / Polen)

Meine Mutter, Edith Grundmann (1906–2003), verbrachte eine fröhliche Kindheit auf dem landwirtschaftlichen Betrieb ihrer Eltern in Malsen Kreis Breslau. Nach dem Abitur arbeitete sie als Verkäuferin im Elektrogeschäft ihres Bruders. Skifahren und Treibjagden gehörten zu ihren Freizeitbeschäftigungen und sie besaß schon einen Pkw-Führerschein. Mit 30 Jahren heiratete sie Oskar Grundmann (1902–1945). Er trug denselben Familiennamen, aber sie waren nicht verwandt. Sie kannten sich schon von Kindesbeinen an und waren in Nachbarschaft zueinander aufgewachsen.

So lebte sie weiterhin in Malsen. Am 5. Januar 1938 wurde ich als zweites Kind von Edith und Oskar Grundmann in Malsen Kreis Breslau / Niederschlesien geboren. Meine ältere Schwester Jutta ist 1936 geboren, nach mir kamen noch Werner (1940), Karl-Heinz (1941) und Horst (1942).

Im Dezember 1943 wurde mein Vater trotz schwerer Erkrankung in die Festung Glogau nahe Breslau eingezogen. Weihnachten 1943 war er noch auf Urlaub zu Hause – das letzte Mal, dass wir ihn sehen sollten. Nur zwölf Monate später, im Januar 1945, galt er als vermisst. Er hat scheinbar geahnt, dass er nicht mehr zurückkehren würde und verließ uns mit den Worten: „Lass die Kinder alle ein Handwerk lernen." Sein letztes Vermächtnis für mich und meine Geschwister hinsichtlich unserer beruflichen Orientierung. Im Herbst 1944 wurde ich eingeschult, ein normaler Vorgang für mein Alter, der aber für alle Beteiligten Unheil brachte – nicht nur für Mutter. Warum auch immer: Ich begriff nichts, weder das Lesen noch das Schreiben. Nur in diesem Punkt bedeutete die kurz darauf folgende Flucht im Januar 1945 eine Erleichterung – immerhin erledigte sich durch sie das leidige Thema Schule für eine Weile.

Januar 1945: Es herrschte eisige Kälte und das abendliche Schneetreiben hatte schon lange nichts mehr von winterlicher Idylle. Seit Tagen und Wochen lag die dunkle Last der nahenden Flucht auf der Dorfgemeinschaft. Vater hatte Mutter schon lange vorher in einem seiner Feldpostbriefe Hilfestellung gegeben, wie sie die nahende Flucht am besten vorbereiten könne: „Vor allem denke Du nicht wieder zuerst an die anderen. Du hast genug mit Dir zu tun, denn da hilft Dir auch niemand dabei. Stell Dir nur beizeiten Esswaren genug bereit, vor allem Eingewecktes, dann Mehl und Zucker in Säcken und Körben. Das muss dann alles auf einen Kastenwagen und den schwarzen Kutschwagen hinten angehängt, wo Du mit den Kindern drinsitzen kannst. Betten und was anzuziehen reichlich auf den Kastenwagen, ein paar Sack Pferdefutter, sämtlichen Speck und Schinken. Die Wurst tu dir am besten

Wohnhaus Grundmann in Malsen (Quelle: Ernst Grundmann)

Hof der Familie Grundmann (Quelle: Ernst Grundmann)

Gruß aus Malsen (Postkarte, Privatarchiv Ernst Grundmann)

in einen Reisekorb oder die Wäschetruhe. So denke ich mir wenigstens den Werdegang." Auch über die mögliche Route und wem Mutter sich am besten anschließen sollte, teilte Vater seine Gedanken mit. Das war das einzige, was er aus der Ferne für uns tun konnte, bevor Ende Januar 1945 sämtliche Lebenszeichen von ihm ausblieben. Die Kriegsfront rückte näher, im Dorf begann jeder damit, seine wertvollsten Habseligkeiten zusammenzusuchen, Lebensmittel für Mensch und Tier bereitzustellen und alles auf Ackerwagen zu laden, die mit speziellen Dächern für eine lange Reise ausgestattet worden waren. Für uns Kinder wurde ein Hühnerwagen hergerichtet – ein geschlossener Kastenwagen, mit dem im Sommer die Hühner aufs Getreidefeld gefahren wurden, damit sie das herabgefallene Korn aufpicken konnten. In diesem Wagen nun sollten wir schlafen und uns tagsüber aufhalten. Als der Ortsvorsteher von Malsen eines Nachmittags den Aufruf zur Flucht verbreitete, war alles vorbereitet und die gesamte Einwohnerschaft machte sich geschlossen auf den Weg ins Ungewisse. Drei Pferdegespanne und ein Trecker der Marke Lanz-Bulldog mit zwei Anhängern, von denen einer mangels Fahrerlaubnis unseren Opel Kadett ziehen musste, bildeten unseren Treck. Darauf verteilt: Mutter, wir fünf Kinder samt Großmutter und eine Tante, die Frau von Mutters Bruder, der ebenfalls im Krieg war. Dazu kamen noch das polnische Ehepaar Stanislaus und Jaschka (Kriegsgefangene, die später von ihren eigenen Landsleuten wegen Deutschfreundlichkeit verhaftet und hingerichtet werden sollten), Max und Charlie, zwei Kriegsgefangene aus Belgien und Frankreich. Ebenfalls bei uns: die halb-jüdische Familie Müller mit zwei Kindern, die der Ortsvorsteher Krause aufgrund ihrer nicht rein arischen Herkunft nicht mehr unterbringen wollte, obwohl sie einst als Betreiber des Gasthauses angesehene Bürger waren. Unser Weg führte uns nach Gabersdorf ins Glatzer Bergland, nahe der tschechischen Grenze. Dort wurden wir bei einem Bauern einquartiert, wo wir den Rest des Winters ausharrten. Die Unsicherheit war groß: was sollten wir tun, wohin gehen? Im Frühjahr schickten wir die Pferdegespanne wieder in die Heimat, um dort die Felder zu bestellen. Sie kamen jedoch unverrichteter Dinge zurück, weil sich die Kriegsfront immer weiter ins Land fraß. Max und Charlie drängten Mutter, über die Tschechoslowakei den Weg in den Westen zum Amerikaner zu suchen, worauf sie sich aber nicht einließ – wollte sie doch die Gemeinschaft des Dorfes nicht aufgeben. Auszüge aus Mutters Tagebüchern vermitteln einen guten Einblick in diese Zeit.

Das plötzliche Kriegsende beendete unsere Flucht jedoch nur vorübergehend und angesichts der Kapitulation der Deutschen traten wir also den Heimweg an. Max und Charlie nutzten die Gelegenheit, um sich von uns abzusetzen. Sie wollten auf keinen Fall den Russen in die Hände fallen. Noch unterwegs begriffen wir, wie sehr die beiden Recht hatten. Bekamen wir doch schon bald die Wut und Rachegelüste der russischen Soldaten und polnischen Kriegsgefangenen zu spüren. Einen Teil der

Pferdegespanne nahmen sie uns mit dem Hinweis, dass sie von Hitler einst keine Schuhe bekommen hätten. Jetzt würden sie fahren und wir könnten laufen. Nur den Traktor ließen sie uns, weil sie den nicht bedienen konnten. Zuhause angekommen, erwartete uns der nächste Schock: Unser Hof – in der Zwischenzeit als Verteidigungsstelle genutzt – war einer unglaublichen Verwüstung anheimgefallen. Zerstörte Stallungen, im Wohnbereich Müllberge aus aufgetürmten Wäsche- und Geschirrschichten, begraben unter widerlich stinkenden Lagen von Mist. Federbetten lagen aufgeschlitzt auf den Fußböden und das Inventar fand sich wüst verteilt in allen Winkeln und Ecken. Das ganze Ausmaß der Unmenschlichkeit: Die Trinkwasserbrunnen waren unbrauchbar gemacht worden. Vermutlich hatten deutsche Soldaten selbst diese Vernichtung vollzogen, um den vorstrebenden Einheiten des Feindes die Lebensgrundlage zu entziehen.

Bevor noch die Aufräumarbeiten richtig beginnen konnten, kamen aus Weißrussland ausgewiesene Polen und nahmen unseren Ort in Besitz. Sie jagten uns zunächst fort und so quartierten wir uns notdürftig im Kuhstall eines Nachbarortes ein. Nach drei Wochen kehrten wir wieder zurück. Wohin sollten wir auch gehen? Zudem brauchten die Polen, die unsere Häuser mit Beschlag belegt hatten, billige Arbeitskräfte. So bezogen wir unsere einstmals eigenen Stallungen als Unterkünfte, Das Vieh war ja nicht mehr vorhanden. Was nun folgte, war fast schlimmer als die Flucht: Waren wir doch nach Hause zurückgekehrt, um wieder ein friedliches und normales Leben zu führen. Stattdessen wurden wir Sklaven und Leibeigene der neuen „Herren" in unseren Heimstätten. Mittlerweile war Sommer und die Erntezeit angebrochen. Die Frauen und wenige Männer, die der Krieg verschont hatte, mussten jeden Tag zur Feldarbeit antreten. Die Frauen traf es doppelt hart: Nach dem schweren Tagewerk mussten sie sich des Nachts in die Wälder retten, um den Russen und Polen zu entkommen, die sie vergewaltigen wollten. Viele von ihnen erlebten unbeschreibliches Leid, worüber die meisten später lieber schweigen. Betroffen waren auch junge Mädchen und selbst die Eltern waren nicht in der Lage, sie zu schützen.

Die Lage wurde immer verzweifelter. Zu der Aussichtslosigkeit harter Arbeit, zu ständigen Demütigungen und mangelnden hygienischen Verhältnissen kam der Hunger als steter Begleiter. Gab es etwas Essbares, beanspruchten es die Polen für sich. Bedingungen, unter denen viele Menschen an Typhus erkrankten, auch ich und meine ältere Schwester Jutta. Gerade einmal sieben und acht Jahre alt, wurden wir auf Anordnung der Polen mit anderen Kranken wie Vieh auf einen Ackerwagen geladen und in ein Krankenhaus abtransportiert ohne genaue Angabe, wohin man uns bringen würde. Wäre Mutter dem Wagen nicht in die zwanzig Kilometer entfernte Kleinstadt Kanth gefolgt, hätte es sicher ein böses Ende mit uns genommen. In dem halbwegs betriebsbereiten Krankenhaus wurden wir mit vielen Kindern in einem großen Saal untergebracht. Zu essen gab es kaum etwas und jeden Tag trugen sie vor unseren Augen tote Kinder hinaus, die vermutlich verhungert waren. Um überhaupt etwas zu uns zu nehmen, kratzten Jutta und ich uns die Beine wund und aßen den Schorf.

Zu schwach um zu laufen, wurden wir von den Schwestern ans Fenster getragen, damit Mutter uns wenigstens von draußen sehen konnte. Besuchen durfte sie uns nicht, wie sie später berichtete. Auch das Essen, das sie uns mitbrachte, landete vermutlich in den Mägen der Krankenschwestern. Anlass genug für eine außergewöhnliche Rettungsaktion von Mutter, die wohl geahnt haben mochte, dass wir in der „Obhut" dieser Institution bald das Zeitliche segnen würden. Da niemand auf regulärem Weg aus dem Krankenhaus entlassen wurde, muss Mutter die Schwestern bestochen haben. Wie auch immer: sie schaffte es, uns beide zusammen mit Käthe Feist, einem Mädchen aus unserem Ort, in einem Kinderwagen mit nur drei Rädern nach Hause zu retten. Dort angekommen, sanken wir auf die notdürftig hergerichteten Betten und wurden von Großmutter betreut, die allerdings ohne große Hoffnung war, uns durchzubringen. An meinen größten Wunsch in dieser Not erinnere ich mich noch heute: noch einmal warme Füße haben. Trotz der schlechten Verpflegung und der hoffnungslosen Situation haben wir irgendwie überlebt und wurden wieder gesund – eines der unglaublichen Wunder in dieser schlimmen Zeit.

Für Mutter war dieses Erlebnis der letzte Anstoß, sich erneut mit Großmutter, Schwägerin Hertha und uns fünf Kindern im Alter von zwei bis acht Jahren auf die Flucht zu begeben. Bevor sie in ihrer ehemaligen Heimat allesamt bei lebendigem Leibe verhungern würden, wollte sie das lieber auf der Straße tun! Gemeinsam mit zwei weiteren Familien – Kluge und Feist – machten wir uns also am 21.10.1945 zu Fuß auf den Weg über Paschwitz in den Westen Deutschlands. Was noch an Geld und Wertsachen da war, nähte Mutter in die Kleider der Kinder ein. So fanden die Polen, die uns am Dorfausgang durchsuchten, nichts außer einem Kleinkind im Kinderwagen und Rucksäcken mit ein wenig Verpflegung. Dass Mutter sich kurz darauf noch einmal zurückschlich, um wichtige Unterlagen über unseren Bauernhof zu holen, verstanden wir Kinder wahrscheinlich nicht, als sie uns dort auf der Straße stehenließ. Viel später, bei der Lastenausgleichsregelung, hat sich die damalige Weitsicht unserer Mutter ausgezahlt, brauchten wir doch keine Zeugen, um unseren Besitzanspruch nachzuweisen.

Heimatlos

Mit dieser zweiten Flucht verloren wir nicht nur unseren Hof und die materielle Existenz, sondern auch unsere Heimat. Durch die Willkür eines grausamen Krieges im eigenen Land fremd geworden, bekamen wir als Deutsche nach der Aggression der Polen nun die Willkür der Russen zu spüren. Gegen Mittag dieses 21. Oktober 1945 trafen wir an der Autobahn auf unsere Weggefährten – Familie Feist und eine entfernte Bekannte, Frau Herma aus Schlanz, einem Nachbarort, in dessen Schloss sie einst als Gouvernante tätig war. Die Kluges entschieden sich kurzerhand, zu anderen Verwandten zu gehen und in Schlesien zu bleiben, von wo sie ein halbes Jahr später ausgewiesen wurden. So machten wir uns in unserem kleinen Trupp auf den Weg in den Westen. Unterwegs begegneten wir immer wieder russischen Militärfahrzeugen, deren Besatzung sich mit Schmuck und Geld dazu bewegen ließ, uns ein Stück mitzunehmen. Wir erreichten spät am Abend Görlitz, die neue Grenze zwischen Deutschland und Polen und fanden Unterschlupf in einem großen Saal, der vollgestopft mit anderen Flüchtlingen war. Die letzten Wertsachen wurden uns bei einer erneuten Durchsuchung genommen. Nach nur einem Tag unterwegs hatten wir beinahe alles Hab und Gut verloren. Nur ein Rucksack blieb von der Kontrolle verschont, weil ich darauf gesessen hatte. Ein mehr als glücklicher Zufall, waren doch genau in diesem Gepäckstück die wichtigsten Papiere, Schmuck und noch etwas Geld.

Die Schikane hatte damit aber noch kein Ende. Außer den wenigen Habseligkeiten war uns ja noch die Würde zu nehmen. Beim Versuch, die Grenzbrücke über die Oder zu überqueren, jagten uns Grenzsoldaten mehrmals hin und zurück, bevor sie uns endlich passieren ließen. Ein Güterzug mit der Aufschrift „Für Heimatlose" sollte uns schließlich nach Magdeburg bringen. Der Viehwagen, in dem wir mit insgesamt fünfundzwanzig Menschen zusammengepfercht kauerten, wurde jedoch umgeleitet. Am 25.10.1945 endete diese Etappe unserer Flucht nach mehreren Stopps, in denen wir uns etwas Essbares besorgen und unsere Notdurft verrichten konnten, in Graal-Müritz.

Einst malerischer Kurort mit Seebrücke an der Ostsee, bedeutete Graal-Müritz für uns Flüchtlinge Sperrgebiet. Ohne behördliche Erlaubnis durfte niemand das Barackenlager verlassen, in dem wir nach einer dreiwöchigen Quarantäne mit fünfunddreißig Personen in einem Raum dahinvegetierten. Es gab zwar jeden Tag etwas zu essen, satt wurde allerdings niemand davon. Da hieß es, Kartoffeln und Rüben von den anliegenden Feldern zu organisieren. Ein kleiner Sack getrocknete Erbsen wurde von Mutter als eiserne Ration in einem der Rucksäcke wohlbehütet. Als sie die Hülsenfrüchte eines Tages zubereiten wollte, stellte sich eine wundersame

Verwandlung heraus: Bei den hellgelben, bohnenartigen Früchten handelte es sich nach genauem Hinschauen um ungeröstete Kaffeebohnen- ein kleines Vermögen, mit dem Mutter Lebensmittel für uns eintauschen konnte. Wie die Kaffeebohnen in unseren Besitz gelangt waren? Wahrscheinlich gehörten sie ursprünglich Frau Herma, die ab Görlitz auf eigene Faust weitergereist war. Bei der letzten Durchsuchung vor der Grenze müssen die Beutel beim Einsammeln des restlichen Hab und Gut versehentlich vertauscht worden sein – für uns ein Glücksfall, der das tägliche Leiden jedoch nur kurzfristig etwas aufzuhellen vermochte.

Auf Dauer wurde der Überlebenskampf im Lager immer unerträglicher und Mutter verlor langsam den Lebensmut. Eines Tages machte sie sich mit uns in Richtung Seebrücke auf. Für uns Kinder schien dies ein weiterer Gang unter vielen zu sein – trieb es uns doch seit Langem mal hierhin, mal dorthin, ohne dass wir Sinn und Ziel verstehen konnten. Viel später, in einem anderen Leben, von dem damals kaum zu hoffen war, gestand Mutter, dass sie mit uns auf dieser Seebrücke dem Leben ein Ende bereiten wollte. Welcher Funke restlichen Lebenswillens sie umkehren ließ, weiß wohl nur sie selbst. Es muss diesen Hoffnungsschimmer gegeben haben und wir kehrten ins Lager zurück, nur um kurz darauf weitergespült zu werden in dem scheinbar nicht enden wollenden Flüchtlingsstrom nach Westen.

Flüchtiges Glück

Am 24. November 1945 – gerade einmal vier Wochen nach unserer Ankunft in Graal-Müritz – packten wir erneut unsere Sachen und machten uns auf den Weg zum Bahnhof. Das Lager sollte aufgelöst und alle Insassen im Ort angesiedelt werden. Das akzeptierte Mutter jedoch nicht und sie machte sich mit uns erneut auf den Weg. Aus dem Zug Richtung Rostock wurden wir bereits vor der Abfahrt wieder hinausgeworfen, weil wir keine Genehmigung zum Verlassen des Sperrgebietes hatten. Zurück ins Lager wollte Mutter um keinen Preis, so machten wir uns zu Fuß auf den Weg. Doch wie sollten wir aus dem streng bewachten Sperrgebiet herauskommen? Ein Bauer mit einem Pferdegespann erbarmte sich auf Drängen von Mutter, uns über Schleichwege herauszubringen – allerdings nur die fünf Kinder. Keine Wahl: Mutter, Tante und Großmutter folgten zu Fuß, immer in Sichtweite zum Fuhrwerk und mit bangem Herzen. Auf dem Bahnhof in Rövershagen, wohin der Bauer uns brachte, konnten sie uns endlich wieder in die Arme schließen. Einen Platz im Zug nach Rostock bekamen wir, allerdings ging es von da nicht weiter. Anschlusszüge für Heimatlose standen zwar bereit, aber drei Frauen und fünf Kinder in die überfüllten

Züge zu bekommen, dazu waren die Ellenbogen zu schwach. Blieb nur das Mitleid der westlichen Kriegsgefangenen, denen wir unsere Weiterfahrt verdankten. Die Franzosen, Belgier, Holländer und Engländer holten uns zu sich in einen Zug, wickelten uns in Decken, nahmen uns auf den Schoß und gaben uns zu essen – verlaust und dreckig wie wir waren. Mutter schwitzte Blut und Wasser, konnte sie doch die Läuse sehen, die auf uns herumkrabbelten. So betete sie, dass niemand sonst unseren Zustand bemerkte und wir nicht hinausgeworfen würden.

Über Wismar, Schwerin und Wittenberge erreichten wir schließlich das Grenzdurchgangslager Friedland, ein von Engländern errichtetes Lager am Knotenpunkt der amerikanischen, englischen und russischen Besatzungszone. Hier wurden Evakuierte, Flüchtlinge und Kriegsgefangene vorübergehend betreut und durchgeschleust. Bevor wir unser Lager in den Wellblechhütten – sogenannte „Nissenhütten" – aufschlagen durften, wurden wir einer Entlausungskur unterzogen, bei der weißes Pulver in alle Kleidungsöffnungen gestäubt wurde. Auch wenn Friedland erneut ein Lager war, führten wir dort zum ersten Mal seit langem wieder ein menschenwürdiges Leben, konnten uns waschen und bekamen satt zu essen. Leider währte dieses Glück nicht lange. Immer mehr Flüchtlinge kamen und wir mussten mit einem Transport weiterziehen, der uns nach Neumünster in Schleswig-Holstein brachte.

Vorläufiges Ende einer Irrfahrt

Wieder ein Lager. Großmutter, der die Strapazen dieser Odyssee mit ihren 70 Jahren sehr zugesetzt hatten, erkrankte schwer und wurde in ein Krankenhaus in Bostedt nahe Neumünster gebracht. Aber die Unterernährung hatte sie bereits zu sehr geschwächt und sie starb nach wenigen Tagen. Fast könnte man sagen, sie verhungerte, weil sie immer zuerst uns Kindern zu essen gegeben hatte, bevor sie sich selbst einen Bissen gönnte. Besonders traurig, dass wir ihr nicht einmal eine angemessene Beerdigung zugestehen konnten. Die Situation in Armut, Verzweiflung und Hoffnungslosigkeit erlaubte es einfach nicht. Nicht einmal ihre Sachen konnte unsere Tante noch aus dem Krankenhaus retten, vermutlich hatten andere Patienten sich die wenigen Dinge unter den Nagel gerissen. Aber was machte das schon, hatten wir sowieso fast alles verloren.

Die Flüchtlinge wurden von Neumünster aus auf ganz Schleswig-Holstein verteilt. Uns brachte ein Lastwagen am 4.12.1945 nach Börnsen bei Hamburg – ohne Großmutter war dies die erste Etappe unserer Flucht, auf der wir nicht mehr vollständig waren. In Börnsen angekommen, übernachteten wir auf Strohballen, die in einem Saal einer Gastwirtschaft ausgelegt worden waren. Am nächsten Morgen ging es weiter: wir wurden von einem Bauern abgeholt, dessen Hof wir zugeteilt waren. Als die Familie uns sah, stand ihnen das Entsetzen ins Gesicht geschrieben: zwei Frauen und fünf Kinder, dreckig und von Entbehrungen gezeichnet. Die Beschwerde der Bauersfrau bei der Gemeindeverwaltung war offensichtlich zwecklos, sie mussten uns aufnehmen.

Ein Zimmer in der ersten Etage ihres Bauernhauses sollte für die nächste Zeit unser Zuhause sein: Zwei Stockbetten, ein Doppelbett, ein Schrank, ein Tisch und zwei Stühle. Strohsäcke dienten als Matratzen und mit Wolldecken konnten wir uns zudecken. Tante Hertha schlief mit einem der Kinder im oberen Stockbett, zwei Kinder wurden ins untere verfrachtet und Mutter bezog mit den anderen zweien das Doppelbett. Kein fließendes Wasser, keine Toilette – nachts erleichterten wir uns in einen Eimer – und keine Kochgelegenheit, die wir mangels Tellern, Tassen, Töpfen und Besteck sowieso nicht hätten nutzen können. Die erste Mahlzeit, die uns auf dem Hof zugestanden wurde – eine Steckrübensuppe – vertrugen wir nach langer Mangelernährung und Hunger gar nicht und verbrachten die folgende Nacht mit Durchfall.

Zwar war unser neues Domizil kein Lager mehr, aber unser Leben war abhängig vom Wohl und Wehe einer Bauernfamilie, die uns nicht mit offenen Armen empfangen hatte. Außer etwas Geld und Schmuck besaßen wir nur das, was wir auf dem Leibe trugen. Nicht einmal Herr über unsere Zeit waren wir mehr, hatten doch die Russen oder Polen uns die einzige Uhr genommen. Also mussten wir die Tageszeit beim Bauern erfragen, womit wir den Leuten zunehmend lästiger fielen. Die erste Anschaffung, die uns zumindest in diesem Punkt eine gewisse Freiheit bringen sollte, war ein Wecker. Der Preis: ein Schulranzen, den eines der Kinder als Rucksack getragen hatte. Mutter polierte ihn eigens auf und fuhr damit auf den Schwarzmarkt in Hamburg, wo es ihr gelang, einen viereckigen Wecker dafür einzutauschen. Ab diesem Moment mussten wir wenigstens nicht mehr um die Zeit betteln gehen. Allerdings sollte uns der Ranzen beim späteren Beginn der Schulzeit fehlen. So lebten wir von Augenblick zu Augenblick. In jeder Situation den Mangel neu verwaltend und neue Lösungen suchend. Am besten lässt sich unsere Situation vielleicht an folgendem Beispiel nachvollziehen: Auf dem Bauernhof wurde jede Woche kerniges Brot mit einer harten Rinde gebacken. Die Bauern schnitten diese Rinde von den Brotscheiben ab und verfütterten sie an die Schweine, weil die Altbauern die Rinde nicht mehr kauen konnten. Wir fragten, ob sie uns diese Rinde geben könnten. Unser jüngster Bruder durfte fortan jede Woche etwas von der Brotrinde holen, was für uns immer ein Festessen war. Das Leben musste weitergehen – und es ging weiter, wenn auch im Schneckentempo.

Schleichender Neubeginn

Unser restliches Geld und der Schmuck, ein gewisses Organisationstalent und die Hilfe der Gemeindeverwaltung von Börnsen ermöglichten uns, nach und nach die wichtigsten Dinge des Lebens zu beschaffen: Geschirr, einen quadratischen kleinen Herd mit einer Feuerstelle – Kochhexe genannt. Ein Sattler fertigte uns Sandalen aus alten Autoreifen. Ein halbes Heringsfass, das wir bei einem Fischhändler besorgt hatten, diente uns als Badewanne und Waschzuber. Endlich konnten wir regelmäßig einmal in der Woche baden. Die einzige Garnitur Kleider, die jeder von uns besaß, wurde abends gewaschen und über Nacht getrocknet, damit wir sie am nächsten Tag erneut anziehen konnten. Für die ältesten von uns Kindern fing der Schulbetrieb wieder an – ohne Ranzen allerdings, und Taschen hatten wir auch keine. Waren schon froh, einen Bleistift und ein Stück Papier oder eine kaputte Schiefertafel aufzutreiben. Ein Schulheft zu besitzen, galt als der reinste Luxus: war es vollgeschrieben, wurde alles wieder ausradiert und das Heft aufs Neue genutzt.

Weil unsere Eltern vor der Flucht aus Schlesien selbstständig gewesen waren, hatten wir zunächst keinen Anspruch auf staatliche Unterstützung. Also ging Mutter als Putzhilfe und Waschfrau bei den Bauern arbeiten, um etwas Geld oder Lebensmittel für uns zu bekommen. Auch wir Kinder mussten mit anpacken, gingen nach der Schule Holz, Waldbeeren oder Bucheckern sammeln und suchten auf den abgeernteten Feldern nach Ähren und Kartoffeln. Das sogenannte „Kartoffeln stoppeln" erwies sich dabei als regelrechter Kampf: noch bevor der Bauer sein Feld freigab, saßen bereits hunderte Menschen mit einer Hacke bewaffnet um das Feld herum und lauerten darauf, den Boden nach ein paar Kartoffeln durchzugraben. Wer nur fünf oder sechs Knollen nach Hause bringen konnte, sprach schon von einer reichen Ernte. Manchmal gab es für uns Kinder auch „bezahlte" Arbeit, vor allem in den Herbstferien, wenn die Rübenernte anstand. Als Helfer zum Rübenabladen meldete ich mich auch. Gerade einmal zehn Jahre alt, musste ich von morgens acht Uhr bis abends fünf Uhr eine ungezählte Masse an Rüben auf einen Haufen werfen, dabei jede einzeln in die Hand nehmend. Zu zweit waren wir einem Wagen zugeteilt – einer vorn, einer hinten – und es galt, an einem Tag acht bis zehn Wagen abzuladen. Schlichtweg Akkordarbeit. Kam der Bauer mit einer neuen Fuhre, musste der vorherige Wagen bereits leer sein. Der Lohn: täglich ein Mittag- und ein Abendessen und in der Woche fünf Mark, dazu noch ein Zentner Steckrüben. Die Geschwister gingen Kühe hüten für etwas Essbares. Trotz aller Härten und Entbehrungen gewöhnten wir uns langsam an die Situation. Hilfen von der Gemeinde – Bezugsscheine oder Altkleider zum Beispiel – und ab und zu mal ein Paket mit hochwertigen Lebensmitteln der CARE-Organisation aus den USA, waren kleine Lichtblicke. Dank Mutters Improvisationsgeschick verfügten wir sogar bald über mehrere Kleidungsstücke: Hemden aus Fallschirmseide und Hosen, die sie aus alten Uniformen der Kriegsgefangenen nähte, die auf dem Hof herumlagen. Ansonsten gab es Bekleidung und Schuhe nur für die selten zugeteilten Bezugsscheine, was jedes Mal eine unbändige Freude war.

Unsere Wohnsituation wurde immer unerträglicher: mit sieben Personen teilten wir ein Zimmer, weshalb Mutter sich um eine andere Unterkunft bemühte. Eine am Waldrand des Ortes gelegene, leerstehende Baracke – ehemals Schule und Erholungsheim der Gewerkschaft, später von den Nazis beschlagnahmt und als Schulungsort für Führungskräfte genutzt – wurde als Wohnort freigegeben. In dieser sogenannten „Waldschule" erhielten wir zwei Räume und Tante Hertha erstmals ein eigenes Zimmer. Diese Veränderung schien eine regelrechte Befreiung für Mutter zu sein, auch wenn alles sehr spärlich eingerichtet war. Wir stellten Feldbetten auf und endlich konnte jeder von uns eine Schlafstatt sein Eigen nennen. Wasser mussten wir von einer Pumpe holen und die Toiletten waren auf dem Hof – aber wir waren nicht mehr von den Bauern abhängig. Eine Etappe, die leider nur kurz währte. Im Jahr 1949 wurde die Baracke an die Gewerkschaft zurückgegeben und wir mussten erneut umziehen. Wir bekamen eine Flüchtlingswohnung in einem ehemaligen Lager immigrierter Letten, die nach und nach wieder in ihre Heimat zurückgekehrt waren. Nach der im Juni 1948 vollzogenen Währungsreform verbesserte sich unsere Lage weiter und wir bekamen staatliche Unterstützung, wenn diese auch spärlich war. Jeder Person wurde ein Betrag von zwanzig DM zugestanden, der Höchstbetrag für eine Familie lag jedoch bei hundert D-Mark. Um diese Hilfe in Anspruch nehmen zu können, galt es für Mutter eine große Hürde zu überwinden: sie musste Vater, der noch immer als vermisst galt, für tot erklären lassen. Kein einfacher Schritt, gab sie doch gleichsam für unser Überleben die Hoffnung auf die Rückkehr ihres Mannes auf. Ob sie danach noch weiter auf ihn gewartet hat? Zumindest hat sie nie wieder geheiratet, hat uns Kinder allein durchgebracht und ihr Leben selbst in die Hand genommen – auch nachdem wir längst erwachsen waren.

Zurück ins Jahr 1948: Wir sollten also fortan zu sechst mit hundert D-Mark im Monat auskommen – was natürlich hinten und vorne nicht reichte. Mutter ging deshalb weiterhin den ganzen Tag arbeiten, brach teilweise bereits nachts um drei Uhr auf, lief eine halbe Stunde hin und zurück zu einer Fabrik, in der sie Büros säuberte. Wenn sie dort fertig war, beeilte sie sich, um rechtzeitig wieder zurück zu sein und uns Kinder zur Schule zu wecken. Nachmittags arbeitete sie bei einem Gärtner. So waren wir Kinder weitestgehend auf uns allein gestellt. Mussten nach der Schule ebenfalls mithelfen, damit wir über die Runden kamen. Sammelten Kriegsschrott, der überall herumlag und verkauften ihn als Altmetall, legten einen Gemüsegarten zur Selbstversorgung an, besorgten Futter für die Kaninchen, deren Fleisch uns nährte und deren Felle wir verkauften.

Erneute Landnahme

Der Norddeutsche Raum um Hamburg, Schleswig-Holstein und Niedersachsen war mit Flüchtlingen überfüllt. Arbeitsplätze waren sehr knapp und Mutter sah keine Chance, für ihre heranwachsenden Kinder ebenfalls Ausbildungsplätze zu bekommen. Dagegen waren im Süden Deutschlands – in Bayern und Baden-Württemberg, das von den Amerikanern besetzt wurde – bislang fast keine Flüchtlinge aufgenommen worden und Mutter erfuhr, dass sich das nun ändern sollte. In Möckmühl, einem kleinen Städtchen nahe Heilbronn in Baden-Württemberg, wohnte damals eine Freundin unserer Mutter. Mit dieser nahm sie Kontakt auf und erfuhr, dass Wohnungen für Flüchtlinge gebaut wurden. Mutter wandte sich an die Stadtverwaltung und erkundigte sich, was man tun müsse, um eine Wohnung zu erhalten. Man sagte ihr, sie solle eine Bewerbung einreichen, was sie auch tat.

Die Zusage für eine Wohnung, die nach einiger Zeit eintraf, ließ Mutter im Jahr 1954 noch ein letztes Mal ihre wenigen Habseligkeiten schnüren und einen neuen Aufbruch wagen. Nach all den Fluchten und dem ständigen Getrieben-Sein, sollte dies endlich ihre Reise zu einer neuen Heimat werden. So zog Mutter gemeinsam mit meinen vier Geschwistern gen Süden. Mir war es nicht möglich, mich ebenfalls anzuschließen. Nach Abschluss der Volksschule im Jahr 1953 hatte ich eine landwirtschaftliche Lehre auf einem großen Bauernhof bei Bremen begonnen und wollte meinen zwei Jahre währenden Lehrvertrag erfüllen. Erst für den letzten Teil meiner Ausbildung – das abschließende Landwirtschaftsjahr – zog ich ebenfalls nach Baden-Württemberg. Wir fanden für mich einen Lehrhof in der Nähe von Möckmühl, der mich aufnahm und im Frühjahr 1955 trat ich meine Lehrstelle an – ein Lebensabschnitt der allerdings nur kurz währen sollte. Drei Monate nach Arbeitsaufnahme bekam ich so heftige Rückenschmerzen, dass ich meine Arbeit nicht mehr ausführen konnte. Der Arzt stellte mit dem „Scheuermann" *(eine Wachstumsstörung der jugendlichen Wirbelsäule, welche zu einer schmerzhaften Fehlhaltung führen kann)*, eine vernichtende Diagnose, die das Aus für meinen eingeschlagenen Berufsweg bedeuten sollte. Die vielen Jahre schwerster körperlicher Arbeit in der Wachstumsphase hatten zur Bildung eines Rundrückens geführt. Auf Anraten der Ärzte musste ich die Arbeit in der Landwirtschaft beenden. Bei Firma Pucaro in Roigheim fand ich schließlich eine Stelle als Hilfsarbeiter im Labor. Die Arbeit lag mir, aber ein Leben lang Hilfsarbeiter wollte ich nicht sein. Durch Zufall erfuhr ich von der Möglichkeit, am Oskar-von-Miller-Polytechnikum der Stadt München zu studieren. Voraussetzung war die Hochschulreife oder mindestens Mittlere Reife. Bei guten Noten im Volksschulabschluss bot das Technikum aber einen einjährigen Vorkurs an, mit dem man die Mittlere Reife erreichen konnte. Zur Aufnahmeprüfung waren fünfhundert

Personen geladen und ich gehörte zu den hundert Besten, die genommen wurden. 1962 schloss ich das Studium mit dem Diplom-Ingenieur ab, nach harter Arbeit und vielen Entbehrungen. Auch alle Geschwister erlernten Berufe: Jutta arbeitete als Verwaltungsangestellte, Werner (verstorben im Juli 2010) wurde Metzgermeister, Karl-Heinz Technischer-Fernmeldehandwerker und Horst Fliesenlegermeister.

Mutter war bestrebt, wieder ein eigenes Heim zu haben. Über den Lastenausgleich wurden ihr 10.000 DM zugesagt. Wir Kinder beteiligten uns durch handwerkliche Eigenleistungen am Bau und an den Zins- und Tilgungsraten. 1961 konnte sie einziehen. Sie lebte dort glücklich und zufrieden bis zu ihrem Tode im Jahr 2003.

Erstellt nach den Aufzeichnungen von Ernst Grundmann

Marlies Kibler
März 2017

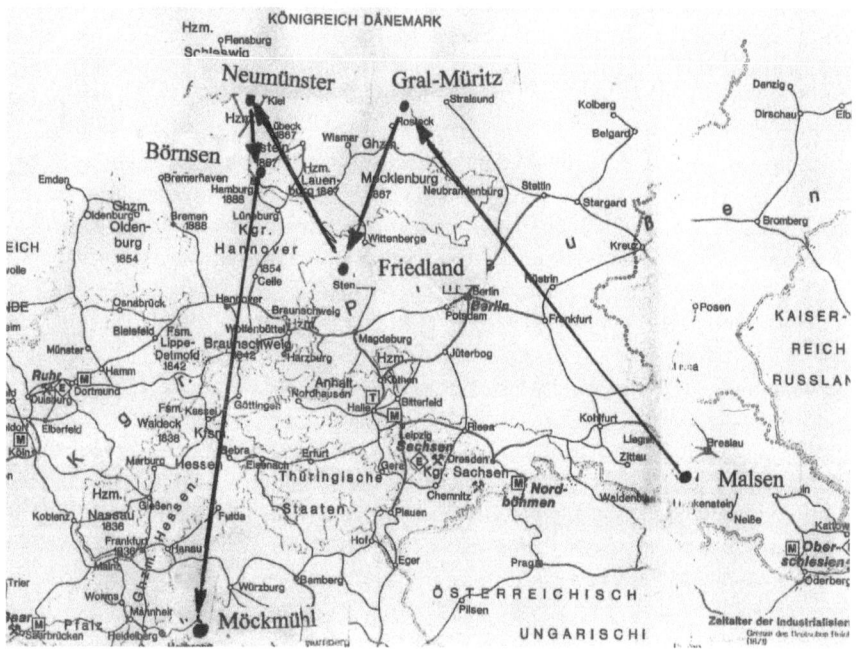

Fluchtroute der Familie Grundmann (Quelle: Ernst Grundmann)

Erinnerungen an die Flucht der Familie Deloch von Possnitz Kreis Leobschütz in Oberschlesien (heute: Glubczyce-Posucice / Polen) nach Möckmühl im Jahre 1945 und die Nachkriegsjahre

Bis zu unserer Flucht lebte ich (*1938) mit meinen Eltern Eduard Deloch (1887–1970) und Rose-Marie geb. Dittel (1908–1995) sowie meinen jüngeren Schwestern Friederike (*1940) und Johanna (*1944) in Possnitz Kreis Leobschütz in Oberschlesien. Es war ein Dorf mit 720 Einwohnern, nicht weit von der Grenze zur Tschechoslowakei entfernt.

Mein Vater hatte dort 1911 das Rittergut gekauft. Unsere Vorfahren lassen sich teilweise bis ins 16. Jahrhundert zurückverfolgen und waren schon in dieser Gegend ansässig. Im Herbst 1943 wurde ich in der Volksschule in Possnitz eingeschult. Vom Kriegsgeschehen bemerkte man in dieser entlegenen Region zunächst nicht viel. Doch bereits Anfang 1945 schickte mein Vater meine Mutter und uns 3 Kinder zu unserer Urgroßmutter nach Kreibau in Niederschlesien, in der Annahme, dass man

Gruß aus Possnitz Kreis Leobschütz Oberschlesien (Poštkarte, Privatarchiv Marlies Kibler)

dort vor der nahenden Front sicherer sei. Das mit der Bahn aufgegebene Gepäck, darunter der Kinderwagen, ging unterwegs verloren. Ein Onkel, der Arzt beim Militär war, wollte uns von dort aus in Sicherheit bringen und nahm seine Familie sowie meine Mutter und uns Kinder mit. Wegen der unsicheren Umstände kehrte meine Mutter bereits von Görlitz aus wieder nach Kreibau zurück. Zum Glück, sonst hätten wir wie seine Familie den Angriff auf Dresden am 13.2.1945 miterlebt. Es kam dann aber ganz anders. Am 8. Februar musste die 83jährige Urgroßmutter mit allen, die sich zu ihr geflüchtet hatten, Kreibau verlassen, weil die russische Front näher rückte. Es ging Richtung Sudetengau. (Dieser Treck kam bis nach Obergrund Kreis Warnsdorf im Sudetengau und die Teilnehmer kehrten nach Kriegsende nach Kreibau zurück.) Bis hinter Zittau fuhren wir mit diesem Treck, dann beschloss meine Mutter wieder nach Possnitz zurückzukehren – mit der Bahn. Die Fahrt war abenteuerlich. Aber wir erreichten tatsächlich wieder die Bahnstation Nassiedel, wo mein Vater uns mit der Pferdekutsche abholte. Nun bereitete mein Vater unsere Flucht vor. 10 Ackerwagen wurden umgerüstet, d. h. mit Planen versehen, ebenso auch ein Anhänger für den Bulldog (*Traktor*), damit die mitgenommenen Sachen darauf vor Nässe geschützt waren. Er ließ vom Tischler zwei große Holzkisten anfertigen, in denen nun die Sachen die man mitnehmen wollte, verstaut wurden. Es waren schon Frauen mit Kindern aus dem Dorf und auch vom Gut evakuiert worden, besonders die, welche keine Landwirtschaft hatten. Als nun vom Gut aus der Treck zusammengestellt wurde, schlossen sich ihm auch Familien aus Possnitz an (darunter Notburga, Elisabeth und Maria Kochon, die 85-jährige Großmutter Antonie Kochon und Gottfried Salbert, der 14-jährige Neffe von Notburga Kochon) sowie aus Hochkretscham (Emil, Thekla und Emilie Hudek). Die Fluchtroute war offensichtlich von den Behörden vorgegeben worden, denn in den Unterlagen meines Vaters gab es eine Auflistung von Namen und ich nahm zunächst an, dass wir diesen Weg gefahren sind, der uns über Krotendorf bei Jägerndorf in die Tschechoslowakei (bzw. das damalige Sudetenland) geführt hätte, also westlicher, von Possnitz aus gesehen. Anhand der Aufzeichnungen von Herrn Hudek stellte ich dann fest, dass wir erst in Sternberg (das an einer alten Verbindungsstraße von Schlesien nach Mähren liegt) auf die vorgesehene Route kamen.

Am 22. März 1945 wurde offiziell der Befehl gegeben, Possnitz zu räumen. In unserem Haus waren schon vorher Soldaten einquartiert worden, die hier noch ein paar ruhige Stunden verbrachten. Es war ein eigenartiges Gefühl zu erleben, wie sich Fremde darin bewegten und sich z. B. unseren Wein schmecken ließen. Nun wurden die Wagen beladen mit dem, was man für wichtig und unentbehrlich hielt, vor allem aber auch mit Nahrungsmitteln. Die wertvolleren Sachen hatte man vorher schon in einem Banksafe deponiert, anderes wurde im Garten vergraben. Außen an den Wagen hingen die vorher geschlachteten Hühner. Auch Mehl (das man spä-

Unser Haus auf dem Gut (Postkarte, Privatarchiv Marlies Kibler)

ter unterwegs gegen Brot umtauschen konnte) und Kartoffeln sowie Futter für die Pferde wurden mitgenommen. In den Abendstunden, etwa um 19.00 Uhr, war es so weit, es hieß Abschied nehmen. Ich kann mich genau daran erinnern. Es war eine sternklare Nacht und mein Vater sagte zu mir: „Schau dir das Haus noch einmal an, wer weiß ob wir es wiedersehen werden".

In der Ferne hörte man die Einschläge der Kanonen und in Richtung Leobschütz war Feuerschein zu sehen. Für die ersten 2 Kilometer benötigte der Treck mehrere Stunden. Aus allen Himmelsrichtungen kamen die Flüchtenden und strebten in die Richtung, aus der das Militär kam. Zuerst fuhren wir über Michelsdorf nach Branitz und von dort nach Skrochowitz, schon im Sudetenland gelegen. Die Straßen waren hoffnungslos verstopft. An dieser Stelle sollte der Soldaten gedacht werden, die bis zuletzt um jeden Meter Boden kämpften und es uns ermöglichten, noch vor dem nahenden Feind zu fliehen. Die ganze Nacht wurde durchgefahren, früh um 9 Uhr kamen wir in Frei-Hermersdorf an, wo zum ersten Mal Rast gemacht wurde.

Der Bulldog durfte an diesem Abend nicht mit den Pferdegespannen aufbrechen, er wurde von den Soldaten beschlagnahmt. Erst zwei Tage später, als die Lage völlig aussichtslos war, wurden die noch im Dorf verbliebenen ca. 20 Bewohner aufgefordert, Possnitz zu verlassen. Sie luden die geringe Habe die sie mitnehmen konnten – einen Sack voll Sachen und einen Sack voll Federn – auf den Anhänger des Bulldogs. Um 5 Uhr früh fuhren sie los und immer weiter, bis sie dann am folgenden Tag den Treck einholten. Also war die Fahrtroute vorher schon abgesprochen gewesen.

Dem Treck gehörten bis Gojau 111 Personen im Alter von wenigen Wochen bis 85 Jahren an, darunter 41 Jugendliche und Kinder, die auf die verschiedenen Wagen verteilt waren. Mit dabei waren auch eine Kutsche und ein Einspänner; 22 Pferde und der Bulldog zogen die Wagen. Einige hatten wohl auch ihr Fahrrad mitgenommen.

Karfreitag war am 30. März 1945 und wir verbrachten zwei Nächte in Kremetschau auf einem größeren Gut. Über Mährisch Trübau und Zwittau gelangten wir am 3. April ins Protektorat, also in die eigentliche Tschechoslowakei, die von Hitler annektiert worden war. Nach der Annektierung waren die Namen der Ortschaften teilweise eingedeutscht worden oder die Orte wurden ganz umbenannt, so dass man sie heute nicht ohne weiteres auf der Landkarte findet.

Am 4. April wurde ein Ruhetag in Ullersdorf eingelegt und wir waren dort in einer Schule untergebracht. Die Gemeindevorstände mussten für Unterbringung und Verpflegung der Trecks sorgen. Das konnte in einer Schule sein, in einem Kino, einer Turnhalle oder auch in Scheunen. Wenn es in den Scheunen zu sehr von Mäusen wimmelte, schlief mancher lieber im Freien unter dem Wagen. Auf dem „Marschbefehl" von Hlinsko ist vermerkt, dass Wurst, Gipfel (*Brötchen*), Brot, Marmelade, Suppe, Milch und Kaffee ausgefolgt (*ausgeteilt*) wurden, sowie für die Pferde Heu, Stroh, Kleie und Hafer von der Ostböhmischen Landwarenhandelsgenossenschaft. Solche Marschbefehle gaben immer das nächste Ziel vor. Aber man war unterwegs auch auf hilfsbereite Bauern angewiesen, die etwas Milch für die Kinder verkauften. Wer weiß, wie viele Trecks schon vor uns durch diese Ortschaften gezogen waren und alle wollten versorgt sein. So ist es wohl nicht verwunderlich, wenn manchmal die Tür auf unser Klopfen nicht geöffnet wurde. Unterwegs wurde auch im Freien gekocht. Man suchte größere Steine und ordnete sie so an, dass man dazwischen ein Feuer machen konnte. Darüber wurde dann ein Topf gestellt.

Bis zum 23. April lag der Treck in und um Kriwsoudow fest. Während dieser Zeit mussten mehrere Leute, wohl besonders die Jüngeren, für die Zwangsverwaltung auf einem Gut in Lhotitz bei Unter Kralowitz arbeiten und sie waren auch dort untergebracht. Herr Hudek hat notiert, dass einmal 4, ein anderes mal 6 Gespanne beim Ackern und bei der Feldbestellung eingesetzt wurden, ein Gespann musste Milch fahren, vermutlich in die nächste Molkerei. Die Leute mussten Saatkartoffeln aussortieren. Am 20. April waren wir also auch noch dort, es war ein schöner Frühlingstag und Sumpfdotterblumen blühten an einem kleinen Bach. Es war der Geburtstag des „Führers".

Einmal übernachteten wir in einem Haus, dessen Bewohner schon geflüchtet waren. Das hat mich als Kind sehr beeindruckt. Dieses menschenleere Haus, komplett mit allen Möbeln, allem Hausrat etc., aber ohne seine Besitzer. Es war ein eigenartiges Gefühl und erinnerte mich an das Märchen von Schneewittchen.

Am 29. April beschossen Tieffflieger in der Nähe von Chelcitz unseren und einen anderen Treck. Alle rannten von den Wagen weg und warfen sich in den Straßengraben bzw. suchten Deckung auf einem nahen Feld. Zwei Frauen, ein Mann und ein Mädchen von dem anderen Treck kamen dabei ums Leben. Es handelte sich um ein Ehepaar und die Schwester der Frau mit ihrer Tochter. Deren Mann war schon im Krieg gefallen. Die 3 Kinder des Ehepaars überlebten. Zwei unserer Pferde wurden bei dem Angriff getötet, zum Glück wurde aber kein Mensch von unserem Treck verletzt. Irgendwoher konnte mein Vater dann zwei Pferde als Ersatz kaufen. Sie wurden als Soldatenpferde bezeichnet und waren nicht so schwer wie unsere Ackergäule.

In Kartell bezogen wir anschließend Quartier. Maria Kochon erzählte mir, dass mein Vater möglichst schnell das Protektorat wieder verlassen wollte. Wahrscheinlich ahnte er schon, dass sich die Tschechen nach Kriegsende an den Deutschen rächen würden. Am 1. Mai kamen wir wieder ins Sudetenland, zunächst bis Ochsbrunn. Es schneite an diesem Tag. Unterwegs saßen nur die kleinen Kinder (meine jüngste Schwester lag in einem Wäschekorb) und die alten Leute auf den Wagen, die anderen gingen zu Fuß nebenher. Ich erinnere mich daran, an einem Tag einmal 11 Kilometer gelaufen zu sein, worauf ich sehr stolz war. Als Kind begriff man den Ernst der Lage sowieso nicht und jeder Tag brachte neue Erlebnisse. Über Neu Krenau erreichten wir am 3. Mai Gojau (heute Kájov), in der Nähe von Böhmisch Krumau und nördlich von Budweis, wo der Treck dann bis zum 10. Juni, also fast 6 Wochen festlag. Gojau war ein bedeutender Wallfahrtsort mit einer der schönsten spätgotischen Kirchen. Als Gnadenbild wird in Gojau die thronende Madonna mit Kind verehrt. Die Treckteilnehmer waren dort in einer Schule und in einem Kindergarten einquartiert und wir schliefen in zweistöckigen Betten in einem großen Schulsaal. Die Betten waren nicht sehr stabil und es passierte öfter, dass das obere Bett durchbrach und der Schläfer samt Matratze und Brettern auf den darunter Liegenden fiel. Zum Glück ist meines Wissens niemand dabei ernstlich zu Schaden gekommen. Bestimmt waren die sanitären Verhältnisse katastrophal, kein Wunder, dass wir Kinder später alle Läuse hatten. Da kein Brennmaterial vorhanden war, wurde Parkett, das zum Verlegen bereitlag, verheizt. Wer kümmerte sich schon darum? Jeder kämpfte nur ums Überleben. Ich erinnere mich an einen kleinen Fluss, wohl ein Nebenfluss der Moldau, in dem man baden konnte. Das machte uns großen Spaß. Am 7. Mai erfolgte die Kapitulation. In Gojau erlebten wir dann den Einmarsch der Amerikaner – mit gemischten Gefühlen. Die Erwachsenen hielten sich in den Häusern versteckt und hatten Angst; wir Kinder saßen auf einer Mauer und schauten uns interessiert die Militärfahrzeuge und die fremden Soldaten an, darunter sicher auch Farbige. Maria Kochon berichtete, dass in der Nähe ein Lager für deutsche Kriegsgefangene eingerichtet worden war. Einmal war ihre Schwester Liesel mit dem Fahrrad unterwegs und hatte bei einem Bäcker mitgebrachtes Mehl gegen Brote getauscht. Als sie an dem Lager vorbeikam, streckten die hungrigen Gefangenen ihre Hände nach dem Brot aus und sie warf die Laibe kurzerhand über den Zaun. Sie holte dann schnell noch einmal Mehl, in der Hoffnung, dass die Mutter es nicht merken würde. Die polnischen Arbeiter, die mit uns geflüchtet waren (etwa 35 Personen und darunter ganze Familien), verließen den Treck, als sich das Ende des Krieges abzeichnete. Sie nahmen aber nur ihr eigenes Bündel mit und machten sich auf den Weg zurück in ihre Heimat.

Die Zeit nach dem Waffenstillstand war sehr ungewiss für die Flüchtlinge. Man rechnete ja zunächst damit, wieder nach Hause zurückzukehren.

Aus Gojau durfte der Treck dann nicht geschlossen abfahren, sondern nur jede Stunde zwei Wagen und man benötigte von der amerikanischen Militärregierung einen Passierschein. Nun geschah es, dass der Bulldog, der als letzter starten sollte, zurückgehalten wurde (die Amerikaner hatten sich zu dem Zeitpunkt bereits zurückgezogen und das Gebiet an die Russen übergeben) und diejenigen, die auf dem Anhänger saßen – es waren meist kleine Kinder und ältere Leute – den Anschluss an den restlichen Treck verloren. Sie kehrten, wohl meist zu Fuß, durch die Tschechoslowakei in ihre schlesische Heimat zurück. Der Bulldog war ihnen weggenommen worden und sie kamen nur mit einem kleinen Bündel in Possnitz an, da zu dieser Zeit viel geplündert wurde. Dadurch wurden ganze Familien getrennt. Einige kamen erst nach viel Not und Entbehrungen 1946/47 zu ihren Angehörigen in den Westen, manche der Älteren überlebten die Strapazen nicht und wieder andere blieben ganz in Polen.

Am 11.6. wurde in Rohn übernachtet, am 12. ging es weiter über Prachatitz nach Wallern. Ein längerer Aufenthalt in Wallern, einem riesigen Sammellager für Flüchtlinge, das die Amerikaner eingerichtet hatten und wo katastrophale Zustände herrschten, blieb uns nur dadurch erspart, dass Liesel Kochon einen Amerikaner traf, der Deutsch sprach, weil seine Großmutter aus Breslau stammte und der sich dazu bewegen ließ, uns Papiere für die Weiterfahrt auszustellen. Wir durften also gleich wieder abfahren und verbrachten in Wolfsgrub unsere letzte Nacht im Sudetenland. Am Mittwoch dem 13. Juni 1945 passierten wir die Grenze nach Bayern. Um 8.30 Uhr wurde in Philippsreut gefüttert und die erste Übernachtung auf deutschem Boden war in dem kleinen Dorf Bierhütte.

Der Treck fuhr nun durch Bayern und Ziel war Hof. Man hatte ja die Absicht, nach Possnitz zurückzukehren aber die Tschechoslowakei zu umfahren. Auffallend ist, dass die Aufzeichnungen von Herrn Hudek nun ganz anders aussehen: Er schreibt nicht mehr wo wir in den einzelnen Orten übernachtet haben, nirgends erscheint wie vorher Schule oder Turnhalle oder Kino. Dies war offensichtlich nicht mehr so wichtig. Dagegen beschreibt er nun die Sehenswürdigkeiten, die er in verschiedenen Orten besichtigte. Als Künstler interessierte er sich natürlich besonders für die Malerei in den Kirchen, auch für idyllische Dorfansichten hatte er ein Auge. Viele bekannte Namen tauchen auf: Cham und Chammünster – Nabburg – Hirschau (wo man Kaolin fördert) – Konnersreuth – Bayreuth – Kulmbach – Münchberg – Konradsreuth – Hof. Dort befand sich der Grenzübergang in die Sowjetische Besatzungszone und es war unser Glück, dass er bei unserer Ankunft gerade geschlossen und die geplante Weiterfahrt nach Possnitz nicht möglich war. So kehrten wir zunächst etwa auf demselben Wege nach Bayreuth zurück. Eine lange Strecke bewegte sich der Treck auf der Autobahn fort, Privatautos gab es kaum mehr, es waren höchstens Militärfahrzeuge unterwegs. Unser Ziel war anfänglich Ulm an der Donau. Jemand hatte meinem Vater den Hinweis gegeben, dass wir auf dem Gut eines Barons Hermann in Wain bei Laupheim, nördlich von Ulm, unterkommen könnten. Dann traf mein Vater irgendwo unterwegs einen Verwalter des Grafen von Lüttichau, der große Ländereien in Schlesien besessen hatte, aber auch ein kleines Gut in Württemberg besaß, weil seine Frau von dort stammte. Dieser Verwalter empfahl ihm nach Möckmühl zu fahren, da man dort auf dem Schwärzerhof Pferde und Leute brauchen würde. Mein Vater beschloss nun, in der von den Amerikanern besetzten Zone zu bleiben und nicht nach Wain zu fahren, das in der französischen Besatzungszone lag. In Bayern trennten sich etwa 20 Possnitzer von dem Treck und machten sich auf eigene Faust auf den Weg. Teilweise hatten sie wohl die Adressen von Verwandten, die schon vorher evakuiert worden waren. Von Bayreuth fuhren wir dann in Richtung Nürnberg. Über Nürnberg vermerkt Herr Hudek: 1 ½ Stunden durch Trümmer gegangen. So sahen viele deutsche Städte nach den Bombardierungen aus. Über Ansbach – Dinkelsbühl erreichten wir Württemberg. Durch Jagstzell – Bühlertann – Hessental kamen wir nach Schwäbisch Hall. Die letzte Übernachtung auf unserer langen Reise war in Cappel, kurz vor Öhringen, auf einem Gutshof. Unterohrn – Baumerlenbach – Möglingen – Lampoldshausen (das Herr Hudek als „zerschossenes Dorf" bezeichnete und das in den letzten Kriegstagen von den Amerikanern noch zerstört worden war) – Züttlingen waren die letzten Ortschaften bevor wir nach Möckmühl kamen. Man darf nicht vergessen, dass viele Brücken von den Deutschen bei Kriegsende gesprengt worden waren und man wohl deshalb diesen Weg wählte. So fuhren wir schließlich am 18. Juli 1945 in Möckmühl im Kreis Heilbronn ein. In Möckmühl gab es nur eine Behelfsbrücke über die Jagst, unterhalb der gesprengten Brücke. Als wir durch das Städtchen fuhren, bestaunten uns die Menschen. Aber auch unsere Leute staunten, denn der Ort war eng und alt.

*Als Flüchtlingskinder
auf dem Schwärzerhof
(Quelle: Marlies Kibler)*

Maria Kochon erinnert sich daran, dass ein Mann warnte, als er hörte wir wollten auf den Schwärzerhof: „Bleibet hunne, bleibet hunne" (auf Hochdeutsch: bleibt unten). Der Weg hinauf war ein unbefestigter Feldweg und das letzte Stück war so steil, dass man vor die Pferde noch Ochsen (oder Kühe?) spannte, die helfen mussten, die schweren Wagen den Berg hinauf zu ziehen. Bis Möckmühl hatten wir eine Strecke von ca. 1000 km zurückgelegt. Der Schwärzerhof war schon damals kein sehr gepflegter Hof. Mit Possnitz hielt er gar keinem Vergleich stand. Der Hof war jahrelang verpachtet gewesen und als der Besitzer nun plötzlich zurückkehrte und selber das Ruder in die Hand nahm, gab es Streit. Schließlich zog der Pächter ab, nahm aber alles mit was nicht niet- und nagelfest war, d.h. Maschinen, Geräte etc., die ihm auch gehörten. Aber kaufen konnte man ja nichts, so dass Graf Lüttichau in einer misslichen Lage war. Nun kamen wir dort mit vielen Leuten und Pferden an, aber es war wohl von Anfang an eine aussichtslose Sache.

Zunächst fanden die übrig gebliebenen 42 Personen auf dem Schwärzerhof eine sehr einfache Bleibe. Alles in allem hatte unser Treck Glück gehabt und die meisten waren heil an ein vorläufiges Ziel gelangt. Die lange Reise war zu Ende, nicht aber die Zeit der Entbehrungen.

Auf dem Schwärzerhof war unsere Familie anfangs in dem gräflichen Wohnhaus untergebracht, wie ich mich erinnere, alle zusammen in einem Zimmer. Wir Kinder schliefen auf den großen Holzkisten, die man auf die Flucht mitgenommen hatte.

Matratzen hatten wir dabei. Möbel gab es ja zunächst keine. In Gochsen war eine Schreinerei, wo man dann einfache Holzmöbel beziehen konnte: Schränke, Betten, Stühle. Später zogen wir dann in das Verwalterhaus um, wo noch mehrere Familien wohnten. Aber daran kann ich mich nur vage erinnern. Auch nicht daran, wo gekocht wurde. Dabei waren wir sicher viel besser dran als manche der anderen Treckteilnehmer, die zum Teil anfangs noch auf den Wagen schlafen mussten und später in der Scheune oder hinter einfachen Bretterverschlägen in alten Gebäuden. Irgendwann im September begann auch die Schule wieder. Ich kam gleich in die dritte Klasse, obwohl ich ja den Unterricht in der zweiten Klasse kaum besuchen konnte und er ein halbes Jahr lang ganz ausgefallen war. Der Weg nach Möckmühl hinunter erschien mir damals recht weit. Man darf auch nicht vergessen, dass es die Aussiedlerhöfe und die Häuser am Berg noch gar nicht gab. Manchmal musste ich alleine laufen, weil die anderen Kinder andere Klassen besuchten.

Zu diesem Zeitpunkt glaubte man immer noch an eine Rückkehr in die Heimat, aber diese Hoffnung wurde schon bald durch die Entscheidungen der Siegermächte zunichtegemacht.

Ein Schreiben vom 31. Oktober 1945, ausgestellt vom „Landrat des Landkreises Heilbronn – Rückwandererbetreuungsstelle" erteilte der Familie Deloch die Genehmigung zur Ansiedlung im Kreis Heilbronn. Am 20. November zogen wir nach Möckmühl in die Roigheimer Straße 12 um. Im ersten Stock wurden uns 3 Wohnräume sowie ein ausgeräumtes Badezimmer zugeteilt, die wir aber zunächst mit Familie Hudek sowie mit Liesel Kochon, der älteren Schwester von Maria, teilen mussten. Es war dies die Hälfte einer einst großzügigen Wohnung, in die wir zwangseingewiesen wurden. Für alle 12 Bewohner gab es auf dieser Etage nur eine einzige Toilette, ein Plumpsklo ohne Wasserspülung. An der Wand hing – so vorhanden – in kleine Stücke geschnittenes Zeitungspapier. Wasser stand in einer Kanne daneben. Wir hatten also zunächst nur ein Schlafzimmer für uns allein. Hudeks und Liesel schliefen in dem kleineren Zimmer in zweistöckigen Betten aus rohem Holz. Unter der Matratze lagen Bretter, die nur ca. 70 cm breit waren. Normale Matratzen hatten darin keinen Platz Die Behelfsküche nutzten alle gemeinsam. Als Hudeks einige Monate später dann im Erdgeschoss desselben Hauses ein Zimmer beziehen konnten und Liesel Kochon in einem Haushalt arbeitete, stand uns auch das kleine Zimmer zur Verfügung. Die einfachen Holzschränke und Schränkchen ließ man später streichen. Dieses kleine Zimmer konnte man auch heizen. Der Ofen im Schlafzimmer funktionierte nicht richtig und wurde wohl auch mangels Heizmaterial nur selten benutzt, höchstens, wenn jemand krank war. Am ersten Weihnachtsfest in der Roigheimer Straße stand ein kleiner Christbaum auf einer Holzkiste im Schlafzimmer. Christbaumschmuck konnte man natürlich nicht kaufen. Wir hatten Girlanden aus Buntpapier gebastelt und irgendwoher waren auch Kerzenstummel organisiert worden. Der dritte Raum, der als Wohnküche diente, war vorher eine Kammer gewesen, vielleicht für das Dienstmädchen. Während in den beiden anderen Räumen Parkett lag, gab es da nur einen einfachen Holzboden, den man scheuern musste. In dieser Küche gab es kein fließendes Wasser. Das musste man am Wasserhahn im Badezimmer nebenan holen, das uns auch als Speise- und Abstellkammer diente. Das Schmutzwasser musste anschließend in den Hof hinuntergetragen werden. In die Toilette hat man es wohl deshalb nicht geschüttet, weil man die Grube von Hand leeren musste, es gab damals noch keine Kanalisation in Möckmühl. Gebadet hat man in der Küche in einer Zinkwanne, in der auch die Wäsche gewaschen wurde. Das Wasser musste auf dem Herd erhitzt werden und wir Kinder wurden der Reihe nach abgeschrubbt. Auch dieses Abwasser musste hinuntergetragen werden und es waren sicher viele Eimer. Schon deshalb wurde nur einmal in der Woche, nämlich samstags, gebadet. Aber damals waren die Verhältnisse allgemein so. Unsere „Wohnung" war zunächst äußerst spartanisch möbliert.

Im Jahr 1957 entschlossen sich die Eltern, über die Kreissiedlung Heilbronn ein Zweifamilienwohnhaus in der Südstraße zu erwerben. Die Kreissiedlung war eine Genossenschaft, man musste zunächst einmal Mitglied werden. Man schloss einen Betreuungsvertrag ab und unter der Regie der Kreissiedlung wurde ein Haus Typ E 028 erstellt, bestehend aus zwei 3-Zimmerwohnungen mit Küche und Bad (pro Wohnung 55 qm) sowie Kellerräumen und Waschküche. Laut Finanzierungsplan sollte das Haus 43.600 DM kosten, letztendlich waren es etwa 4.000 DM mehr. Für die Eigentümerwohnung konnte ein zinsfreies Aufbaudarlehen von 4.000 DM beantragt werden. Außerdem gab es zinsgünstige Darlehen von der Landeskreditanstalt Stuttgart. Dadurch wurde der Wohnungsbau gefördert und der Bauherr war verpflichtet, die zweite Wohnung an Flüchtlinge zu vermieten. Wer in der Lage war, konnte die Baukosten durch Eigenleistung – z. B. Ausheben der Baugrube – senken. Erst im Jahre 1963 wurde das Haus auf die Eltern übertragen.

Folgende Einrichtungsgegenstände waren lt. Baubeschreibung vorhanden:

- Küche: Terrazzospülstein mit Spülsteinabschluss
- in der Hauptwohnung ein kombinierter Elektro-Kohleherd
- in der Einliegerwohnung ein Kohleherd mit vorgesehener Anschlussmöglichkeit für einen Elektroherd
- Bad: Waschbecken mit Spiegel, Tablett und Handtuchhaken
- Wohnraum: 1 Stück emaillierter Ofen
- Waschküche: 1 Waschkessel, Waschbock, Rührstecken, Einbürsttisch.
- Alle Wohnräume wurden tapeziert. Immerhin gab es schon Doppelfenster.

Laut Errechnung der Kreissiedlung lag die (Höchst-)Miete für die Einliegerwohnung bei 90,75 DM / Monat mit sämtlichen Nebenkosten – außer dem Wassergeld.

Die Zuweisung des Mieters oblag dem Bürgermeisteramt Möckmühl.

Eine 55-qm-Wohnung war für 5 Personen nicht gerade geräumig. Mein Vater hatte aber im Dachgeschoss ein Zimmer ausbauen lassen, das ich mit meiner Schwester bewohnte. Daneben hatten wir eine eigene Toilette und ein Waschbecken (natürlich nur mit kaltem Wasser) und wir fühlten uns wie die Könige. In den ersten Jahren lebten in unserem Haus immer 10 Personen. Im Winter war es kalt, bis man später eine Zentralheizung einbauen ließ.

Nur wenige ehemalige Possnitzer wohnen heute noch in Möckmühl. Viele der Jüngeren sind weggezogen.

Marlies Kibler
geb. Deloch

im Januar 2018

Aufzeichnungen von Herrn Emil Hudek über die Flucht von Possnitz nach Möckmühl im Jahre 1945

22.03.1945	Donnerstag, abends nach 7 Uhr Abfahrt Branitz – Skrochowitz – Tabor – Groß Herrlitz [= *Velke Heraltice*]
23.03.1945	früh um 9 Uhr Ankunft im Quartier in Frei-Hermersdorf [= Svobodné Heřmanice]
24.03.1945	Abfahrt nach Karlsberg [=*Karlovec*], Sonntag Mittag – Palmsonntag
25.03.1945	Abfahrt nach Arnsdorf
26.03.1945	Abfahrt nach Gobitschau über Deutsch Hause
27.03.1945	Abfahrt nach Sternberg über Wächtersdorf von dort nach Mährisch Neustadt
28.03.1945	Abfahrt nach Bohuslawitz
29.03.1945	Abfahrt nach Kremetschau über Müglitz
30.03.1945	Karfreitag
31.03.1945	Abfahrt nach Pirkelsdorf [*bei Mährisch-Trübau*]
01.04.1945	Abfahrt nach Ketzelsdorf über Trübau
02.04.1945	Abfahrt über Zwittau nach Blumenau
03.04.1945	über die Grenze ins Protektorat durch Politschka [*Polička*] nach Ullersdorf/Böhmen
04.04.1945	Ruhe – Lager in der Schule
05.04.1945	Abfahrt nach Hlinsko – Lager in der Schule
06.04.1945	Abfahrt nach Kreuzberg – Lager im Kino
07.04.1945	Abfahrt nach Deutsch Brod – Lager im Kino
08.04.1945	Ruhetag – Sonntag
09.04.1945	Abfahrt nach Okrauchlitz [= *Okrouhlitz*] – Lager in Kino und Turnhalle
10.04.1945	Abfahrt nach Swietla (Stadt) [*Swětla*] – Lager in der Schule
11.04.1945	Abfahrt nach Křiwsoudow um 7 Uhr abends eingerückt – Lager in Jugendheim
12.04.1945	Ruhetag

13.04.1945	umgezogen in Quartier	
14.04.1945	Gespanne ackern der Zwangsverwaltung in Lhotitz [*bei Unterkralowitz*] 4 Gespanne im Nachbardominium, 1 Gespann mit Milch	
15.04.1945	Sonntag	
16.04.1945	Leute Kartoffeln ausklauben	
17.04.1945	6 Gespanne Feldbestellung	
18.04.1945	dasselbe bis	
22.04.1945		
23.04.1945	Abfahrt nach Wlaschin [*Wlašim?*]	
24.04.1945	Abfahrt nach Swestow [*Swikow?*], Dominium	
25.04.1945	Abfahrt über Wotitz nach Wojkau, Dominium	
26.04.1945	Abfahrt nach Petrowitz – Lager in Schule	
27.04.1945	Abfahrt nach Wokrouhla [*Okrouhlá*] – Quartier	
28.04.1945	Abfahrt über Moldauthein nach Zwerkowitz – Quartier	
29.04.1945	Abfahrt über Wodnian nach Krtel – Quartier; in Chelčitz Fliegerangriff; 1 Mädel, 2 Frauen, 1 Mann tot, 2 Pferde tot	
30.04.1945	Netolitz – Herbes – Elhenitz – Wagau – Groß Zmietsch – Übernachtung nicht klar	
01.05.1945	Abfahrt nach Ochsbrunn – Schneefall	
02.05.1945	Neu Krenau	
03.05.1945	nach Gojau (zu Kladen gehörend)	
04.05.1945	Verbleib in Gojau bis 26.05. 1945; Wallfahrtsort, sehenswerte Kunstwerke	
07.05.1945	in Ziegelei Krenau – Waffenstillstand	
13.05.1945	Sonntag	
20.05.1945	Pfingsten	
27.05.1945	Abfahrt nach Krenauhof	
28.05.1945	bis	
31.05.1945	unter freiem Himmel	
01.06.1945	zurück in die Ziegelei	
03.06.1945	Sonntag	

10.06.1945	von Ziegelei nachmittags abgefahren, übernachtet in Wirtschaft an Waldabhang
11.06.1945	in Rohn übernachtet, dann am
12.06.1945	abgefahren über Prachatitz nach Wallern
13.06.1945	von Wolfsgrub abgefahren; Mittwoch über die Bayerische Grenze, ½ 9 Uhr – in Philippsreut gefüttert, in Bierhütte übernachtet
14.06.1945	Pummershof übernachtet; Gemeinde Mitternach; Bezirksamt Grafenau bei Schönberg
15.06.1945	Freitag in Rinchnach – schöne Kirche, inwendig Architektur und Gemälde Barock; übernachtet
16.06.1945	in Patersdorf Sonnabend übernachtet schöne Freskogemälde schöner Stuck, schön gemalt beim Chor, gutes Deckengemälde
17.06.1945	Sonntag – Prackenbach vor 7 Uhr nachmittags angekommen. Weschensülsen(?) heute übernachtet (Bückling) in Wirtschaft eingeladen
18.06.1945	nach Mittlach [*Miltach*] 9 km, über Zandt – Wölsting nach Cham, in Chammünster übernachtet (Montag)
19.06.1945	in Cham durchgefahren. Sehr schönes Kircheninneres, Freskomalerei. Gute Musik in der Kirche. Ich hatt…, Morgenrot Pempfling; in Grafenkirchen am 19. gerastet, neue Deckenmalerei, gut gemacht, St. Sebastian, schöner Kreuzweg, neue Komposition. In der Kirche Deckenbild Geburt Christi. gefahren über Rhan, in Schönthal übernachtet
20.06.1945	Am 20. durch Rötz in Fixendorf [*heute nur See*] übernachtet an der Schwarzach, Backofen, Sonnenuntergang, idyllische Häuser mit Hollunder
21.06.1945	über Neuenburg vorm Walde durchgefahren, gerastet in Altendorf – idyllische Dorfansicht in Willhof an der Schwarzach – weniger idyllische Dorfansicht – übernachtet
22.06.1945	über Nabburg (Pfreimd – weißer Stuck; Kreuzweg) nach Wernberg (70 km nach Regensburg). In Wernberg übernachtet

23.06.1945	abgefahren nach Richtung Weiden, 18 km, (121 km nach Hof) über Sulzbach(?) nach Hirschau (Kaolin), Großschönbrunn, Kreis Amberg übernachtet
24.06.1945	weiter nach Richtung Vilseck, 7 km, über Axtheit, Vilseck, Haag bis Unterfrankenohe geschickt über Ernstfeld, in Kirchenthumbach sonntags übernachtet
25.06.1945	über Heinersreuth (Bez. Eschenbach) Creussen Bez. Pegnitz – Neuenreuth Autostraße bis Ober-Konnersreuth, daselbst übernachtet.
26.06.1945	Dienstag in Bayreuth durchgefahren über Heinersreuth (Bez. Bayreuth) in Neustädtlein übernachtet, auch nächsten Tag, den
27.06.1945	in Neustädtlein
28.06.1945	über Limmersdorf durch Thurnau (Schloß) Döllnitz (Roter Main). In Melkendorf Kulmbacher Bier und Bohnen mit Kartoffeln gegessen, übernachtet.
29.06.1945	nach Kulmbach über Untersteinach, in Kupferberg übernachtet
30.06.1945	sonnabends zurück nach Kulmbach Untersteinach, in Ludwigsschongast übernachtet.
01.07.1945	über Marktleugast in Poppenreuth übernachtet
02.07.1945	über Münchberg – Schlegel – über Modlitz-Nückendorf(?) Konradsreuth übernachtet
03.07.1945	etwas weiter [weg] am 3. übernachtet (6 km bis Hof)
04.07.1945	in Hof in Rittergut Hofeck übernachtet.
05.07.1945	zurück über Münchberg, in Poppenreuth übernachtet
06.07.1945	durch Gothendorf von der Autobahn gefahren bis Bayreuth, in Friedrichsthal (Stadtteil) übernachtet.
07.07.1945	Über Bayreuth auf der Autobahn Richtung Nürnberg am 7ten weiter (bis Nürnberg ca. 88 km). In Neudorf übernachtet (sonnabends)
08.07.1945	weiter Richtung Nürnberg (51 km) über Weidensees (Bez. Pegnitz) Hilpoltstein (Burg) – (33 km nach Nürnberg) Kemmathen – Gräfenberg – Mitteldorf in Forth übernachtet (Erlanger Bier) nach Erlangen 19 km, Nürnberg 21 km
09.07.1945	durch Eschenau in Heroldsberg übernachtet.

10.07.1945	Am 10.7. durch Nürnberg – 1 ½ Stunden durch Trümmer gegangen, schrecklich. 1 Bier getrunken, durch Stein (gefüttert) 2 Biere. Erste Kornpuppen. Übernachtet Unterweihersbuch
11.07.1945	weiter durch Heilsbronn (Kaiser Friedrich III, 1886) nach Ansbach, 16 km in Wiklesdorf [*vermutlich Wicklesgreuth*] übernachtet
12.07.1945	weiter über Katterbach. In Ansbach gerastet, Graf Platen, Markgrafenschloß Kaiser Wilhelm. In Elpersdorf übernachtet.
13.07.1945	weiter über Neunstetten – Aurach – Vorder-Breitenthann durch Feuchtwangen (nach Augsburg 192 km) – Schopfloch – Lehengütingen übernachtet.
14.07.1945	weiter nach Dinkelsbühl, da gerastet. Schöne gotische Kirche, innen Altar geschnitzt. Stadt Pinsel gekauft, nach Wolfertsbronn – Württ. (Württemberg) durchgefahren – Unterdeufstetten – Oberdeufstetten (Württ.) übernachtet
15.07.1945	Sonntag Milch, weiter nach Rechenberg – Jagstzell (Kreis Aalen) (Crailsheim 16 km, Ellwangen 7 km) Rosenberg (Kreis Aalen) in Geiselrot übernachtet (Most)
16.07.1945	weiter durch Bühlertann (Kreis Hall) (Schloß Tannenburg) – Hausen – in Hessental übernachtet
17.07.1945	weiter (2 km) nach Hall, durchgefahren nach Untermünkheim – Grünbühl, Krs. Öhringen (Bauernschule) – Neuenstein (Öhringen 9 km) schönes Schloß (Renaissance und Türme) Untersöllbach – Dominium (?) Cappel übernachtet
18.07.1945	weiter über Öhringen – Unterohrn – Ohrnberg (Gerste gesehen, Weizen gesehen) – Baumerlenbach, gerastet in Möglingen am Kocher, Mühle (Kreis Öhringen) – Lampoldshausen, zerschossenes Dorf – durch Züttlingen nach Möckmühl. (schöner Ausblick nach Möckmühl) – 2 km Schwärzerhof (Graf Lüttichau, Schloß) übernachtet.
19., 20., 21., Sonntag 22.,	weiterhin auf dem Schwärzerhof
23.07.1945	nach Möckmühl gegangen (Burg Berlichingen)
24., 25.,	Schwärzerhof

26.07.1945	nach Möckmühl gegangen – schöne Ansicht im Morgendunst
27., 28., 29., 30.	Schwärzerhof
31.07.1945	aus dem Wagen [*in ein Quartier umgezogen*]
01.08.1945	Schwärzerhof
02.08.1945	Schuhe hingetragen [*nach Möckmühl zum Schuhmacher*]
06.08.1945	in Reichertshausen gewesen
vor 01.November	ins andere Haus [*auf dem Schwärzerhof umgezogen*]
am 20.November	nach Möckmühl verzogen, Roigheimer Straße 12

Emil Hudek – Kunstmaler aus Hochkretscham Kreis Leobschütz / OS

(*1877 in Hochkretscham, †1968 in Möckmühl)

Emil Hudek nannte sich Kunst- und Stubenmaler. Er malte Ölbilder – Portraits, Landschaften, Stillleben – schuf auch Radierungen und modellierte mit Gips.

Er arbeitete mit seinem Bruder Paul zusammen, wenn sie Kirchen ausmalten, z. B. auch mit Deckengemälden. Ölbilder fertigten sie getrennt an. In folgenden Kirchen haben sie gewirkt: Hochkretscham, Nassiedel, Possnitz und Sakrau.

Für die katholische Kirche in Hochkretscham hat Emil Hudek das Bild der Heiligen Thekla über dem Hochaltar (1906), eine Muttergottes für den Seitenaltar (1907) und die Bilder vom Kreuzweg gemalt. Die Bilder sind noch heute erhalten.

Auch der Vater von Emil Hudek stammte aus Hochkretscham. Von Beruf war er Bildhauer (Holz) und Kunstmaler.

Emil Hudek war verheiratet mit Thekla geb. Komarek (*1876 in Hochkretscham, †1960 in Möckmühl). Das Paar hatte drei Kinder: Stefanie (1909–1997) Fritz (1911– vermisst seit dem Ende des zweiten Weltkriegs) Emilie (1913–2008).

SCHWARZMEERDEUTSCHE

Während des Ersten Weltkrieges unterlagen die Schwarzmeerdeutschen einer starken Diskriminierung, weil man sie der Zusammenarbeit mit dem Feind in Form der Deutschen verdächtigte. Gleichzeitig versahen etwa 250.000 deutschstämmige Kolonisten Dienst in der russischen Armee. Sie kämpften jedoch nicht an der deutsch-österreichischen, sondern an der türkischen Front. Nach der Oktoberrevolution waren die politischen Verhältnisse im Schwarzmeergebiet aufgrund des Bürgerkrieges über Jahre instabil. 1918 hielten sich kurzfristig Truppen in der Ukraine auf, von denen sich die Schwarzmeerdeutschen dauerhaften Schutz erhofften.

Nach Abzug des deutschen Heeres stellten die Kolonisten eine Selbstschutztruppe auf, die 1919 die Rote Armee aus deutschen Siedlungsgebieten mit Waffengewalt vertrieb. 1920 kehrte die Rote Armee zurück und fügte dem deutschen Selbstschutzverband mit 500 Mann schwere Verluste zu, so dass sich die Truppe nach Polen zurückzog. Danach wurde die Sowjetmacht installiert. Ab dann verloren die Deutschen weitgehend ihr kulturelles Leben. Auch das kirchliche Leben war unterbunden und Kirchenbauten wurden als Lagergebäude zweckentfremdet. Trotzdem blieben ihre geschlossenen Siedlungen weitgehend erhalten. Die Bolschewiki übten vor allem Druck auf die wohlhabenden Bauern (Kulaken) aus. Im Rahmen der Sowjetisierung kam es zur Zwangskollektivierung der Landwirtschaft und Verstaatlichung von Betrieben, die in einigen Dörfern der Schwarzmeerdeutschen zu Unruhen führten. Mehrere zehntausend Deutsche verlangten während der Säuberungen um 1929 die Ausreise, während Deutschland nur rund 6.000 Personen vorübergehend aufnahm.

Verfolgungen in den 1930er Jahren

Während der Nationalsozialistischen Herrschaft im Deutschen Reich wurden die Schwarzmeerdeutschen der Spionage und der Konterrevolution verdächtigt. Die meisten deutschen Familien waren von Verhaftungen und Verbannungen betroffen. 1936 wurden alle deutschen Schulen in der Ukraine geschlossen, Lehrkräfte wurden verhaftet und Ukrainisch wurde als Unterrichtssprache eingeführt. Die Religionsverfolgungen unter Stalin hatten katastrophale Folgen für das kirchliche Leben der Schwarzmeerdeutschen. Kirchen und Gebetshäuser wurden geschlossen und teilweise auch abgerissen. Geistliche wurden verschleppt und erschossen, darunter auch Bischof Alexander Frison am 20. Juni 1937.

(Deshalb ging Lina Rehberg auch nicht in die Schule; Oma Schütz sorgte dafür, dass die Kinder während des Aufenthalts bei Lemberg getauft wurden! Anmerkung Marlies Kibler)

Kriegsverschleppungen

Zu Beginn des Zweiten Weltkriegs umfasste die Volksgruppe rund 326.500 Menschen (darunter 52.300 Männer, 107.800 Frauen und 166.400 Kinder), die in 228 Dörfern lebten. In den ersten Kriegsmonaten waren etwa 18.000 – 40.00 Personen von Deportationen ins Innere der Sowjetunion betroffen. Nur wenige der verschleppten Männer haben ihre Verschleppung mit Kälte, Hunger, schwerer Arbeit sowie willkürliche Erschießungen überlebt. Die relativ geringe Zahl der Verschleppten beruht auf dem schnellen Vorrücken der Front beim Angriff auf die Sowjetunion im Juli und August 1941. Nach dem Durchzug der Front gehörten die Schwarzmeerdeutschen zu dem von Rumänien eingerichteten Gebiet Transnistrien. Ende 1941 erhielten sie in ihrem Siedlungsgebiet weitgehende Autonomie von der rumänischen Verwaltung und unterstanden dem Sonderkommando R mit Sitz in Landau, das zum Hauptamt Volksdeutsche Mittelstelle (VoMi) gehörte.

Beteiligung am Holocaust

Der SS-Gruppenführer Otto Ohlendorf, der sich mit der von ihm geführten Einsatzgruppe Süd in dem Gebiet befand, nahm Kontakt zu Schwarzmeerdeutschen auf. Er organisierte unter ihnen den bewaffneten Selbstschutz in einer Stärke von ungefähr 7.000 Mann, der der Volksdeutschen Mittelstelle unterstand. Anfang 1942 deportierte die rumänische Gendarmerie mehrere zehntausend Personen der jüdischen Bevölkerung aus Odessa. Sie trieben sie in das volksdeutsche Siedlungsgebiet in Richtung Bug und überließen sie teilweise ohne Bewachung sich selbst. Unter den Deportierten breitete sich massiv Fleckfieber aus. Es kam auch zu Überfällen volksdeutscher Siedler auf die Judentrecks, bei denen sie unter Waffengewalt den geschwächten Menschen Wertgegenstände raubten. Das Sonderkommando R war völlig überfordert mit der Situation und befahl dem „volksdeutschen Selbstschutz", hilflose jüdische Personen am Wegesrand zu töten, was in etwa 3.000 Fällen erfolgte. Die Leichen wurden auf Scheiterhaufen verbrannt.

Am Fluss Bug kam der Zug der Deportierten zum Stehen. Nach Rücksprache des Sonderkommandos R mit der Volksdeutschen Mittelstelle wurde aufgrund der Seuchengefahr ihre Tötung beschlossen. Die Einsatzgruppen lehnten ab, da Transnistrien unter rumänischer Hoheit stand. Im KZ Bogdanowka erschossen und verbrannten Angehörige des Selbstschutzes sowie der VoMi über mehrere Wochen die Deportierten. Bewohner der deutschen Dörfer waren Zeugen und stellten auch Pferdefuhrwerke zum Transport der Opfer. Die Beseitigung der Leichen erfolgte unter anderem durch die Kremierung mittels der zweckentfremdeten Nutzung von Kalkbrennöfen. Die Wertgegenstände der Opfer wurden in deutschen Dörfern verteilt. Die genaue Zahl der Tötungen ist nicht bekannt, einigen Angaben zufolge waren es 52.000. Aus einer Notiz des Auswärtigen Amtes geht hervor, dass im Winter 1941 / 1942 rund 28.000 Juden in deutsche Dörfer gebracht und liquidiert wurden.

Zu einer weiteren Tötungswelle kam es von Mitte bis Ende 1942. Dabei transportierten rumänische Stellen Juden in unbekannter Zahl in Güterzügen in das deutsche Einflussgebiet, wo sie von Angehörigen des Selbstschutzes getötet wurden. Danach ging man dazu über, Tötungen nicht als Seuchenprophylaxe zu betreiben, sondern forderte jüdische Arbeitskräfte aus Rumänien an und betrieb ihre Vernichtung durch Arbeit.

Umsiedlung, Flucht und Vertreibung

Als den deutschen Siedlungsgebieten um Leningrad, aus Ingermanland, Weißrussland, dem Bordkaukasus, der Kalmückensteppe, aus der Ostukraine, aus den Städten (Cherson, Nikolajew, Nikopol, Kiew, Charkow, Kriwoj Rog, Melitopol, Mariupol, Dnjepropetrowsk, Kirowograd, Saporoshje), aus Transnistrien und Shitomir sowie die verbliebenen Krimdeutschen (960) die Wiedereroberung durch die sowjetische Armee drohte, begannen die SS-Dienststellen die Deutschen als Administrationsumsiedler in sieben Aktionen in „volksdeutsche Bereiche" umzusiedeln. Die deutschstämmigen Bauern stellten Trecks zusammen, mit denen rund 228.000 Personen ins „Altreich" und in den Reichsgau Wartheland gelangten.

Die sogenannte Schwarzmeeraktion betraf als fünfte Aktion der Umsiedlungsaktionen rund 73.000 deutschstämmige Personen und dauerte von August 1943 bis Mai 1944. Die größte und siebte Aktion war die Rückführung der Transnistriendeutschen, die ca. 135.000 Personen betraf. Die Aktion begann im Februar 1944 und endete Anfang Juli des Jahres.

In zwei Trecks (Nord- und Südtreck) ging es Richtung Westen. Sie kamen nach rund drei Monaten im Warthegau an. Dort erreichte sie im Winter 1945 erneut die Rote Armee. Die Schwarzmeerdeutschen flüchteten wie die übrigen dort lebenden Deutschen in Flüchtlingstrecks Richtung Westen. Damit teilten sie das Schicksal vieler anderer Heimatvertriebener nach der Flucht in die vier Besatzungszonen auf deutschem Boden. Die Dorfgemeinschaften und teilweise auch die Familienverbände hatten sich aufgelöst. Diejenigen, die nicht nach Westen fliehen konnten und in den Einflussbereich der Roten Armee kamen, wurden von der Sowjetunion vereinnahmt. Diejenigen, die in den Westen fliehen, aber nicht untertauchen konnten, wurden von den Westalliierten (Briten und US-Amerikanern) als Displaced Persons den sowjetischen Militärbehörden ausgeliefert; wenn sie einem der fünf Kriterien der Konferenz von Jalta entsprachen, wurden sie ohne Rücksicht auf ihre individuellen Wünsche zwangsrepatriiert.

In den Augen Josef Stalins galten alle sowjetischen Bürger, die sich während des Zweiten Weltkrieges aus welchen Gründen auch immer zeitweise außerhalb der UdSSR aufgehalten hatten, als „Vaterlandsverräter" und „engste Kollaborateure des Naziregimes" und sollten dementsprechend behandelt werden.

Erika Speth

Quelle: Wikipedia

Karte Asowsches Meer (Quelle: Wikipedia)

Umsiedlung und anschließende Flucht der Familie Rehberg aus Freudental in der Schwarzmeerregion (heute: Ukraine). Lina Neumann geb. Rehberg erzählt am 22. März 2017

Am 21. März 1946 ist in Möckmühl-Schwärzerhof die Familie Rehberg aus Freudental an der Schwarzmeerküste angekommen: die Mutter Mathilde Rehberg geb. Abermitt geb. 1912 und die Kinder Lina geb. 1931, Olga geb. 1936, Eduard geb. 1941.

Freudental „war ein schönes, langes, großes Dorf", erzählt Lina Neumann, im Jahr 2017 ist sie 86 Jahre alt. Der Vater war Verwalter für dieses Dorf, in dem nur Deutsche lebten. Am 9. September 1941 wurde er als letzter verschleppt, alle anderen Deutschen waren zuvor deportiert worden, auch die jungen Männer mit 16 hatten sie schon mitgenommen. „Ab und zu kamen Schafherden durch", erinnert sich Lina Neumann, „Hirten haben Briefe übergeben. Vater hat heimlich Briefe mitgeschickt. Er schrieb: Lasst alles stehen und seid bloß vorsichtig mit den Kindern. Wohin er kam, ist nicht bekannt, vielleicht nach Sibirien oder Kasachstan?" Zwei Tanten, die dort auch im Arbeitslager waren – sie hatten die Bombardierung von Dresden überlebt und waren danach in den Osten verschleppt worden – trafen ihn. Die eine brachte ihm Heringe, die sie kunstvoll in ihren Haaren versteckt hatte. Sie lebten in Erdhöhlen. Im Jahr 1949 starb er an Hunger. Frau Neumann erinnert sich nicht, wo dieses Arbeitslager war. Sie hat ihren Vater nie wieder gesehen.

Woher kamen die Schwarzmeerdeutschen? Man erzählte sich, dass die Vorfahren zur Zeit Katharinas der Großen gekommen seien. Aus Ostpreußen seien sie gekommen, andere auch aus Schwaben, Württemberg.

Nach dem Untergang von Byzanz im Jahre 1453 breitete sich das Osmanische Reich immer weiter nach Norden und Westen in das christlich geprägte Europa aus.
Zu den wichtigsten Gegnern der Osmanen gehörten die Republik Venedig, Ungarn, die Habsburgermonarchie mit dem Heiligen Römischen Reich und Polen-Litauen. Ab dem späten 17. Jahrhundert kam Russland dazu. Die Mehrzahl der „Türken" im Sultanheer waren jedoch nicht die turksprachigen Muslime aus Anatolien, sondern von Beginn an Angehörige der regionalen Bevölkerung (Griechen, Bulgaren, Albaner, Serben, Bosnier, Walachen). Es war nicht notwendig, zum Islam zu konvertieren, um im Osmanischen Reich Karriere zu machen. Die Hilfsvölker der Osmanen waren überwiegend orthodoxe Christen. Die Eroberung Südosteuropas war demnach keine reine Invasion aus Asien,

sondern auch eine Art „Bürgerkrieg" zwischen Anhängern und Gegnern der Osmanen. (Wikipedia Türkenkriege. Alle nachfolgenden Informationen zu den Schwarzmeerdeutschen siehe ebenfalls wikipedia.de)

Die Türkenkriege zogen sich von 1423 bis 1878 hin. Danach waren ganze Landstriche in Europa menschenleer. Die aus Stettin stammende Katharina II., genannt Katharina die Große, Kaiserin von Russland von 1762 bis zu ihrem Tod 1796, siedelte ab 1763 deutsche Bauern an der Wolga an. Seit 1765 wanderten viele Deutsche aus West- und Südwestdeutschland, seit 1789 auch westpreußische Mennoniten in die nördliche Schwarzmeerregion ein. 1871 verloren die eingewanderten Siedler ihre Privilegien, sie wurden den übrigen russischen Bürgern gleichgestellt. Die sechsjährige Wehrpflicht wurde auf alle ausgedehnt. Daraufhin wanderten viele in den Jahren 1871 bis 1915 wieder aus. Auch Verwandte der Rehbergs waren zu der Zeit nach Bochum ausgewandert. Zwar verloren sie durch die Bomben ihr Zuhause, aber die Vertreibung blieb ihnen erspart und die Familie war lange Jahre nach dem Krieg in Kontakt. Als Gründungstag der schwarzmeerdeutschen Kolonien bei Odessa gilt der 17.10.1803. An diesem Tag kaufte Zar Alexander I., Katharinas Enkel und Kaiser von Russland von 1801 bis 1825, Land für die Kolonisten an.

Brigade beim Dreschen (Quelle: Museum für russlanddeutsche Kulturgeschichte, Detmold)

Freudental – Krieg 1941, Frontlinie Unterdorf (Quelle: Museum für russlanddeutsche Kulturgeschichte, Detmold)

Früher hatten die Rehbergs einen eigenen Bauernhof. Nach dem Ersten Weltkrieg übten die Bolschewiki zunehmend Druck auf die wohlhabenden Bauern, die Kulaken, aus und zwangen sie zwischen 1929 und 1933, ihre individuellen Bauernhöfe aufzugeben und sich sozialistischen Großbetrieben *(Kolchosen)* anzuschließen. Bis 1931 wurde die Hälfte der Bauern eingegliedert, bis 1936 fast alle *(Wikipedia)*. So auch der Hof der Rehbergs.

Anfang Oktober 1941 sollte die Familie von den Russen nach Kasachstan geschickt werden. Sie waren schon am Bahnhof. Da sind die Deutschen einmarschiert. Die Frauen und Kinder flüchteten in die weite Schlucht, die unterhalb vom Bahnhof lag, als die Deutschen die Züge bombardierten.

Zwei Tage verbrachten sie in der Schlucht, dann wurden sie herausgeholt. Zu Fuß sind sie die 35 km zurück in ihr Dorf marschiert, Frauen und Kinder. Das Dorf war schon geplündert. „Wir sind Deutsche", schrieben sie auf die Türen. Sie hängten auch die Türen aus, schrieben darauf „Deutsche hier" und stellten sie auf die Straße.

In der Gegend wurde viel Mais angebaut. Einmal schlich ein Mann durch den Mais. Er fragte in schlechtem Russisch: Kann man den Mais auch essen? Darauf antwortete die Großmutter: Sprechen Sie nur deutsch mit uns, wir sind Deutsche, wir sind wieder zurückgekehrt. Vorher hatten sie das Vieh – Ziegen und andere Tiere – losgebunden, damit es sich etwas zu fressen suchen konnte. Sobald ein schwarzer Wagen, „russische Miliz", zu sehen war, liefen die Kinder schnell nach Hause.

Lina Rehberg ist 1931 geboren. 1936 wurden alle deutschen Schulen in der Ukraine geschlossen, deutsche Lehrkräfte wurden verhaftet. Liegt es daran, dass sie nie zur Schule gegangen ist? Sie sagt, sie sollte 1941 eingeschult werden. Im Herbst 1941 kamen die Russen, die Deutschen sollten nach Kasachstan deportiert werden. Ehe es dazu kam, marschierten die Deutschen wieder ein. Ab und zu habe es in dem Dorf deutsche Schulstunden gegeben, berichtet Lina Neumann. Dann seien sie alle verstreut worden. Jetzt geht es heim ins Reich, habe es geheißen.

Als die Wiedereroberung durch die sowjetische Armee drohte, begannen die SS-Dienststellen, die Deutschen in „volksdeutsche Bereiche" umzusiedeln. Deutschstämmige Bauern stellten die Trecks zusammen; sie sollten ins „Altreich" und in den Reichsgau Wartheland gelangen.

Lina Neumann erinnert sich genau an den Tag, es war der 18. Februar 1943. Sie mussten alle ihre Dörfer verlassen. Drei Monate waren sie auf der Flucht. „Wir hatten ja zu Hause auch Pferde. Jede Familie hat einen Wagen gekriegt und da mussten sie drauf. Mit Großmutter und Tanten und dem Kleinen *(dem kleinen Bruder Eduard – ES)* waren alle zusammen auf dem Wagen. Auf jeden Pferdewagen haben die deutschen Männer so viele Menschen wie drauf gingen verteilt" – ein Treck bestand aus mehr als 30 Wagen. Die deutschen Männer, das waren Männer, die von den Russen gefangen genommen worden waren und dann, als die Deutschen wieder die Oberhand hatten, unter deutsche Kontrolle gerieten. Darunter waren auch Verwandte, war ein Cousin von Großmutter, immer zwei bis drei Männer haben sich einem Haushalt angeschlossen. Großmutter hatte einen großen Sack mit Zwieback gebacken und geröstet. Milch ging nicht. Zwei Männer pro Fuhre mussten sich um vier bis fünf Personen kümmern. Als sie nach Polen kamen, klopften sie an die Häuser und bettelten um etwas Milch für die Kleinen. „Die Polen haben große Kessel Kartoffeln gekocht und die Leute und auch die deutschen Soldaten haben davon bekommen. Die Polen unterwegs waren freundlich. Wenn sie sahen, dass es arme Menschen waren, haben sie geteilt, egal ob Pole, Deutscher, Ukrainer, sie haben geteilt."

Deutsche Soldaten begleiteten den Treck und versorgten die Menschen. Sie liefen bei Nacht. Als sie einen Fluss überqueren mussten, durften die Soldaten nicht im Gleichschritt über die Brücke marschieren, sie mussten trappeln, damit die Brücke nicht einbrach. Morgens kamen sie an einen Waggon, dort haben Schwestern Kaffee verteilt und Frühstück. Die Schwestern schnitten die Wurst schräg an, das beeindruckte das Kind Lina sehr. Frauen und Kinder wurden schließlich auf große Wagen verladen und auf die Fähre gebracht, der Fluss, der Dnjepr, war vereist. Gefangene, russische und deutsche, seien ins Wasser geworfen worden, hingen über den Eisschollen. Am nächsten Tag wurden die Pferde herübergebracht. Irgendwann waren keine Pferde mehr da. Mit dem Zug fuhren sie weiter Richtung Lemberg. Unterwegs passierten sie eine Wehrmachtsküche, wo sie eine warme Suppe bekamen.

Lina Neumann erinnert sich an ein Weihnachten, irgendwo in Polen. Sie waren in Häusern untergebracht. Alle hatten ein Zimmer. Es gab Gasheizung und Licht. HJ war da. Sie haben Lieder gesungen. Lina wollte ein Feuer machen. Sie hielt ein Streichholz an den großen runden Ofen, der explodierte. Das Mädchen stand in Flammen. Die Kleider brannten. Gesicht und Arme waren verbrannt. Zum Glück waren deutsche Soldaten da, die sie versorgten.

Nachforschungen haben ergeben, dass die Familie Rehberg in Gelsendorf untergebracht war. Gelsendorf wurde 1784 als deutsche Stammsiedlung gegründet. Mit der Entdeckung und Förderung von Erdgas im Jahre 1921 wurde Gelsendorf eine der reichsten Gemeinden Galiziens. Gasleitungen wurden in die Häuser verlegt, jeder Haushalt erhielt Erdgas für einen Kochherd, drei Öfen sowie für Licht. Heute heißt Gelsendorf Sahirne.

Sie mussten weiter. Ein Rot-Kreuz-Fahrzeug begleitete den Treck, und ihr verbrannter Arm wurde unterwegs immer wieder schnell verbunden. Und weiter. Bei Lemberg seien sie acht Monate geblieben. Dann kamen die Russen und sie mussten wieder fort. „Wir sind Richtung Katscher – Ratibor – Troppau gefahren und mussten dort bleiben", erinnert sich Lina Neumann. In Katscher waren sie in einem Hotel in einem großen Saal untergebracht. Später lebten sie in dem Dorf Groitsch bei Fulnek *(in der Tschechoslowakei, ca. 30 km von Troppau entfernt)* auf einem Bauernhof, bis sie wieder fort mussten. Durch das Sudetenland. Sie versteckten sich im Wald und liefen in der Nacht. Zuletzt liefen sie auf einer Straße bis nach Bayern. Immer nachts. Jemand sagte, sie sollten nach Ronsperg *(im Bezirk Bischofteinitz)* gehen. Sie wollten nicht nach Ronsperg. Das lag im Sudetenland. Dort waren schon die Russen. Sie wollten nach Bayern. Dort waren die Amerikaner. Man hörte sie schon. Am 9. Mai 1945 erreichten sie Schönsee. In Bayern. Ganz knapp hinter der tschechoslowakischen Grenze. Bauern aus dem Dorf fuhren sie auf einem Fuhrwerk landeinwärts und lieferten sie an einer Schule oder einer Scheune ab. Manche waren am Ende ihrer Kräfte und starben. Zwei Kinder mussten sie beerdigen. Sie wurden in Rötenbach bei Weiden in der Oberpfalz untergebracht. In Kohlberg wurde Lina Rehberg konfirmiert. Von Verwandten hörten sie von Züttlingen. Diese hatten in der

Zuckerfabrik Arbeit bekommen und wohnten in Baracken. Die Verwandten versuchten immer zusammen zu bleiben. Einige haben in Züttlingen Arbeit gefunden. Manche sind von Bad Wimpfen nach Züttlingen gelaufen, da die Bahn nicht weiter fuhr. Auch auf dem Schwärzerhof wurden Arbeiter gesucht. Graf Lüttichau war allein auf dem Hof. Ein Sohn war gefallen, ein anderer noch im Krieg. Von 1946 bis 1956 wohnten sie auf dem Schwärzerhof, bis sie bauten. Lina arbeitete im Haushalt des Stadtpfarrers Gauger in Möckmühl. Beim Stadtpfarrer wohnten noch ein Bruder und die Schwiegermutter. Unter dem Dach wohnten Julie Hellmann, Hermann Hesses Muse „Lulu", und ihre Schwester Sophie.

In die Schule konnte sie nicht gehen. Lina Rehberg arbeitete immer im Haushalt. Für Bauernmädchen gab es in Böckingen die Winterschule, an der sie nicht teilnehmen durfte, weil sie kein Bauernmädchen war. In Möckmühl gab es die Kochschule, und der Graf *(Lüttichau)* bezahlte 2,60 DM für den Nachmittag, damit sie nicht hingehen musste. Er meldete sie als Landarbeiterin an, und so konnte sie zwei Winter in die Schule nach Böckingen gehen. Im Sommer musste sie in der Landwirtschaft arbeiten. Auch Berta, Adolf und Irma Schütz mit Mutter und Großmutter waren dort. Sie kamen aus einem Dorf und wollten zusammenbleiben. Sie kamen mit dem Treck Deloch aus Possnitz, Oberschlesien, nach Schwärzerhof.

Dr. Laible und die Pfarrers wurden alle von den Bauern mitversorgt, und so kam es, dass Lina zweimal die Woche nach Siegelbach zum Milchholen ging. Dort lernte sie ihren späteren Mann Gerold Neumann kennen. Neumann kam über einen Kriegskameraden, den er aus der französischen Gefangenschaft kannte, nach Siegelbach, wo er als Knecht bei Gerhard Kaiser arbeitete. Später arbeitete er kurz auf dem Schwärzerhof, dann eine Kampagne in der Zuckerfabrik und kam über Herrn Pintschka in die Agria. Herr Engel war sein Vorgesetzter. Damals wurde samstags noch gearbeitet, und Gerold Neumann fragte seinen Chef, ob er am Samstag frei haben könne (28.06.1947). „Zwei Wochen hier und schon frei haben", entgegnete Herr Engel. Ja, er wolle heiraten. Dann könne er frei haben. Neumann blieb 45 Jahre in der Agria. Seit siebzig Jahren sind die Neumanns nun verheiratet. Sie haben drei Töchter. Anita ist auf dem Schwärzerhof geboren, Brigitte und Regina in Möckmühl.

Verschriftlicht von Erika Speth
im April 2017

Umsiedlung und anschließende Flucht der Familie Schütz aus Freudental in der Schwarzmeerregion (heute: Ukraine)

Es sind schon viele Jahre vergangen, seit ich begonnen habe darüber nachzudenken, meine eigene Geschichte aufzuschreiben, damit sich meine Kinder ein Bild davon machen können, wo ich herstamme. Ich wusste nicht, wo und wie ich anfangen sollte und schob es immer wieder auf. Selbst jetzt zögere ich noch, aber die Zeit schreitet voran und wir wissen nicht, wie viel uns noch bleibt, so etwas zu erledigen. Oft wache ich in den frühen Morgenstunden auf, wenn meine Gedanken in die Ferne schweifen und überlege, wie ich anfangen könnte.

Heute ist der 16. Mai 1985. Ich höre die Vögel in den Bäumen vor unserem Haus zwitschern, und das versetzt mich viele Jahre zurück, in das Jahr 1945, nach dem 2. Weltkrieg, in eine Zeit, in der ich mit meiner Familie auf dem Gut „Schwärzerhof" in Deutschland lebte, umgeben von Wald.

Ich lebe seit 1953 in Kanada, aber erst im letzten Jahrzehnt passierte es mir immer häufiger, dass meine Gedanken in die Vergangenheit schweiften und ich an Bruder, Schwester und viele Freunde dachte. Meine Mutter starb 1979, sie war 74 Jahre alt und es war für uns alle ein Schock. Sie war zierlich und sehr aktiv. Sie lebte in der Familie meiner Schwester Irma und kümmerte sich um die Kinder, da Irma ganztags arbeitete.

Geboren wurde ich am 23. März 1931 als Berta Schütz in Reichenfeld in der Ukraine, einer kleinen deutschen Stadt in der Nähe von Mariupol, nicht weit vom Asowschen Meer, einem Nebenmeer des Schwarzen Meeres. Unsere Vorfahren kamen vermutlich aus Ostpreußen, zur Zeit von Katharina der Großen, die sie mit landwirtschaftlichen Flächen angeworben hatte. Deutschland konnte kein Ackerland zur Verfügung stellen, es war ziemlich dicht bevölkert. Die Menschen stürzten sich auf die Gelegenheit, Grund und Boden zu erwerben, egal wo. Es gab Dutzende Gemeinden mit Volksdeutschen in unserer Gegend, wie den Bezirk Wolhynien, etwas weiter von uns entfernt. Unsere Eltern waren Emilie geb. Siebert und Eduard Schütz. Sie hatten sechs Kinder, aber nur wir drei überlebten: Mein älterer Bruder Adolf (geb.10.03.1929), meine jüngere Schwester Irma (geb. 21.04.1935), deren Zwillingsschwester eine Woche nach der Geburt gestorben war und ich. Einer der Brüder starb mit sieben Jahren an einer Kinderkrankheit, der andere im Säuglingsalter.

Wir lebten in Freudental / Ukraine und mein Vater war bei der Kollektivverwaltung beschäftigt, bis er und viele andere plötzlich im März 1937 von uns genommen wurde. Den Grund kann man nur vermuten. Einige Leute glaubten, aus Glaubens-

Kollektivbauern beim Dreschen (Quelle: Museum für russlanddeutsche Kulturgeschichte, Detmold)

gründen oder wegen des Krieges, der sich in Deutschland zusammenbraute. Eines Tages kam ein Fahrzeug mit zwei Männern und sie nahmen meinen Vater und einen anderen Mann aus der Stadt mit und brachten sie in ein Gefängnis. Sie stellten das ganze Haus auf den Kopf und fuhren dann weg, meine Mutter weinend zurücklassend. In Freudental wurde ich 10 Jahre alt. Meine Großeltern wohnten auch dort, ebenso wie viele Verwandte. Meine Großeltern waren Maria geborene Wöhrle (geb. 1881) und Heinrich Siebert. Wir verbrachten viel Zeit bei ihnen mit vielen unserer Vettern und Kusinen von Mutters Seite. Meine Mutter Emilie hatte drei Brüder, die mit ihren Familien am Ort lebten und eine Schwester, die mit ihrer Familie 8 km entfernt wohnte. Großvater war Landwirt, während Großmutter, die eine recht gute Ausbildung genossen hatte, viele Dinge in der Stadt unternahm. Großvater besaß viel Land, bis es ihm die Kommunisten 1930 wegnahmen. Mein Vater stammte aus Friedrichsthal und später nahm er mich einige Male dorthin mit, um seine Eltern zu besuchen. Aber ich kann mich eigentlich gar nicht an sie erinnern. Ich erinnere mich nur daran, mit Vater auf dem Fahrrad auf einem Feldweg gefahren zu sein.

Die Sieberts waren eine große Familie mit sieben Kindern, aber zwei starben jung. Ich kann mich daran erinnern, dass wir uns dort alle zu besonderen Anlässen trafen. Mein Großvater starb 1934 und Großmutter führte das Anwesen oder was davon übriggeblieben war, für eine Weile mit Hilfe ihrer Söhne weiter, aber die mussten sich um ihren eigenen Besitz kümmern. Meine Mutter hatte zwei ältere Brüder, Theodor und Rudolf und eine jüngere Schwester, Olga, und Bruder Otto. 1939 verkaufte Großmutter das Anwesen und ließ sich in der Stadt ein Haus bauen, wo sie zusammen mit ihrem jüngsten Sohn lebte. Es gab dort einen großen Hof mit vielen verschiedenen Obstbäumen, einen großen Garten und etwas Land. Wir bauten Felder mit Wassermelonen und Zuckermelonen an. Die Temperaturen waren extrem und schwankten zwischen plus 30° C im Sommer und minus 20–30° C oder darunter im Winter. An einem heißen, sonnigen Tag wurde es plötzlich stockfinster und der Himmel schien auf uns herabzustürzen. Der Sturm, der folgte, fegte viele Dächer weg, kippte Wagen um und trug ganze Heuschober weit weg. Ich erinnere mich an Abende, an denen ich auf der Treppe vor dem Haus saß und dem Zug in der Ferne lauschte. Großmutter hatte immer Geschichten parat, die der Zug erzählte, wenn er vorbei dampfte und die guten Sachen aus der großen Stadt mitbrachte. Meine Mutter besuchte Vater einige Male im Gefängnis, aber es regte sie nur auf, ihn zu sehen, da sie dort Schwerstarbeit leisten mussten.

Im Spätsommer 1942, als Deutschland Krieg gegen Russland führte, sollten alle Deutschen umgesiedelt werden. Zuerst brachten sie alle Männer von 16 – 60 Jahren in ein Arbeitslager und danach wurden die Familien verfrachtet. Meistens wurden sie zum nächsten Bahnhof gebracht, in Züge gesetzt und nach Sibirien geschickt. Einige Züge, so hörten wir, wurden mit Gas besprüht und angezündet, als sie mit hoher Geschwindigkeit fuhren. In unserer Stadt kam ein Mann mit einem Pferdefuhrwerk zu jeder Familie. Man lud so viel man konnte auf, der Rest blieb zurück. Wir mussten ca. 35 km fahren und es wurde ziemlich bald dunkel. Meine Großmutter fragte, ob wir nicht eine Weile anhalten könnten, da wir nicht sehen konnten, wohin wir fuhren. Wir hielten bei einem Heuschober an und plötzlich erhellte sich der Himmel, als ob er brenne. Selbst unser Fahrer wusste nicht, was er davon halten sollte. Sobald es hell wurde, setzten wir unseren Weg fort und fanden bald heraus, dass der ganze Bahnhof ausgebrannt war. Die sieben Getreidespeicher schwelten immer noch, als wir an einer Halle abgeladen wurden, wo auch einige Bewohner aus unserer Stadt waren und jemand erzählte Großmutter, dass ihre jüngere Tochter Olga in der Nähe des Bahnhofs war und in der vergangenen Nacht entbunden hatte. Aber wir konnten nicht zu ihr gelangen.

Da nun die Deutschen das Sagen hatten, wollten sie, dass wir in unsere Städte zurückkehrten. Aber wir hatten keine Transportmittel und sie halfen uns nicht. Wir waren zu fünft – meine Großmutter, Mutter, Bruder, Schwester und ich. Meine Mutter war etwa 37, mein Bruder 12, ich war 10 und meine Schwester war 6 Jahre alt. So beschloss meine Mutter, dass sie und Adolf zurücklaufen und versuchen würden, ob sie Pferde und einen Wagen auftreiben könnten.

In die Stadt zurückgekehrt, trafen sie andere Leute, die das gleiche Ziel hatten und so schlossen sie sich zusammen und brachten uns wieder nach Hause, eine Familie nach der anderen. Meine Großmutter hatte viele ukrainische Freunde in der Stadt und als sie hörten, dass wir zurückgekehrt waren, gaben sie ihr alle ihr Eigentum zurück, das sie aus dem Haus geholt hatten und wir zogen bei ihr ein. Inzwischen waren die deutschen Soldaten überall und sie nahmen sich alles, was ihnen gefiel, einschließlich junger Frauen – bis sie meine Großmutter trafen. Maria Siebert war eine kultivierte Frau und als sie sah, wie diese Männer ihre Freunde und deren Familien behandelten, suchte sie den befehlshabenden Offizier auf. Sie machte ihm klar, dass sie ihnen das nicht durchgehen lassen würde und wenn sie etwas zu essen benötigten, sollten sie sich an sie wenden.

Wir Kinder gingen nach einer Weile wieder in die Schule und lernten Deutsch, lesen, schreiben und Weihnachtslieder. Am Anfang, in Klasse 1, hatten wir nur russisch gelernt. Zuvor hatten wir zu Hause nur plattdeutsch gesprochen und in der Schule nur russisch. Indessen, Anfang des Jahres 1943 wurden die Deutschen zurückgedrängt und sie bestanden darauf, dass die Bevölkerung ins „Vaterland" mitginge. Wieder packten wir unsere Sachen und luden sie auf einen Schlitten, da es Februar war und viel Schnee lag. Da wir jedoch Richtung Westen fuhren, wurde es immer schwieriger und bald brauchten wir Räder. Großmutter machte einen Handel mit einem Russen und tauschte den Schlitten gegen einen Wagen ein. Mittlerweile gerieten wir zwischen die Fronten und saßen zwischen zwei Hügeln in der Falle, während sie sich gegenseitig beschossen. Ein paar Tage später wurden wir alle in einen Zug verfrachtet und fuhren westwärts nach Polen, wo ich meinen 12. Geburtstag beging. Wir hielten an verschiedenen Orten an, wo sie Suppenküchen eingerichtet hatten und jeder stand in der Schlange um eine Mahlzeit an und manche verpassten den Zug, wie mein Vetter Alex. Oh, wie sich seine Mutter Sorgen machte, bis er uns ein paar Tage später wieder einholte. Ich bin mir sicher, es war eine schwere Zeit für alle Mütter und Großmütter, monatelang in den Waggons und Zügen zu leben.

Es war im Mai 1943, als wir den Zug verlassen mussten in einer polnischen Stadt, mit dem deutsch klingenden Namen Gelsendorf. Dort wurde uns allen ein Haus zugewiesen, da die ganze Stadt menschenleer war. Unser Haus hatte einen herrlichen Rosengarten, eine Obstwiese und ein recht großes Stück Land. Wir arbeiteten im Garten und bauten Gemüse an, als ob uns das Anwesen gehörte. Ein Lattenzaun umgab den Rosengarten, sehr hübsch. Sie brachten uns sogar einige Tiere und bald hatten wir unsere eigenen Eier, Hühner und eine Kuh, die Milch gab. Meine Großmutter war in ihrem Element – sie holte sonntags alle in unser Haus. Es wurde aus der Bibel vorgelesen und Kirchenlieder gesungen. Sie versammelte alle Kinder, die noch nicht getauft waren, einschließlich mich. Sie lud sie mitsamt ihren Familien ein zu kommen und sich taufen zu lassen und sie machte es perfekt. Sie ließ einen Pfarrer aus der Stadt kommen. Jeden Samstag fegten die Leute die Straße vor ihren Höfen. Und wir gingen wieder in die Schule. Im Sommer machten wir Sport mit unseren neuen Hitler-Jugend-Führern. Ja, auch wir hatten sie. Meine Großmutter bemühte sich eifrig, ihre Tochter Olga mit ihren fünf Kindern über das Rote Kreuz zu finden und hatte Erfolg.

Schon bald zogen sie zu uns und obwohl wir nicht immer nur eine große, glückliche Familie waren, hatten wir doch viel Spaß mit diesen Vettern und Kusinen. Was die Hitler-Jugend-Bewegung betrifft: Wir hatten einen Führer und eine Führerin. Meistens machten wir etwas gemeinsam, aber manchmal trafen sich die Jungen allein. Keinesfalls wurden uns aber Dinge beigebracht, wie man es heute oft im Fernsehen sieht. Ja, wir marschierten und wanderten, wir lernten Lieder und vieles andere, wie z. B. etwas über Blumen und Vögel und über den Muttertag, von dem wir vorher nie etwas gehört hatten. Das schönste waren die Weihnachtsprogramme, die sie mit uns für die ganze Stadt veranstalteten. Noch heute, nach mehr als 42 Jahren, erinnere ich mich an die Gesichter und die schöne Zeit, die wir hatten. Es war ganz ähnlich wie bei unseren Kindern, die zu den Pfadfindern, zu den Brownies *(Mädchen von 7–8 Jahren)* oder Guides *(Mädchen von 9–11 Jahren)* gingen. Nur mein Bruder beteiligte sich nie an irgendetwas, so sehr sie auch versuchten, ihn dazu zu bewegen. Sie drohten sogar damit, ihn zu erschießen oder ins Gefängnis zu bringen! Dies war das beste Zuhause, das wir je hatten, denn es gab sogar Erdgas zum Heizen und fürs Licht, es war Zauberei. Aber eines der Kinder verbrannte sich schwer, als es das Gas aufdrehte und dann ein Streichholz daranhielt.

Bald nach Neujahr 1944 sprach man vom Durchbrechen der Russen hie und da und von Evakuierung. Nun, im März 1944 mussten wir wieder alles zurücklassen, zusammenpacken, was wir tragen konnten und uns auf die Socken machen. Wir wurden zu dem Bahnhof gebracht, an dem wir vor einem Jahr angekommen waren, mussten wieder einsteigen, um ins Deutsche Reich hinein befördert zu werden. Gleich nach der Grenze, in der Region die „Oberschlesien" hieß, wurden wir in der Stadt Katscher ausgeladen und in ein Lichtspieltheater gebracht, das schon recht gut belegt war. Jeder lag auf Stroh auf dem Fußboden, ohne jegliche Abgrenzung. Es dauerte nicht lange, bis wir alle von Flöhen und Läusen geplagt wurden. Ich war gerade dreizehn geworden und mit meinen Kusinen gingen wir oft in der Stadt herum oder zum Karussell und wir blieben fast zwei Monate dort. Einige meiner älteren Vettern und Kusinen wurden auf Bauernhöfe zum Arbeiten geholt, aber die Familien mit kleinen Kindern blieben viele Monate lang in dem Kino.

Meine Familie wurde dann von Herrn Deloch aus Possnitz ausgewählt, auf sein großes Gut, etwa 15 km von Katscher entfernt, zu kommen (*ca. Juni 1944*) und wir mussten Tante Olga mit ihren fünf Kindern zurücklassen, die Älteste war erst zwölf Jahre alt. Aber meine Großmutter kam mit uns mit. Wir bekamen eine hübsche

Wohnung mit einer großen Küche und Wohnzimmer unten und zwei Schlafzimmern oben. Mutter und Adolf fingen bald an zu arbeiten und Großmutter kochte und führte den Haushalt. Irma und ich gingen in die Schule. Bald hatten wir es wieder hübsch und gemütlich. Großmutter sprach viel über Tante Olga und ihre fünf Kinder, aber wir konnten sie nicht hierher holen und es gab keine Möglichkeit, sie zu besuchen, außer man ging zu Fuß. Es gab keinen Postdienst und wir bekamen keine Briefe von ihnen. Wir wussten, dass sie genug zu essen hatten, aber Großmutter schickte ihnen trotzdem Sachen über Leute, die sie kannte. Natürlich hatten wir wieder genügend. Gelegentlich musste ich samstags arbeiten während der Heuernte und in den Sommerferien. Unser Schulunterricht wurde manchmal von Sirenen unterbrochen. Ich weigerte mich, in den Keller zu gehen, sondern rannte die Straße hinunter und versteckte mich in einem Graben. Wir verlebten Weihnachten mit unseren neuen Freunden und sahen das neue Jahr 1945 anbrechen. Und die Front rückte auch wieder näher. Man sprach davon, Frauen und Kinder vorab in Sicherheit zu bringen. Herr Deloch schickte sogar seine Familie in Sicherheit und blieb zurück. Aber die Front bewegte sich eine Weile vorwärts und rückwärts und seine Familie kehrte wieder zurück.

Großmutter war sehr in Sorge um Olga. Anfang März wurde beschlossen, dass ich nach Katscher gehen sollte, um mich nach ihr zu erkundigen. Ich war fast vierzehn Jahre alt und müsste das für Großmutter tun können. Früh am Morgen des 15. März 1945 ging ich los. Es lagen noch 30 – 60 cm Schnee auf den Feldern und auf den Straßen war er festgefahren. Es waren nur etwa 15 Kilometer und nachdem ich etwa zwei Kilometer gelaufen war, hielten ein Mann und eine Frau aus der nächsten Stadt mit dem Schlitten an und boten mir an mitzufahren (auf den Kufen des für zwei Personen konzipierten Schlittens stehend), was ich dankend annahm. Es war kalt und ich blickte auf den dichten Wald, da ich gehört hatte, dass dort feindliche Fallschirmspringer landen würden. Als wir nach Katscher kamen, bat ich die freundlichen Leute, mich bei dem Hof absteigen zu lassen, wo meine Vettern arbeiteten. Sie hatten auf dem Dachboden der Scheune gelebt, aber keiner war mehr da, nur mein Vetter Waldimar Siebert und ein anderer Junge. Sie waren sehr überrascht, mich zu sehen und fragten, was ich da wolle. Als ich ihnen erzählte, dass ich mich nach Tante Olga erkundigen sollte, sagte Waldi, dass sie alle vor ein paar Tagen weggebracht wurden und ich sollte besser wieder nach Hause gehen, um nicht von meiner Familie zurückgelassen zu werden. Nun hatte ich richtig Angst.

Ich ging zum Filmtheater, aber es war leer. Ich kam an ein paar anderen Kinos vorbei, die immer noch Filme zeigten, schaute auf die Bilder, überlegte aber, was ich nun tun sollte. Obwohl ich wusste, dass es bald dunkel würde, hatte ich keine Wahl. Ich fürchtete mich vor der Dunkelheit, begann aber zu gehen. Meine Füße waren eiskalt, der Schnee knirschte unter meinen Schuhen. Ich begann zu rennen, damit es mir warm würde und die Tränen rannen mir übers Gesicht. Als ich an den Stadtrand kam, sah ich eine Kolonne Soldaten am Straßenrand, auf Pferden, Wagen, einige zu Fuß. Ich hoffte, sie würden losgehen, so dass ich mit ihnen laufen könnte. Dann rief mich einer dieser Burschen zu sich und fragte, ob ich wisse, wie weit es bis zu einer gewissen Stadt sei und in welche Richtung sie liege. Als ich ihm erklärte, dass ich in diese Richtung unterwegs sei, sagte er, ich solle mich auf den ersten Wagen setzen. Es war etwa die Hälfte der Strecke, aber das war in Ordnung. Einer der Männer fragte mich, warum ich in dieser Kälte draußen wäre. So erzählte ich ihm meine Geschichte und er gab sie an den befehlshabenden Offizier weiter. Als wir ankamen, fanden sie bald einen Platz, wo ich übernachten konnte und der Offizier sagte der netten Dame, mir etwas zum Essen zu machen und mir ein Bett zu geben, da ich früh am nächsten Morgen weiter müsse und sie tat das. Ich kann mich nicht erinnern, was ich gegessen habe, aber ich schäme mich zu sagen, dass ich in dieser Nacht ins Bett machte. So stand ich morgens sehr früh auf und ging fort.

Es war sehr kalt und es lag noch viel Schnee, als ich an dem Wald vorbeikam, vor dem ich mich so fürchtete. Sogar der Soldat hatte mir gesagt, ich solle so schnell wie möglich nach Hause gehen, sonst würde ich vielleicht meine Familie verpassen. Als ich den Wald passiert hatte, kam ich an die Ecke, wo man mich tags zuvor mitgenommen hatte. Ich blickte nach links und konnte weit über die weiße Fläche schauen. Dabei bemerkte ich eine andere Kolonne Soldaten, die auf mich zu marschierten. Ich wechselte auf die andere Straßenseite und lief weiter, nicht wissend ob sie Freund oder Feind waren.

An der nächsten Kreuzung lief ich den halben Kilometer in die Stadt hinein, um zu fragen, ob sie etwas von Evakuierungen gehört hätten. Nein, sie hatten nicht. Da es keine Abkürzung gab, musste ich den halben Kilometer zurückgehen bis zur Kreuzung und nochmal zwei Kilometer laufen. Ich rannte mehr als ich ging und hielt Ausschau nach Personen, die sich bewegten. Ich war fast schon am Tor, als ich meine Mutter erblickte, die auf und ab ging und auf mich wartete. Wir weinten beide und lagen uns in den Armen und selbst Großmutter war erleichtert, dass ich wieder da war, wenn ich auch nicht viel in Erfahrung gebracht hatte. Ich ging noch ein paar Tage in die Schule.

Es gab viele Luftangriffe und ich rannte die Straße entlang und versuchte, mich im Gebüsch zu verstecken. Sie schossen mit Maschinengewehren auf mich. So auch an dem Tag, als wir in einer benachbarten Stadt ein Sportfest hatten. Wir trafen uns alle auf einem Feld und bevor es richtig losging, begannen die Sirenen zu heulen und im Nu waren die Flugzeuge über uns. Wir rannten in alle Richtungen davon und versteckten uns in Gebüschen, Gräben und Scheunen. Drei von uns rannten die Straße entlang in Richtung unseres Wohnortes, als sie uns verfolgten. Wir warfen uns auf dem Weg zu einer Feldscheune zu Boden. Die Schüsse verfehlten uns, setzten aber die Scheune in Brand. Nach dem Angriff setzten wir unseren Heimweg fort und überlegten, welchen wir wählen sollten. Ich feierte meinen vierzehnten Geburtstag und die Stadt war voller Soldaten, selbst einige Gefangene wurden in der Stadt festgehalten. Man brachte sie hinaus aufs Land, um auf den Feldern zu arbeiten – mit Ketten um die Knöchel.

Eines Nachts trug ein Wirbelsturm das Dach unseres Hauses weg und alles, was auf dem Dachboden aufbewahrt wurde. Männer versuchten, die Haustür zuzuhalten, ohne Erfolg. Vier Familien wohnten in diesem Haus.

Eine Woche nachdem ich aus Katscher zurückgekehrt war, traf Herr Deloch Vorbereitungen. Zwölf Fuhrwerke (*Kastenwagen*) wurden hergerichtet und der Bulldog mit zwei Anhängern. Seine Familie war noch da und sie wollten mit „ihren Leuten", wie er uns nannte, zusammenbleiben. Mein Bruder sollte das Fuhrwerk mit der Familie lenken. Herr und Frau Deloch wollten mit dem Einspänner den Treck anführen. Vier von uns Mädchen gab er Fahrräder, um vorauszufahren zu können und nach Orten Ausschau zu halten, an denen wir die Nacht verbringen könnten. Die Anhänger und Fuhrwerke waren überdacht und wir waren bereit, am 25. März 1945 abzufahren. Es dauerte ein paar Tage, bis alles funktionierte und wir mussten immer weiter. Zunächst fuhren wir immer nach Westen.

Als wir in Possnitz lebten, ungefähr zehn Monate lang, gab es viele Tage, an denen die Schule nur ein paar Stunden dauerte. Sobald die Sirene ertönte, begab sich alles in den Keller, aber ich lief immer ins Freie. Einmal kam ein Mädchen, das auch auf dem Gut lebte, mit mir. Wir rannten den halben Kilometer zwischen dem Dorf und dem Gut, aber die Flugzeuge folgten uns und schossen auf uns. Ein anderes Mal war meine Mutter auf dem Feld, Unkraut hacken und Rüben vereinzeln, wo ich sie nach Schulende aufsuchte. Als die Flugzeuge kamen, sahen sie wie silberne Vögel am Himmel aus, so hoch, man musste genau hinschauen, wenn man die Sirene hörte und das Brummen der Motoren. Plötzlich hörte ich ein pfeifendes Geräusch, wie von einer fallenden Bombe. Ich packte meine Mutter am Arm und zog sie ins Gebüsch, vielleicht fünfzig Meter entfernt, als die Bombe am anderen Ende des Felds einschlug. Viele Bomben fielen weiter entfernt auf die Stadt.

Ich fand neue Freunde in der Schule und auf dem Gut und weitere, nachdem wir es verlassen hatten und zusammen unterwegs waren, wie eine große Familie. Die Strecke, die wir zurücklegten, ist nicht ganz klar, aber ich weiß, es ging nach Westen und entlang der tschechischen Grenze. Immer wenn wir auf der Suche nach einem Ort waren, wo wir die Nacht verbringen könnten, fuhren wir vier voraus um herauszufinden, wo der Bürgermeister wohnte und vereinbarten, dass er sich nach dessen Ankunft mit Herrn Deloch traf. Der Bürgermeister brachte uns dann zu einem geeigneten Platz, auf dem wir alle die Nacht verbringen konnten und sorgte für Essen und Trinken für unsere Leute und unsere Pferde.

Einmal fuhren wir durch einen herrlichen Wald. Als wir eine Lichtung erreichten, sahen wir einen hübschen See und einen anderen Treck weiter voraus. Wir waren fast dort, als der Himmel plötzlich voller Flugzeuge war und als wir die Leute vor uns erreichten, begannen sie auf uns zu schießen. Wir hielten die Pferde an und rannten zu der kleinen Stadt in der Nähe. Die meisten Leute versteckten sich in Häusern mit Bunkern, aber ich nicht. Ich rannte von einer Seite des Hauses auf die andere und versteckte mich vor den Flugzeugen. Jeder rannte in eine andere Richtung und ich verlor meine Familie aus den Augen. Aber ich sah, dass der Wagen, von dem ich glaubte, dass mein Bruder ihn lenkte, beschossen wurde und die Pferde umfielen. Ich rannte die Straße hinunter und rief Adolfs Namen, weil ich glaubte, er hätte sich im Gebüsch versteckt. Es war nicht sein Wagen. Als alles vorbei war und wir zu unseren Fuhrwerken zurückgingen, kamen wir an den anderen Leuten vorbei. Ein Wagen war ziemlich zerstört, die Frau hatte einen Schuss durch den Mund bekommen und der Kiefer hing heraus. Wir hatten zwei Pferde verloren und mussten einen Wagen zurücklassen und die Habseligkeiten anderweitig unterbringen.

So verbrachten wir etwa zwei Monate, legten jeden Tag einige Kilometer zurück und wurden fast jeden Tag angegriffen. Vermutlich hatten wir Glück, denn keiner kam zu Tode. Das Schießen wurde jedoch schlimmer, immer mehr Menschen wurden unterwegs getötet. In einer kleinen Stadt wurden wir von einem amerikanischen Jeep mit vier Männern empfangen. Sie hielten die Hände hoch und sagten: „Halt, nicht weiterfahren". Wir wurden zu einer Schule geleitet, die bereits ziemlich belegt war, wo es aber noch einige leere Stockbetten gab. Die Fuhrwerke und Pferde wurden zu einer alten Brauerei etwa 1 ½ Kilometer entfernt gebracht und mein Bruder blieb dort, um sie zu füttern und zu versorgen. In der Schule hingen wir Decken um die Stockbetten, um etwas Privatsphäre für jede Familie zu schaffen. Zwischen dem Stadtrand und der Brauerei lag ein großes Feld und bald verwandelte es sich in ein recht großes Kriegsgefangenenlager. Sie stellten Zelte auf und Plumpsklos und umgaben alles mit einem Zaun. Wir kamen oft vorbei, da wir zu meinem Bruder bei der Brauerei gehen mussten, um ihm das Essen zu bringen. Wir Mädchen halfen Adolf die Pferde zu versorgen und so lernten wir unterwegs bald einige der Männer kennen. Wir unterhielten uns mit ihnen über den Zaun, bis es ihnen verboten wurde, mit uns zu reden. Nach einiger Zeit wurde die Lage richtig schlimm und Männer erhängten oder erschossen sich. Einige konnten die Demütigungen einfach nicht ertragen. Jedenfalls endete der Krieg in diesem Mai 1945.

In dieser Kleinstadt im Sudetenland, wo wir in der Schule wohnten, hatten die Amerikaner das Kommando übernommen. Sie hatten ihr Hauptquartier nur einen Häuserblock von der Schule entfernt gegenüber der Straße mit dem Kriegsgefangenen-Lager eingerichtet, das sprunghaft anwuchs. Das ganze Lager war von einem Zaun umgeben und wir mussten zwei Kilometer darum herumgehen, um zu der

Scheune zu gelangen und meinem Bruder bei den Pferden zu helfen. Eines von uns Mädchen, Elisabeth, bekam eine Arbeit im amerikanischen Offiziersquartier und hörte zufällig, wie die Männer mit dem Bürgermeister ihre Pläne diskutierten, sich aus diesem Gebiet zurückzuziehen, da es eigentlich den Tschechen gehöre und die Russen einziehen würden. Als sie Herrn Deloch darüber berichtete, vergeudete er keine Zeit und suchte alle wichtigen Personen auf, um uns dort heraus zu bekommen. Elisabeth hatte gesagt „in ein paar Tagen", das war nicht viel Zeit, aber Deloch gelang es, eine Genehmigung zu erhalten, so dass wir schon am nächsten Tag abfahren konnten.

Jeder musste sein Fuhrwerk bis sechs Uhr morgens fertig beladen haben. Wir hatten die Erlaubnis, dass jede Stunde zwei Fahrzeuge abfahren. Der Traktor sollte der letzte sein, da er die nötige Geschwindigkeit hatte, die anderen bald einzuholen. Unser Wagen war einer der ersten mit dem Wagen von Delochs, da Adolf ihn kutschierte. Meine Großmutter und meine Schwester durften fahren, während meine Mutter und ich jeden Tag zu Fuß gingen. Es ging auf Ende Mai zu und das Wetter war ganz schön.

Wir hielten in einer kleinen Stadt an. Der Bürgermeister erlaubte uns, auf einem Feld nahe der Straße zu kampieren und die Ankunft der anderen Wagen abzuwarten. Einer nach dem anderen kamen sie und alle schafften es die Berge hinauf, ohne feindlichen Fahrzeugen zu begegnen. Ich weiß nicht mehr wie, aber die Nachricht erreichte uns, dass die Amerikaner kurz vor 18 Uhr an diesem Tag abgerückt waren. Das war die Zeit, zu der unser Traktor losfahren sollte und die Russen waren schon da und hielten ihn zurück. Einige Familien wurden getrennt, da ältere Leute und kleine Kinder auf dem Anhänger fuhren, während Jugendliche und Erwachsene mit den Fuhrwerken laufen mussten. Es blieb uns keine Wahl, wir mussten weiterfahren, wir konnten nicht umkehren und Deloch versprach, dass er versuchen würde, sie dort rauszuholen.

Einmal wurden wir in ein Flüchtlingslager eingewiesen, aber wir taten das ungern, denn es war oft schwierig wieder herauszukommen. Herr Deloch, der unser Treckführer war, wollte Besseres für seine Leute. In diesem Lager schlossen sie nachts das Tor und Leute erzählten uns, dass sie schon seit Wochen dort seien. Herr Deloch machte sich große Sorgen, wie wir morgens wieder herauskommen würden. Sobald wir in dem Lager waren, rief er eine Besprechung ein mit uns Mädchen, seiner Frau und dem Traktorfahrer, dessen beide Töchter auch Fahrräder hatten. Es wurde beschlossen, dass wir die Verantwortlichen im Militär-Hauptquartier aufsuchen sollten. Dies waren drei sehr gut aussehende Burschen in Uniform, die uns ins Lager eingewiesen hatten. Wir Mädchen, das war Elisabeth die Älteste, ihre Schwester Agnes, die meine beste Freundin war, eine weitere Schwester, Maria und ich. Elisabeth war etwa 20 Jahre alt und sie musste das Reden übernehmen. Maria war

18, Agnes 15 und ich war erst 14. Trotzdem sehe ich die Ereignisse sehr klar vor mir. Was wir benötigten, war eine Genehmigung weiterzufahren, und zwar bald. Als wir in das Hauptbüro kamen und unsere Wünsche vortrugen, waren sie bereit, einen Passierschein auszustellen, wollten aber wissen, was für sie dabei herausspringen würde. Elisabeth überlegte einen Moment, schaute ihre beiden Schwestern an und fragte dann, woran sie dächten. Einer der Männer legte den Arm um sie und sagte „Wie wäre es, wenn wir uns später treffen und eine Spazierfahrt in unserem Jeep machen?" „Nun, vielleicht, aber ich glaube nicht, dass diese beiden noch ausgehen dürfen." Also einigten sie sich auf Elisabeth und Maria. Wir sagten ihnen, dass wir noch kochen und essen müssten und uns umziehen, vielleicht könnten sie später ins Lager kommen. Sobald wir Herrn Deloch den Passierschein ausgehändigt hatten, sagte er: „Lasst uns abfahren". Und wir fuhren sofort los. Wir müssen etwa sechs Kilometer gefahren sein, bis wir eine Stadt fanden, groß genug, um zwölf Wagen, fünfundzwanzig Pferde und siebzig bis achtzig Leute aufzunehmen. Es dauerte eine Weile, bis der Jeep kam, uns zu suchen, da sie vorher schon einige Zeit im Lager nach uns gesucht hatten. Niemand wusste, wen sie suchten und sie kannten unsere Namen nicht. Wir versteckten uns einfach und sie bekamen uns nicht zu Gesicht. Bald überquerten wir die Grenze nach Deutschland und waren in Deutschland.

Wir fuhren durch einige Städtchen und Großstädte, die stark zerbombt waren. Als wir aber nach Nürnberg kamen, konnte man sich kaum vorstellen, dass dies eine Stadt gewesen war. Man sah nur Steine und Schutt, jedes Gebäude war dem Erdboden gleichgemacht. Wir fuhren über diese Haufen hinweg. Nicht wissend, wohin wir gehen sollten, fuhren wir auf der Autobahn Richtung Westen. Entlang der Straße gab es viele Militärlager, alles Amerikaner. Sie sagten, sie wollten uns Nahrungsmittel für die Kinder geben, aber wir waren zu verängstigt, um uns ihnen zu nähern. Ich glaube, dass zu dieser Zeit viele glaubten, sie hätten dies alles verursacht. Immer wieder wandte sich Deloch an ein Hauptquartier und erzählte, wie die Russen uns von unseren Leuten getrennt hatten, indem sie den Traktor beschlagnahmten. Manchmal schickte man ihn deswegen zum Roten Kreuz.

Eines Tages traf er einen Gutsbesitzer aus dem Raum Heilbronn, weiter südlich gelegen, der gehört hatte, dass wir nach einem Ort suchten, wohin wir gehen könnten. Deloch traf die bestmögliche Vereinbarung für seine Leute. Dieser „Graf von Lüttichau" vom „Schwärzerhof", der keine Leute hatte für sein Land, versprach Arbeit und Unterkunft für diejenigen, die für ihn arbeiten wollten. Es war noch ein weiter Weg bis dorthin, aber nun hatten wir ein Ziel. Herr Deloch war kein Dummkopf, er wollte ein Dach über dem Kopf für alle seine Leute, nicht nur für die, welche arbeiten konnten. Es war abgemacht. Es war nun Ende Juni und wir hatten nicht mehr viele Vorräte. Oft stahlen wir Kartoffeln unter den Pflanzen weg von den Feldern, an denen wir vorbeifuhren. Wir erreichten Jagstfeld und mussten nach

Norden abbiegen, in Richtung Neudenau – Züttlingen – Möckmühl und um den Berg mit dem Schwärzerhof, westlich von Möckmühl, herumfahren. Ich erinnere mich daran, wie die Leute an der Straße standen und uns musterten, als ob wir die Pest hätten. Der Weg den Berg hinauf war etwa zwei Kilometer lang und an manchen Stellen ganz schön steil. Es war inzwischen Juli geworden und wir hatten einen langen Weg hinter uns, hatten zwei Monate lang auf den Wagen gelebt. Bei unserer Ankunft wurden wir von den Eigentümern, Graf und Gräfin und ihren Kindern und Großeltern begrüßt. Sie wohnten alle im Herrenhaus, denn sie waren die Herren.

Es gab noch ein großes Haus, in dem früher die Arbeiter gewohnt hatten. Aber nun stand es leer und wartete darauf, dass jemand einziehen würde. Natürlich wollten sie, dass wir alle für sie arbeiteten und diejenigen, die unterschrieben, konnten gleich einziehen. Unser Fall war etwas anders. Deloch war auch kein Arbeiter, deshalb überließ er ihnen die Pferde zum Einsatz, im Gegenzug für eine Unterkunft. Adolf arbeitete noch für Deloch, deshalb konnte er nicht für den Grafen arbeiten und ich war nicht scharf darauf, auf dem Feld zu arbeiten.

Meine Großmutter wurde bald darauf sehr krank und wir bekamen die Erlaubnis, in der Scheune zu bleiben und in der Küche im Erdgeschoss zu kochen, wo man früher das Essen für die Arbeiter gekocht hatte. Aber alle unsere Leute kochten selbst in ihren Zimmern. Meine Mutter war damit beschäftigt, sich um Großmutter zu kümmern. Bald musste man sie ins Krankenhaus bringen, aber es gab weder Bahn noch Autos noch sonst etwas. Herr Deloch hatte mir die ganze Zeit gesagt, ich solle arbeiten gehen, damit meine Familie in eines der Zimmer einziehen könnte. Ich war vierzehn Jahre alt. Er stellte uns seine Pferde und einen Wagen zur Verfügung, um Großmutter ins dreißig Kilometer entfernte Krankenhaus zu bringen. Meine Mutter fuhr mit und Adolf kutschierte. Adolf und Mutter kehrten abends zurück und sagten, dass Großmutter Darmkrebs habe und im Krankenhaus bleiben müsse. Etwa eine Woche verging und Adolf wurde aus dem Arbeitsverhältnis mit Deloch entlassen. Er ging zu einem anderen Bauern, um gegen Unterkunft, Verpflegung und Lohn zu arbeiten.

Zum selben Zeitpunkt sagte Deloch, er würde Mutter ins Krankenhaus fahren, damit sie Großmutter besuchen könne. Er hatte seine Wagen und Pferde an die Bauern der Umgebung verkauft und behielt nur ein Pferd für die Kutsche. Als sie zurückkehrten, fragte ich Mutter nach dem Verbleib von Großmutter. Sie öffnete ihre Tasche und sagte „hier in der Tasche", was bedeutete, dass sie gestorben war. Ich war sehr erschüttert. Im Alter von vierzehn Jahren machte das einen unvergesslichen Eindruck auf mich. Adolf war damals sechzehn und Irma zehn. Meine Großmutter war im Alter von vierundsechzig Jahren am 8. August 1945 gestorben.

Herr Deloch fuhr mit uns zur Beerdigung nach dem ca. dreißig Kilometer entfernten Buchen. Wir gingen alle ins Krankenhaus und hoben Großmutter in ihrem hölzernen Sarg auf den Wagen und brachten sie zum Friedhof, wo sie begraben wurde. Für meine Mutter war es auch sehr schwer. Wir hatten so eine weite Strecke zurückgelegt und mussten ihre Mutter nun an diesem fremden Ort zurücklassen. Jahre vergingen, bis es Verkehrsmittel gab und wir wieder dorthin gelangen konnten, aber niemand konnte sich mehr erinnern, welches das Grab von Großmutter war. Wir sprachen sehr oft darüber.

Meine Mutter beschloss, für den Grafen zu arbeiten und wir zogen in einen Raum über dem Schweinestall. Bald hatte ich es satt, Mist zu verteilen und Klos zu putzen und nahm in der Stadt eine Stelle als Kindermädchen an. Ich kam zu einer Bauernfamilie, die jemanden brauchte, der sich um ihre drei Kinder kümmerte, aber ich musste auch auf dem Feld arbeiten und Äpfel und anderes Obst pflücken. Sie hatten einen großen Obstgarten.

Ich bekam Heimweh und dachte oft an meine Mutter, die mit meiner kleinen Schwester allein war. Ich war vorher noch nie von zu Hause weg gewesen. Oft ging ich spät abends den Berg hinauf, wo sie lebten und früh morgens wieder hinunter nach Möckmühl. Auch zwei Monate später ging ich immer noch ein- oder zweimal die Woche über Nacht nach Hause. Eines Morgens sah ich auf dem Weg zu meinem Arbeitsplatz einige Wagen im Schulhof stehen, als ich dort vorbeikam. Die Leute hatten Feuer gemacht und versuchten auf Steinen auf dem Boden zu kochen, wie wir es getan hatten. Dann stellte ich fest, dass es Leute waren, die ich kannte.

Es waren Leute aus unserer Heimatstadt in der Ukraine, die auch wie wir in Gelsendorf gelebt hatten und in dem Lichtspieltheater in Katscher, bevor wir nach Possnitz zogen. Es waren meine Tante Berta Siebert, deren Mann Rudolf der Bruder meiner Mutter gewesen war, und ihre zwei Buben, die Vettern Alex und Emanuel, die heute in Winnipeg leben. Als sie mich sahen, konnten sie es kaum glauben. Ich erfuhr, dass sie auf dem Weg nach Assumstadt bei Züttlingen waren, etwa drei Kilometer vom Schwärzerhof entfernt. Ich sagte ihnen, wo meine Mutter wohnte und ich ging abends wieder nach Hause, sehr aufgeregt und erzählte meiner Mutter, wen ich heute früh im Schulhof angetroffen hatte.

Meine Tante und die Vettern besuchten uns bald und wir besuchten sie und all die anderen Leute, die wir kannten. Nach drei Monaten an meiner Arbeitsstelle wollte ich wieder zu Hause wohnen. Ich kündigte und zog zu Mutter und Schwester. Es war November und ich wollte immer noch nicht dort arbeiten. So nahm ich eine andere Arbeit an, wo ich mich um zwei Kinder kümmern und viel Hausarbeit erledigen musste. Auf Knien bohnerte ich Holzböden, ich hackte Holz und fütterte die Kinder und brachte sie zum Kindergarten. Die Bezahlung war eine lächerliche Summe, aber ich hatte keine andere Wahl. Diese Dame war Tochter aus einer reichen Familie und ihr Mann hatte im Krieg ein Bein verloren. Er versuchte, sich an ein künstliches Bein zu gewöhnen. Er fuhr jeden Tag mit dem Fahrrad zur Arbeit, er hatte seine eigene Schweißwerkstatt. Auch von dort aus ging ich oft abends nach Hause und kam morgens zurück.

Als Weihnachten sich näherte, wandte ich einige der Kniffe an, die ich von den Jugendleitern gelernt hatte, um Christbaumschmuck herzustellen. An Heiligabend ging ich nach Hause und als meine Schwester im Bett war, stellten Mutter und ich einen dürren Ast auf und schmückten ihn mit den Sachen, die ich gebastelt hatte. Ich hatte sogar wochenlang Käsepapier gesammelt, um sie herzustellen. Anfang 1946 kehrte ich nach Hause zurück und arbeitete wieder für den Grafen.

Später beschloss ich, nähen zu lernen und besuchte im Herbst eine Nähschule in Neudenau. Zu dieser Zeit verkehrten die Züge wieder, wenn auch ohne Türen oder Fenster. Ich blieb dort bis zum nächsten Jahr. Man benötigte Stoff, um etwas zu nähen und so verwendete ich Leintücher, die ich letzte Weihnachten bekommen hatte und nähte für meine Mutter und meine Schwester Schürzen. Für meinen Bruder nähte ich ein weißes Hemd – alles für kommendes Weihnachten 1946.

Die Lage besserte sich langsam. Leute ließen alte Kleidung umarbeiten, da man in den Geschäften nichts kaufen konnte. 1947 suchte ich nach einem Ausbildungsplatz als Schneiderin und hatte Glück. Im August begann ich in Roigheim zu arbeiten. Ich musste wieder mit dem Zug fahren. Der Mann, der mich eingestellt hatte, lebte in einer Baracke, aber die Geschäfte gingen gut. Meistens musste ich alte Mäntel oder anderes zertrennen und ausbügeln, aber ich lernte Männerhosen nähen und Knopflöcher von Hand anfertigen. Anfang 1948 (*20. Juni 1948 Währungsreform*) brach alles zusammen, die Reichsmark verlor ihren Wert. Leute, die Geld auf der Bank hatten, bekamen 10 % davon in Deutscher Mark. Diejenigen, die nichts besaßen, bekamen 40 Mark pro Kopf von der Regierung.

Die ganze Zeit über hatte es Lebensmittelkarten gegeben. Wir mussten einen Laib Brot durch vier Personen teilen, solange Adolf noch zu Hause war. Jeden Tag. Nun waren die Geschäfte plötzlich gefüllt mit Kleidung und Nahrungsmitteln und allen möglichen anderen Dingen, aber die meisten Leute hatten wenig Geld. Der Schneider bekam nicht mehr genügend Aufträge, um meinen Ausbildungsplatz zu erhalten.

In der Zwischenzeit waren meine Mutter und meine Schwester in ein Zimmer im zweiten Stock des Hauptgebäudes umgezogen, direkt über der Eingangstür. Wieder arbeitete ich für den Grafen: Im Sommer auf den Feldern und im Winter Holz hacken, tagaus tagein. Dann musste ich es zwei Stockwerke nach oben tragen, wo es gelagert wurde, um bei Bedarf durch einen Schacht in den Keller geworfen zu werden, wo der Heizofen stand.

Später arbeitete ich noch in verschiedenen anderen Haushalten, zuletzt in Reutlingen, aber ich stellte mir meine Zukunft anders vor. Im Sommer 1952 beschloss ich, einen Antrag zur Auswanderung nach Kanada zu stellen. Meine Tante und zwei Vettern waren 1950 nach Winnipeg gegangen.

Anfang 1953 bekam ich die Aufforderung, mich in Bremen vorzustellen und machte mich auf die lange Reise. Wieder zwei Wochen später traf die endgültige Genehmigung zur Auswanderung ein und ich kündigte sofort.

Aufgeschrieben von Berta Krueger geb. Schütz
Aus dem Englischen übersetzt von Marlies Kibler geb. Deloch
Juni 2017

Ergänzungen in Kursivschrift

SUDETENLAND

Der Begriff „Sudetenland" leitet sich her von dem Gebirgszug Sudeten und entstand im 19. Jahrhundert. Ab 1918 ist das Sudetenland eine Bezeichnung für die Gebiete Böhmen, Mähren, Tschechisch-Schlesien, in denen Einwohner deutscher Nationalität, Abstammung und deutscher Muttersprache eine Mehrheit bildeten. Später wurden die Bewohner aller Gebiete mit diesen Merkmalen „Sudetendeutsche" genannt, auch wenn sie weitab des Gebirgszuges Sudeten lebten.

Einige der später deutschen Sprachgebiete waren bis zum Dreißigjährigen Krieg mehrheitlich mit Tschechen besiedelt. Nach dem 30-jährigen Krieg waren diese Gebiete durch Seuchen und Hungersnöte entvölkert, und es wurden deutsche Neusiedler angeworben.

Die Reichsstadt Eger ist ein Sonderfall. Ludwig der Bayer verpfändete 1322 Stadt und Umland für 20.000 Mark Silber an den böhmischen König Johann. Das Pfand wurde allerdings niemals eingelöst, 1806 kam Eger endgültig zum Königreich Böhmen.

Das Gebiet war schon früh bewohnt. Die keltischen Bojer gaben wohl Böhmen den Namen. Im Zuge der Völkerwanderung zogen vielfältige germanische Stämme durch das Land, siedelten, bauten Kulturen auf und verschwanden. Hervorzuheben sind die Markomannen, die im 1. Jahrhundert nach Christus das Land besiedelten und ein hochstehendes Kunsthandwerk hinterließen. Im 6. Jahrhundert wanderten Slawen ein. Es gibt Vermutungen, wonach die Stadt Eger auf einer slawischen Siedlung aufgebaut wurde. Grabungsfunde beweisen, dass alle diese unterschiedlichen Menschen viele Jahrhunderte friedlich nebeneinander lebten.

Die Christianisierung Böhmens ging von Bayern aus. Am 13.1.845 ließen sich 14 böhmische Herrscher in Regensburg taufen. Die Slawen in Mähren wurden von den Mönchen Cyrill und Method aus Saloniki christianisiert, die der byzantinische Kaiser entsandt hatte. Sie übersetzten die christliche Botschaft ins Slawische. Von 850 bis 1309 herrschten in Böhmen die Premysliden; der bekannteste der Premysliden ist Herzog Wenzel, der die Christianisierung Böhmens und den Anschluss an den

Westen vorantrieb. Er starb als Märtyrer durch die Hand seines Bruders Boleslav. Heute ist Wenzel (Vaclav) böhmischer Nationalheiliger.

Im 12. und 13. Jahrhundert riefen böhmische Herrscher deutsche Siedler ins Land: Bauern, Handwerker, Bergleute. Sie erhielten zahlreiche Privilegien, gründeten Städte nach deutschem Recht und trugen zum Aufbau des Landes bei. Die Bergleute brachten den Tiefbau mit und ermöglichten so die Blüte des Bergbaus.

Böhmische Herrscher heirateten deutsche Frauen. Vom ausgehenden Mittelalter bis 1918 wurde das Land vom Haus Habsburg regiert. Ferdinand von Österreich (1526–1564) holte wieder viele Deutsche ins Land – Glasmacher, Weber, Tuchmacher –, die einen Aufschwung der jeweiligen Industriezweige bewirkten. Sein Sohn Rudolf II. (1576–1612) holte Künstler, Literaten, Musiker, Astronomen.

1609 nötigten die böhmischen Stände Rudolf den Majestätsbrief ab, wodurch die Protestanten Religionsfreiheit erhielten. Die schlesischen Stände zogen nach. Sie erwarben sich dadurch das Recht einer evangelischen Kirchenorganisation, evangelische Kirchen zu bauen, und zwar nicht nur auf den Besitzungen des Adels, sondern auch im Gebiet der königlichen Kameralgüter. Wegen dieser letzten Bestimmung kam es in den folgenden Jahren zu schweren Konflikten zwischen Katholiken und Protestanten, die schließlich, 1618, zum zweiten Prager Fenstersturz führten, der den Dreißigjährigen Krieg auslöste.

Danach war Europa durch Zerstörung, Seuchen und Hunger entvölkert, es mussten neue Siedler angeworben werden. Das Habsburger Reich wurde zur Großmacht und versammelte unter seiner Herrschaft völlig unterschiedliche Länder, darunter elf große Nationalitäten und eine Reihe kleinere Minderheiten. In diesem Reich wurden mehr als zehn unterschiedliche Sprachen gesprochen. Böhmen, Mähren und Schlesien wurden zu Habsburgischen Erblanden erklärt, wie später auch Ungarn.

Die Probleme ergaben sich durch die unterschiedlichen Anteile der verschiedenen ethnischen Gruppen an politischen Gestaltungsmöglichkeiten. Mitte des 19. Jahrhunderts begannen die Konflikte. Viele Tschechen sprachen deutsch, aber wenige Deutsche sprachen tschechisch, weil das für sie auch nicht erforderlich war. Dank einer rasanten wirtschaftlichen und kulturellen Entwicklung in der zweiten Hälfte des 19. Jahrhunderts nahmen die Tschechen eine führende Rolle unter den slawischen Völkern der Monarchie ein und forderten als drittstärkste Nationalität eine angemessene Position innerhalb des Gesamtstaats. Der von Franz Joseph versprochene „böhmische Ausgleich" von 1871 scheiterte am Widerstand der Deutschen in Böhmen. Die deutschsprachige Elite und die magyarische Volksgruppe wurden besonders bevorzugt. Dies erzeugte Widerstand vor allem bei den slawischen Volksgruppen. Der Gedanke der Vertreibung der Deutschen tauchte erstmals gegen Ende des 19. Jahrhunderts auf.

Der „Mährische Ausgleich" von 1905, der in der Markgrafschaft Mähren eine Lösung der Nationalitätenprobleme zwischen Deutschen und Tschechen gewährleisten sollte, hätte eine Vorbildfunktion für ganz Österreich-Ungarn haben können, doch die Vertreter der jeweiligen Volksgruppen setzten auf Konfrontation. Die Deutschen wollten ihre Vorrangstellung nicht einbüßen, die Slawen wollten eine vollständige Autonomie bzw. Unabhängigkeit durchsetzen.

Die Tschechen wollten ihren eigenen, homogenen Staat haben, der dann so homogen gar nicht war, als sie ihn 1918, nachdem die Habsburger Monarchie auseinandergebrochen war, bekamen. Die Forderung nach der Vertreibung der Deutschen wurde immer lauter, befeuert von Tomas Masaryk und Edvard Benesch. Die Deutschen wollten sich Deutschösterreich anschließen, doch die Tschechen hinderten die Deutschen Böhmens, Mährens und Österreichisch-Schlesiens daran, an den Wahlen zur konstituierenden Nationalversammlung am 16. Februar 1919 teilzunehmen, und der Vertrag von Versailles (abgeschlossen am 28.06.1919) untersagte die Angliederung der Böhmen, Mähren und Österreichisch-Schlesier an die österreichische Republik. Sie wurden zusammen mit Polen, Slowaken, Karpaten-Ukrainern und Ungarn in einen künstlichen Mehrvölkerstaat eingegliedert. In die neue Verfassung wurde die deutsche Volksgruppe nicht einbezogen. Am Ende fielen die beiden zahlenmäßig stärksten Volksgruppen, die Deutschen und die Tschechen, mit großer Brutalität übereinander her.

Durch das Münchner Abkommen vom 29.09.1938, das ohne Beteiligung der CSR und deren Verbündete UdSSR beschlossen wurde, wurden die sudetendeutschen Gebiete von der Tschechoslowakei abgespalten und dem Deutschen Reich eingegliedert. Benesch setzte durch, dass die Volksabstimmung für alle Volksgruppen der CSR unterblieb; die Slowaken hätten sich wohl damals schon von der Tschechoslowakei abgespalten. Die Sudetendeutschen hatten seit 1918 den Wunsch geäußert, sich Österreich anzuschließen. Im März 1939 besetzten deutsche Truppen das restliche Staatsgebiet, das zum Protektorat Böhmen und Mähren erklärt und unter deutsche Gerichtsbarkeit gestellt wurde. Kurzfristiges Ziel war die Ausbeutung der tschechischen wirtschaftlichen Ressourcen für den Krieg. Da das Protektorat fast bis Kriegsende von alliierten Bombenangriffen verschont blieb, konnte die Industrie nahezu ungestört arbeiten und wichtige Kriegsgüter liefern. Nicht kriegswichtige Betriebe wurden geschlossen. Langfristig stand die Germanisierung an und die Vernichtung des tschechischen Volkes als ethnische Einheit. Sudetendeutsche Hitlergegner, Tschechen und in der Tschechoslowakei lebende Juden wurden verhaftet, enteignet, vertrieben, ermordet. Während der überaus grausamen Okkupation der Nationalsozialisten – Massaker von Lidice 1942 – verstärkte sich die antideutsche Stimmung der tschechischen Bevölkerung.

Die tschechische Exilregierung unter Edvard Benesch, die sich nach der Besetzung des Landes 1939 durch die Nationalsozialisten in London gebildet hatte, hatte unter den Alliierten schon lange für die Vertreibung oder den „Bevölkerungstransfer" der Deutschen geworben und erhielt bereits 1943 die Zustimmung von Roosevelt und Churchill, Molotow und Stalin.

Die sogenannten „wilden Vertreibungen" waren nicht spontan und ungeplant, sondern erfolgten auf Beschlüsse der obersten Regierungsebene. Sie waren von schlimmen Gewaltübergriffen begleitet, zu nennen ist der Brünner Todesmarsch oder das Pogrom in Aussig, ausgeführt von Polizei und Milizen. Von sowjetischen Milizen war die Rede. Oft wurde bemängelt, dass die lokale Bevölkerung sich den Deutschen gegenüber passiv verhielte. Offensichtlich sollten vor der Potsdamer Konferenz (17.07.1945 – 02.08.1945) Tatsachen geschaffen werden. Bis dahin war bereits eine Dreiviertelmillion Sudetendeutscher vertrieben worden.

Massenvertreibungen sind Kriegsverbrechen und Verbrechen gegen die Menschlichkeit, stellte das internationale Militärtribunal von Nürnberg am 8. August 1945 fest. Zu einer Zeit, als die Tschechen die Sudetendeutschen vertrieben. Diese Entscheidung wurde am 11. Dezember 1946 von der UNO-Generalversammlung bestätigt. Als Rechtfertigungsgrundlage für den Vorgang wird zumeist Artikel XIII des Protokolls der Potsdamer Konferenz herangezogen, in dem es u. a. heißt:

„Die drei Regierungen haben die Frage unter allen Gesichtspunkten beraten und erkennen an, daß die Überführung der deutschen Bevölkerung oder Bestandteile derselben, die in Polen, Tschechoslowakei und Ungarn zurückgeblieben sind, nach Deutschland durchgeführt werden muß. Sie stimmen darin überein, daß jede derartige Überführung, die stattfinden wird, in ordnungsgemäßer und humaner Weise erfolgen soll."
(Wikipedia: Vertreibung der Deutschen aus der Tschechoslowakei)

Mir erschließt sich nicht, warum Angehörige der Staaten Tschechoslowakei und Ungarn nach Deutschland deportiert werden mussten. Diese Staaten und ihre Staatsangehörigen gehörten niemals zu einem Deutschen Reich, vielmehr standen sie seit dem Mittelalter unter der Herrschaft der Österreichisch-Ungarischen Habsburgermonarchie. Das Sudetenland wurde erst 1938 durch das Münchner Abkommen dem Deutschen Reich zugeordnet. Die Sudetendeutschen fühlten sich Deutschösterreich zugehörig.

Aufgrund des Benesch-Dekrets 108 wurde das gesamte bewegliche und unbewegliche Vermögen der deutschen Einwohner konfisziert und unter staatliche Verwaltung gestellt.

Um die Täter nicht vor Gericht stellen zu müssen, wurde in der Provisorischen Nationalversammlung am 8. Mai 1946 ein „Straftatenrechtfertigungsgesetz" für im „Freiheitskampf" zwischen 30. September 1938 und 28. Oktober 1945 begangene Straftaten beschlossen. Das Benesch-Dekret 115/46 erklärt Handlungen „im Kampfe zur Wiedergewinnung der Freiheit" oder jene, „die eine gerechte Vergeltung für Taten der Okkupanten oder ihrer Helfershelfer zum Ziel hatte", für nicht widerrechtlich. (Wikipedia: Vertreibung der Deutschen aus der Tschechoslowakei)

3 Millionen Sudetendeutsche wurden 1945 aus ihrer Heimat vertrieben.

Erika Speth

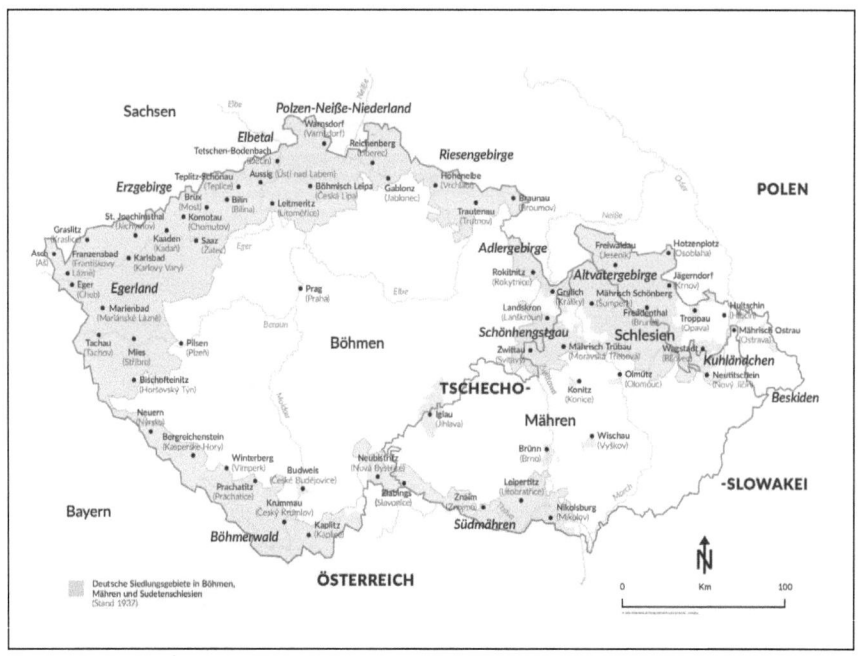

Karte Sudetenland (Quelle: Sudetendeutsche Landsmannschaft München)

Heimatvertriebene kamen aus:
Egerland (47), Südmähren (40), Nordböhmen (36), Südböhmen (14), Altvatergebirge (12), Mähren (7), Schönhengstgau (7), Erzgebirge (6), Kuhländchen (6), Adlergebirge (3), Mittelböhmen (3), Sudetenschlesien (3), Böhmerwald (2), Saazerland (2), Westböhmen (1), unbekannt (2).

Flucht der Familie Darilek aus Znaim an der Thaja, Landesteil Südmähren im Sudetenland (heute: Znojmo / Tschechien)

Meine Vorfahren stammten aus einem Ort namens Budigsdorf in Mährisch-Schlesien. Über Brünn kam mein Großvater Ignaz Darilek Ende des 19. Jahrhunderts nach Znaim. Seine Frau Amalie geb. Sauram brachte er aus Brünn mit. Dieser Ignaz Darilek gründete in der kleinen Michaelergasse in Znaim mit einem Kompagnon ein eigenes Geschäft. Es war das Stammhaus der Familie Darilek. 1925 übernahm Sohn Adolf Darilek – mein Vater – die Liegenschaften von seiner verwitweten Mutter. Der Eintrag im Handelsregister der Stadt Znaim lautet: „Drogerie en gros & en detail – Chemikalien, Spezereien, Kolonialwaren, Farben, Eisenhandlung", Inhaber Adolf Darilek, Kaufmann und Drogist in Znaim. 1922 heiratete mein Vater Josefine Cäsar, geboren 1900 in Znaim. Drei Kinder hatte das Paar: (Loli–1925, Alfred–1928, Dieter–1939). Zusammen mit seiner Frau führte Adolf Darilek das Geschäft zu einem bedeutenden Unternehmen dieser Branche. Zur Erweiterung und wirtschaftlichen Nutzung kamen weitere Immobilien hinzu, sodass im Laufe der Jahre ein be-

Darilek – Drogerie (Quelle: Herbert Darilek)

Alfred Darilek und Schwester Loli (Quelle: Herbert Darilek)

trächtlicher Besitz entstand. Der Schwerpunkt des Unternehmens lag nun auf dem Lebensmittel-Großhandel und einer Drogerie mit Foto-Amateur-Ausarbeitung. Es erreichte seine Blüte mit Beginn des 2. Weltkriegs mit einem Personalstand von 42 Mitarbeitern. Krieg, Einberufung 1939 zum Wehrdienst, Kriegsende und Vertreibung 1945 beendeten diese Entwicklung.

Ich muss sagen, dass ich eine ganz unbeschwerte Jugendzeit verbringen durfte und die damit verbundenen Erinnerungen in ihrer besonderen Art sehr schön sind.

Natürlich hatte man auch gewisse Freiheiten und Vorteile, wenn der Vater – zum Bedauern der ganzen Familie – schon 1939 einrücken musste. Die Stationen der Schulzeit waren Volksschule, Gymnasium und Wirtschaftsoberschule, die hochtrabend als „Handelsakademie" bezeichnet wurde. NS-Zeit-Erinnerungen sehen wir heute in einem anderen Licht, als wir diese Jahre als Jugendliche erlebt haben. Es waren für uns Buben schöne Jahre. 1938 – als Znaim „deutsch" wurde – war es für uns Zehnjährige der Beginn einer ganz anderen Zeit. Neben den Aufgaben der Schule, erwuchsen auf einmal Verpflichtungen, mit der Betonung auf Pflicht. Bisher wurde uns in der Schule und im Elternhaus gesagt, was wir zu tun und zu lassen hatten. Auf einmal mischte sich da was ein und verlangte Gehorsam und Disziplin und wir waren ganz angetan von diesen neuen Tönen. Es war öfters unbequem, aber wir machten mit Freude mit. Wir mussten marschieren, ich durfte trommeln im Fanfarenzug und alles hörte schon von weitem, wenn wir da ankamen. Im Sommer ging es in das Zeltlager mit Geländespielen, wo es dann einen Feind gab, den man verdreschen konnte oder man auch selbst Prügel bekam. Es war aber schön, wenn wir dann abends heimkamen und ins Bett gingen oder auf den Strohsack im Zelt. Lagerfeuer, gemeinsame Lieder und in der Nacht zum „Geistern", das war doch was.

Aber dann wurde man 14 und kam von den Pimpfen zur HJ. Da wurde schon anders marschiert und man „durfte" Schießübungen machen mit richtigen Waffen im Bann-Ausbildungslager in den Kasernen der Wehrmacht. Der Übergang war uns gar nicht so bewusst. Vom Pimpf zum angehenden Soldat. Natürlich versuchte man sich da und dort zu drücken, weil es doch auch manchmal eine Schinderei war, aber man wuchs mit den Aufgaben als künftiger Soldat. Ich werde nie vergessen, wie ich einmal als 15-jähriger Bub voll Freude ein MG-42 bei einem Stadtmarsch tragen durfte und unter der Schlepperei von dem schweren Ding dann beinah auf den Knien ging. So kam dann auch irgendwann im Januar 1945 der Tag, an dem der Einberufungsbefehl zur Wehrmacht auf dem Tisch lag. Gerade erst 17 Jahre alt und man sollte mithelfen, die Heimat vor dem Feind zu beschützen. Nun, das hat dann auch nicht so geklappt, viel Gerenne und Gelatsche durch halb Österreich und immer zu Fuß. Schließlich warteten die Amis auf uns Kindersoldaten und steckten uns mit den anderen Soldaten ins Lager. Das war in Regensburg bei der Walhalla und von da an hungerten wir manchmal ganz schön bei zwei Schnitten Brot am Tag, 4 Zigaretten, Käse, 4 Keksen und Klopapier. Das waren nämlich die amerikanischen Notrationen. Als wir die ersten Zigaretten probierten, wurde uns schwindelig, so stark waren die und wir hatten ja wenig im Bauch.

Dann wurden wir entlassen. Kahlgeschoren standen wir nach einem kurzen Transport nach Oberösterreich auf der Straße und bettelten um Essen in den verstreut liegenden Bauernhöfen. In einem kleinen Dorf, bei der Frage nach einer Suppe, trafen wir durch Zufall die Eltern meines Freundes Geri und da durfte ich dann auch einige Tage bleiben. Dann mussten wir wieder abhauen, denn der Russe bezog das Mühlviertel und alle ehemaligen Soldaten hatten Angst, nach Russland marschieren zu müssen. Also auf nach Salzburg – natürlich wieder zu Fuß – zu Onkel Simon, dem Bruder meiner Mutter. Der war natürlich als guter Deutscher auch ein Nazi und flog von seinem Posten als Direktor der Nervenheilanstalt von Salzburg und landete mit Frau und Tochter in einer Baracke. Da war aber schon Tante Fini mit Cousine Edith und dann kam ich auch noch dazu. Raum ist in der kleinsten Hütte und dann tauchte auch noch Herbert, mein späterer Schwager auf, aber damals rückte man eben zusammen und dann klappte es auch. Tagsüber fuhren wir mit der Bahn in der Gegend herum. Als heimkehrende Kriegsgefangene deklariert, kassierten wir in den größeren Orten 4-Tages-Lebensmittelmarken und Zigaretten und nach 4 Tagen machten wir es eben im anderen Ort. In Salzburg waren wir gemeldet und da hatten wir auch

Eisenbahnwaggons (Quelle: Jugenddorf Klinge)

Anspruch auf Lebensmittelmarken, sodass wir wenigstens genug zum Essen hatten. Das schöne Leben hatte ein Ende, als es dann hieß: Fredi, du bist der Jüngste und gehst jetzt nach Retz in die russische Zone, um Nachricht zu überbringen, dass wir noch leben. Es gab ja weder Post noch Telefon und die Demarkationslinie war der eiserne Vorhang. Mit Glatzkopf, als ehemaliger KZler angesehen, kam ich durch und nach einigen Tagen nach Retz, ca. 300 km und wieder zu Fuß! Große Freude in den Familien, denn es war seit Monaten die erste Nachricht und das erste Lebenszeichen. Sehr betrüblich war die Tatsache von Vaters Situation. Er war seit Mai 1945 in Znaim inhaftiert und musste nach schwersten Misshandlungen dafür büßen, ein Deutscher zu sein. Es war nicht abzusehen, ob, wann und wo man sich wiedersehen würde. Die Monate in Retz waren alles andere als lustig. Es ging nur ums Überleben. Untergebracht mit Tante Elsa, Mutter, Dieter und ich waren wir in einem Zimmer ohne fließendes Wasser und WC. Aber ein Dach über dem Kopf! Es waren ja Zehntausende, die sich bei der Vertreibung über diesen Landstrich ergossen und so waren die Unterkunftsmöglichkeiten sehr bescheiden. Wir wurstelten uns durch. Das ging so bis zum März/April 1946. Loli hatte inzwischen geheiratet, war jetzt Österreicherin und blieb in Wien. Wir wurden wieder registriert, diesmal von den Amerikanern. In Hütteldorf mussten wir uns einfinden und wurden mit hunderten Leidensgenossen in einen endlosen Güterzug – in lauter Viehwaggons – verfrachtet.

Nach Stunden setzte sich der Zug in Bewegung. Wir kamen uns vor wie die Siedler, die vor langer Zeit in Amerika eine neue Heimat suchten. 4 Tage waren wir von Wien aus nach Deutschland unterwegs. In jedem Waggon ca. 25 Menschen. Die Waggons waren leer und nur ein Kanonenofen stand darin, dessen Rohr durch die offene Schiebetüre ins Freie ging. So richteten sich die Menschen mit ihren Säcken, Binkerln (*kleines Bündel*) oder Kisten ein, um einigermaßen sitzen oder liegen zu können. Der Besitz einer Matratze war ein Glücksfall. Verpflegung war durch die Zugbegleitung von einem Trupp amerikanischer Soldaten gegeben, in Form von täglich einer Sardinenbüchse mit einer Packung Kekse. Notdurft wurde verrichtet auf den Wiesen und Feldern, wenn der Zug Pause hatte und ohne Lok in der Gegend stand. Dann war auch Essensausgabe. Ein Lichtblick war, dass mehrere altbekannte Familien im gleichen Waggon waren. Und dann waren wir am Ziel: Seckach hieß der Ort, lag im Bauland, am Rande zum Odenwald.

Man sprach eine Mundart, die man nicht verstand. Also ab ins Lager „Teufelsklinge", ein ehemaliges Barackenlager der Organisation Todt (Die Organisation Todt (OT) war eine paramilitärische Bautruppe im nationalsozialistischen Deutschland, benannt nach ihrem Führer Fritz Todt (1891–1942). Ab Kriegsbeginn kamen in der Organisation vielfach Zwangsarbeiter, Kriegsgefangene und KZ-Häftlinge zum Einsatz.)

Wieder ca. 25 Personen in einem Raum, eine einzige große Pritsche, die allerdings mit Stroh geschüttet war. Männlein, Weiblein und Kinder durcheinander. Nach 3 – 4 Wochen wurden wir dann auf die einzelnen Orte verteilt und kamen so nach Adelsheim. Das sollte dann für die nächsten Jahre unsere neue Heimat werden. Man kann sich aus heutiger Sicht vorstellen, wie erfreut die einheimische Bevölkerung war, wenn jeweils mehrere Personen zusätzlich in beschlagnahmte Räume einzogen und Küche und Herd mitbenutzten. Wir hatten noch Glück, denn wir wurden im Hotel „Linde" einquartiert in ein Fremdenzimmer, das uns uneingeschränkt zur Verfügung stand. Als Vater dann im Herbst 1946 entlassen wurde, hatte er Anspruch auf ein Zimmer, welches dann ich bei einer Familie im Amtsgericht bezog und meine ersten Erfahrungen mit Wanzen machte. Auch das ging vorüber und dann gab es eine eigene Wohnung mit zwei Zimmern und einer Küche gegenüber im Treppenhaus. Was nun? Diese Frage wurde immer wieder gestellt. Und so ergab es sich, dass unser Vater aufgrund seiner Gesangsausbildung mit einer Kasseler Konzertagentur einig wurde und als „fahrender Sänger" 1 ½ Jahre Konzertsäle füllte. Der Obolus diente dem Lebensunterhalt, obwohl man für die RM ja nicht viel bekam. Man knüpfte Verbindungen und bekam beim einen Bauern eine Kanne Buttermilch pro Woche, beim anderen ab und zu ein paar Eier oder etwas Grünkern in der Mühle. Und im Herbst war alles unterwegs um Bucheckern zu sammeln. Der Versuch, sich mit einer kleinen Drogerie in Adelsheim, dann in Tauberbischofsheim, wieder

Bahnhof Seckach (Quelle: Jugenddorf Klinge)

Im Lager Klinge (Quelle: Jugenddorf Klinge)

selbstständig zu machen, schlug fehl. Dann Umzug der Eltern nach Wien, denn da hatte man einen Bekanntheitsgrad aus der ehemaligen Heimat und der Name Darilek hatte seine Bedeutung. Der Preis war hoch. Recht bescheiden gewohnt, bemühte sich Vater als Vertreter und Weinhändler. Aber für den Schritt zu einem gewissen Wohlstand fehlten dann einfach die Jahre und so war es eine Scheinwelt, in der man lebte. Es ist bedauerlich, dass er nicht mehr erleben konnte, was für einen guten Namen er sich in Znaim geschaffen hat. Denn heute (2002), nach 60 Jahren, geht man immer noch zum „Darilek" einkaufen.

Die Integration ging eigentlich gut und ohne Probleme vonstatten und schnell war ein netter Freundeskreis beisammen, sodass man gar nicht mehr das Gefühl des Reingeschmeckten hatte. Ich absolvierte die Wirtschaftsoberschule. Im Spätsommer 1949 lernte ich Elfi in Möckmühl kennen – es war Liebe auf den ersten Blick. Als ich 1954 eine Festanstellung bei der Firma Ostertag in Widdern bekam, waren wir so mutig, unseren gemeinsamen Weg zu beginnen und heirateten noch im gleichen Jahr. Unsere Söhne wurden 1957 und 1958 geboren.

Auszug aus „Streifzug der Erinnerung – Eine Dokumentation von Alfred Darilek, 2002"

Zusammengefasst von Marlies Kibler, Juli 2017

Ein Rückblick auf die Geschichte des Egerlandes

Znaim in Südmähren, von Niederösterreich her besiedelt, war ein Bauernland mit großen Straßen- und Angerdörfern. Das deutsche Siedlungsgebiet war verhältnismäßig schmal, trug aber doch so bedeutende Städte wie Znaim und Nikolsburg. Znaim besaß seit 1226 das älteste Stadtrecht Mährens und die Pläne zur Errichtung der Stadtkirche stammten vom Meister der Prager Gotik, Peter Parler. Es war das Land mit seinem Blaukraut und Karfiol (Blumenkohl), mit dem Spargel, dem Kukuruz (Mais) und den Gurken. Den Paprikaschoten, Paradeisern und den Obstsorten aller Art. Ein Stück lebende, sich immer wieder erneuernde Naturgeschichte. Noch heute zerfließt beim hingehauchten Wort Znaim ein guter, perlender Tropfen guten Weins auf der Zunge, dem der Sonnenschein des flimmernden Sommerhimmels innewohnt und der sich im strahlenden Blau der seidigen Luft, über dem Kranz der Täler und Höhen wölbt.

Das Sudetenland, im engeren Sinne das Egerland, gehörte ursprünglich nicht zu Böhmen. Eger selbst war freie Reichsstadt mit einer von Friedrich II. erbauten Burg. Erst 1322 wurde das Gebiet an Böhmen verpfändet. Es erhielt sich aber lange Zeit eine Sonderstellung mit eigenem Landtag. Damit und mit der bäuerlichen Grundstruktur der Bevölkerung mag es zusammenhängen, dass die Egerländer eine besonders konservative Gruppe darstellen, die zäh an ihrem Brauchtum, ihrem Dialekt, den Trachten und an der Bauweise der schönen Fachwerkhäuser festhielt.

Eine andere, weitläufigere Luft wehte in den Badeorten Karlsbad, Marienbad und Franzensbad. Es waren die ältesten Bäder Mitteleuropas und die berühmtesten der Welt. Zu seinen Kurgästen zählten u. a. Wallenstein, Peter der Große, Kaiser Karl VI., Prinz Eugen usw. Eigentliche Modebäder wurden sie gegen Ende des 18. Jahrhunderts. Beethoven, Fichte, Theodor Körner, Schiller und immer wieder Goethe, fanden sich hier ein. Goethe war 13mal da und durchlitt im benachbarten Marienbad seine letzte große Liebe – zu Ulrike von Levetzow. Alexander von Humboldt hat Karlsbad einen Brillanten in smaragdener Fassung genannt. Worte können kein besseres Bild dieser Stadt geben, die mit ihren Hotel-Palästen, Kolonnaden, mit einem Theater und der Barock-Kirche von Ignaz Dientzenhofer im Tepl-Tal liegt, zwischen bewaldete Berge gelagert.

Dem Friedländer Wallenstein verdankt die nordböhmische Industrie ihre Entstehung. Hier waren die Mittelpunkte seines Herzogtums, hier errichtete er die Nachschubzentren seiner Armee. Der eigentliche Aufschwung kam aber im 19. Jahrhundert. Jetzt wurden die Reichenberger Tuchmachereien, die Leinenwebereien von Schluckenau und Rumburg, die Wirkereien von Warnsdorf zur steuerstärksten Industrie der Donaumonarchie. Ebenso bedeutend war die Glas- und Schmuckwaren-Industrie. Die Gablonzer Glasindustrie alleine wäre mit ihrem Export imstande gewesen, den Devisenbedarf der Tschechoslowakei zu decken. Das goldene Zeitalter Böhmens und Mährens setzt unter Kaiser Karl IV. ein. Er, seit 1447 deutscher König und seit 1455 auch Kaiser, macht Prag zur Hauptstadt des Heiligen Römischen Reiches. Französische, deutsche und bald auch tschechische Künstler formen das Gesicht des gotischen Prag. Mathias von Arras beginnt mit dem Veitsdom, Peter Parler vollendet ihn. Es ist derselbe Parler, der die Karlsbrücke und die Burg Kuttenberg entwirft und die ersten wirklichen Portrait-Büsten nördlich der Alpen schafft. Petrarca ist zu Gast in Prag. Im Kreis um den Kanzler Johann von Neumarkt entstehen die Grundlagen der neuhochdeutschen Schriftsprache. Es ist der erste Anfang von Humanismus und Renaissance auf deutschem Boden. Auch das tschechische Geistesleben nimmt einen jähen Aufschwung und durch die Gründung der Prager Neustadt wird der tschechische Anteil an der Bürgerschaft gestärkt. Karls größte Tat aber war die Gründung der Prager Universität im Jahre 1348, der ersten in Deutschland und Mitteleuropa.

Wenzel IV. war 1400 von den Kurfürsten als König abgesetzt worden, Böhmen bleibt ihm. Im Reich folgt ihm seit 1410 sein Bruder Sigismund. Sigismund bestellt 1415 Hus auf das Konzil zu Konstanz, bricht die Zusage des freien Geleits und lässt ihn als Ketzer verbrennen. Er selbst stirbt nach einem Sturz vom Pferd in Znaim. Es kommt nun nach dem Tod von Jan Hus zu Unruhen in den Straßen von Prag. Als dann im Jahre 1419 bei einer hussitischen Prozession Steine aus dem Neustädter Rathaus fliegen, stürmt die aufgebrachte Menge das Rathaus und wirft die Ratsherren aus dem Fenster – der Prager Fenstersturz. Als König Wenzel davon erfährt, bricht er vom Schlag getroffen zusammen und stirbt. Nun kommen religiöser, sozialer und nationaler Zündstoff zusammen und vereinen sich zu einem schauerlichen Brand. Die Hussiten unter Zizka und Prokop bilden ein mit Morgensternen, Sensen und Dreschflegeln bewaffnetes Volksheer. Sie entwickeln eine neue Taktik, den Kampf aus der Wagenburg. Alle Versuche des Kaisers, sie zu unterwerfen, scheitern kläglich. Sie dehnen ihre Kriegszüge nach Schlesien und der Lausitz aus und marschieren bis an die Ostsee. Die Deutschen in den Sudetengebieten leiden furchtbar, werden misshandelt, enteignet und ausgewiesen. Manche deutschen Städte können sich des Ansturmes erwehren, andere werden erobert, angesteckt, ihre Bewohner getötet, Frauen und Kinder lebendig verbrannt. Wie in jedem Volkskrieg ereignen sich unglaubliche Grausamkeiten.

Aus den Wirren des Dreißigjährigen Krieges ragt die Gestalt Wallensteins. Nach seinem gewaltsamen Tod in Eger wird Böhmen zum reinen Objekt der Politik, auch wenn es noch einmal – wie über hundert Jahre später in den schlesischen Kriegen – den Schauplatz weltgeschichtlicher Entscheidungen abgibt. Durch die Siege Friedrich des Großen und den Verlust Schlesiens an Preußen, geraten die Deutschen in den Ländern der Wenzelskrone endgültig in die Minderheit. Mit der Angliederung an den habsburgischen Gesamtstaat sind diese Länder aber auch Teile einer Großmacht geworden und noch dazu einer Macht, die in dieser Zeit in der Abwehr der Türken ihre historische Aufgabe findet. Provinzen – aber auch glanzvolle Provinzen – prägen diese Zeit. Barock prägt noch einmal das Gesicht von Prag und bringt so große Namen wie Dientzenhofer, Fischer von Erlach, Peter Brandl und den Egerer Balthasar Neumann hervor, der nach Deutschland geht und die Residenz von Würzburg erbaut. Es entsteht ein neuer Adel, der sich rasch akklimatisiert. Er fühlt sich nicht deutsch und er fühlt sich nicht tschechisch, sondern habsburgisch. Gegen Ende des 18. Jahrhunderts bildet sich ein neuer, böhmischer Landespatriotismus, der die Gegensätze in der Liebe zum gemeinsamen Vaterland in der Treue zur Dynastie überbrückt. Adalbert Stifters „Witiko" ist das späteste und schönste Zeugnis dieser Geisteshaltung. Es entsteht in Prag das Nationaltheater der böhmischen Stände, in dem Mozarts „Don Giovanni" uraufgeführt wird. So kann Böhmen während der Napoleonischen Kriege ein Zentrum des Widerstandes werden, in dem Verfolgte wie Scharnhorst, Freiherr vom Stein, Heinrich von Kleist u.v.a. eine Zuflucht finden. Es ist ebenso verwirrend und unerquicklich, die Nationalitäten-Streitigkeiten der ausgehenden Donaumonarchie zu verfolgen. Die Hauptlinie der Tschechen liegt auf der Forderung nach dem böhmischen Staatsrecht, d.h. nach der Wiederherstellung ihrer Eigenstaatlichkeit, zunächst aber noch innerhalb der Monarchie. Die Sudetendeutschen ihrerseits bestehen auf der Verbindung mit den Alpenländern und auf den Vorrechten, die die deutsche Sprache seit den Josephinischen Reformen besitzt und die plötzlich im Sinne einer nationalen Suprematie aufgefasst werden. Es ist ein wildes Ringen, oft um lächerliche Kleinigkeiten wie Bahnhofsaufschriften, Straßen- oder Firmenschilder, aber auch um die Spaltung der Prager Universität in eine deutsche und eine tschechische im Jahre 1882, sowie um den Gebrauch der tschechischen Sprache im Amtsverkehr und um die Verpflichtung der Beamten, beide Landessprachen zu beherrschen. Die Tschechen sind im Vordringen und am Vorabend des Ersten Weltkrieges gibt es in Prag alle bedeutenden Einrichtungen doppelt, also einmal deutsch und einmal tschechisch: Zwei Universitäten, zwei Landestheater, zwei Symphonieorchester usw. Zwischen beiden Völkern besteht kaum noch ein gesellschaftlicher Verkehr. Politische Auseinandersetzungen finden häufig in Form von Prügeleien statt. Für Gruppen die nicht in diese Zweiteilung passen, scheint kein Platz mehr zu sein. Der Antisemitismus ist den Fanatikern beider Nationen gemeinsam.

Die Sudetendeutschen, die unter Berufung auf das Selbstbestimmungsrecht der Völker für ihre Gebiete das Verbleiben bei Österreich und den Anschluss an Deutschland fordern, werden durch militärische Okkupation bezwungen. Die Tschechen beginnen ihren Staat, in dem neben den Deutschen noch zahlreiche andere Minderheiten vertreten sind und leben, als Nationalstaat aufzubauen. Man führt in gemischtsprachigen Gemeinden Tschechisch als alleinige Amtssprache ein, würgt das eigenständige Schulwesen der Minderheit ab und fördert die Unterwanderung ihrer Lebensgebiete. Was nach dem März 1939 geschah, der Zwang Heydrichs im Protektorat, der verbliebenen Rest-Tschechoslowakei und andererseits dann die Bestialität der Vertreibung von 1945, braucht nicht aufgeführt zu werden, denn das ist ja hinreichend bekannt. Es hat im Grunde nichts mehr mit Politik, Geschichte, sondern nur noch mit brutaler Gewalt zu tun. Und doch sind es zugleich die Früchte der vergangenen 150 Jahre. Die Vertreibung der Sudetendeutschen ist, anders als die der Deutschen östlich von Oder und Neiße, kein Werk des Weltkommunismus, sondern des Nationalismus, letztes Glied in einer Kette von Verhängnissen, von den Kommunisten nur benützt, um Hass, Misstrauen und Angst zwischen beide Völker zu setzen. Unsere Familie gehört ja zu der Volksgruppe der Sudetendeutschen. Das sind im Grunde Alt-Österreicher, die nachweislich und ohne Unterbrechung seit mehr als 700 Jahren in den Randgebieten von Böhmen, Mähren und Österreichisch-Schlesien lebten und nach dem Zweiten Weltkrieg von dort vertrieben wurden. Es waren insgesamt 3,5 Millionen Menschen – mehr als die Einwohnerschaft von Norwegen – deren gesamter Besitz, Hab und Gut vom tschechischen Staat ersatzlos konfisziert wurde und die über die Grenzen nach Österreich, Bayern und Thüringen und Sachsen verjagt wurden. Von diesen 1945 vertriebenen Sudetendeutschen starben während der Vertreibung an Hunger, Entkräftung, Misshandlungen, in tschechischen Konzentrations- und Arbeitslagern, durch illegale Todesurteile von sogenannten Volksgerichten am Galgen, auf den Straßen nach Österreich und Deutschland mehr als 241.000 Menschen. Auf den Spuren der Erinnerung steht man nun vor den Resten eines einstmals blühenden und gepflegten Elternhauses und auch vor den Trümmern der zerstörten Jugendträume. Die heutige Folgegeneration der 1945 voll Hass entscheidenden Tschechen weiß nicht, wie es weitergehen wird, denn sie steht vor den Trümmern und der schweren Bürde der verwirtschafteten Hinterlassenschaft aus dieser Vergangenheit. Wie sie damit fertig werden soll, weiß sie nicht.

Ich zitiere eine bemerkenswerte Frau, eine ehemalige Mitschülerin, Frau Dr. Ilse Tielsch, geb. Felzmann: Wir verlassen ein arm gewordenes Land. Es wird großer Anstrengungen bedürfen, es wieder annähernd zu dem reichen Land werden zu lassen, das es einmal gewesen ist. Geduld und Ehrlichkeit auf beiden Seiten werden notwendig sein, um die abgerissenen Fäden wieder zu knüpfen. Man wird sich auf die richtigen Knoten besinnen müssen, solche, die vielleicht halten. Sicher ist, dass es uns nicht weiterbringen kann, wenn wir die Vergangenheit ignorieren, als habe es sie nicht gegeben. Es schließt vieles von dem ein, was man meint, wenn man von Heimat spricht aber nicht alles – nein, alles nicht.

Aufgeschrieben von Alfred Darilek
2002

Vertreibung der Familie Wetter aus Poppitz Landkreis Nikolsburg, Bezirk Lundenburg, Landesteil Südmähren im Sudetenland (heute: Popice / Tschechien)

Sein Familienname kam in Poppitz sehr häufig vor, wie Gottfried Wetter erzählte. Die Wetter waren wohl schon lange im Ort ansässig. Sein Vater Karl Wetter (1906–1959) war Landwirt wie schon sein Großvater. Die Mutter, Helene Wetter geb. Grech (1913–1984) stammte aus dem benachbarten Klentnitz. Ihr Vater war Winzer und Landwirt. Die Söhne Franz (1936), Karl (1938) und Gottfried (1940) sind in Poppitz geboren, während die jüngere Schwester Anneliese erst 1948 in Bittelbronn zur Welt kam.

Poppitz im Kreis Nikolsburg wird als eine der schönsten Gemeinden im „weinfrohen Südmähren" bezeichnet. Zum Zeitpunkt der Austreibung seiner urdeutschen Bevölkerung durch die Tschechen im Jahre 1945 / 46 hatte es 340 Hausnummern. Bei der Volkszählung im Jahre 1890 zählte Poppitz 1.602 Einwohner, 1900 waren es nur noch 1.375 Einwohner. Nur zwei Einwohner hatten sich in diesem Jahr als Tschechen bekannt. In Poppitz war kein Jude ansässig. Der Rückgang der Bevölkerung rührte daher, dass viele Poppitzer bei der Nordbahn sowie bei Polizei und Post in Wien angestellt waren. Die Grenze nach Österreich war nahe, die Entfernung nach Wien betrug 111 km. 1837 wurde die Kaiser-Ferdinand-Nordbahn-Strecke Lundenburg – Brünn ausgebaut. Die Gemeindeväter lehnten zunächst den Bau einer Station in Poppitz mit der Begründung ab: Die Bauern würden in der Erntezeit keine Arbeiter bekommen und die Frucht vom Maschinenrauch brandig werden. Später wurde eine Station im freien Felde gebaut, vermutlich 1869. Bis vor dem Zweiten Weltkrieg war Poppitz die verkehrsreichste Haltestelle der Strecke Brünn – Lundenburg, 1932 / 33 wurde sie zweigleisig ausgebaut. 1894 wurde das Postamt Poppitz errichtet. 1912 eine Wasserleitung verlegt und 1927 wurde Poppitz an das Stromnetz angeschlossen. Auch das Vereinsleben war rege. Es gab einen Gesangverein und einen Turnverein, die zusammen mit der Freiwilligen Feuerwehr 1923 ein Haus kauften.

Die Geschichte von Poppitz lässt sich bis ins 13. Jahrhundert zurückverfolgen: Damals war die Gemeinde im Besitz der Liechtensteiner von Nikolsburg. Die Pfarrkirche im oberen Ortsteil wurde im Jahre 1696 erbaut und ist dem hl. Andreas geweiht.

Das 1906 erbaute Rathaus trägt an der Vorderfront das Wappen der Gemeinde, einen Löwen mit der Weintraube, welches nach einer mündlichen Überlieferung der Gemeinde in Anbetracht des köstlichen Rebensaftes verliehen wurde. Der Pop-

Gruß aus Poppitz (Quelle: Südmährischer Landschaftsrat)

Pfarrkirche in Poppitz
(Quelle: Südmährischer Landschaftsrat)

Ansicht von Poppitz
(Quelle: Südmährischer Landschaftsrat)

pitzer Wein wurde auf der königlichen Hoftafel in Prag getrunken. Es wurde Landwirtschaft und Weinbau betrieben und Marillen *(Aprikosen)* gediehen gut. Bis in die 1890er Jahre wurde auch Süßholz kultiviert. Das Graben des Süßholzes fand nach drei- bis vierjährigem Wachstum entweder zeitig im Frühjahr oder spät im Herbst bis zum Eintritt des Frostes statt. Manches Jahr wurden etwa 2.000 Doppelzentner gegraben. Der Preis pro Doppelzentner erreichte oft elf Gulden. Als er nach 1900 auf sieben Gulden sank, wurde das Süßholz ausgerottet. Die Pflanzung erfolgte meist auf Anhöhen und Flächen, wo man mit dem Pflug nicht hinkam. Nach 1900 wurden diese Flächen mit veredelten Reben bepflanzt. Durch die Pollauer Berge im Osten konnte der kalte Wind von Nordosten nicht in die Ebene kommen.

Die Ortschaft ist erstmals 1291 urkundlich erwähnt, wie es bei wikipedia nachzulesen ist. Die bairisch-österreichische Mundart (Dialekte) mit ihren speziellen Kennwörtern, wie Bui, Huit (Bub, Hut), weist auf eine Besiedlung durch bairische Stämme hin, die nach 1050, aber vor allem im 12. / 13. Jahrhundert erfolgte. Sie brachten Ackergeräte aus Eisen mit, setzten neue landwirtschaftliche Anbaumethoden sowie die ertragreiche Dreifelderwirtschft ein. Später wurde Poppitz zusammen mit dem Ort Pausram von Heinrich II. von Liechtenstein an das Kloster Kanitz verkauft. Nach der Auflösung des Klosters und dem Zurückkauf von Poppitz durch die Familie Liechtenstein gehörte der Ort von 1414 bis 1848 zur Herrschaft Nikolsburg. Während der Hussitenkriege wurde der Ort im Jahre 1426 von Hussiten verwüstet.

Im April / Mai 1945 wurden die Häuser der deutschstämmigen Bevölkerung durch russische und tschechische Wehrmacht besetzt und die Bewohner in Lager gebracht. Zu Hause hatte man vorher Wurstdosen und anderes im Stall unter einem Trog versteckt und mit Mist zugedeckt. Aber die Russen fanden sie trotzdem. Aus dieser Zeit stammte auch eine Angewohnheit, die noch bis Bittelbronn beibehalten wurde. Brotscheiben wurden immer „verkehrt herum" gehalten, d. h. mit der belegten Seite nach unten. Warum? Wenn die Russen gesehen haben, dass Wurst oder Schmalz auf dem Brot war, wussten sie, dass in dem Haus etwas zu holen war. Die Tschechen haben darauf gedrängt, dass die Deutschen gehen, damit sie in deren Häuser einziehen konnten und die Russen haben ihnen geholfen. Innerhalb von zwei Tagen mussten alle ihre Häuser verlassen. In Güterwaggons wurden sie vom Bahnhof Poppitz in ein Sammellager an der Grenze zu Österreich gebracht. Vertriebene aus der Umgebung, auch aus Brünn, mussten sich am Bahnhof einfinden. Obwohl es von Brünn eine Bahnverbindung gab, mussten die Leute zu Fuß gehen. Jeder durfte 30 kg Gepäck mitnehmen: Kleidung und Bettzeug und Dokumente. Helene Wetter mit ihren Kindern kam dann mit einem Transport in ein Lager nach Karlsruhe, wo sie zuerst entlaust wurden. Viele Vertriebene kamen nach Bayern. Die Leute glaubten, sie könnten dann schneller wieder nach Hause zurückkehren. Von Karlsruhe aus wurde ihnen eine Unterkunft in Spöck zugeteilt.

Am 14. April 1945 wurde Poppitz von sowjetischen Soldaten besetzt, dabei kam es zu schweren Ausschreitungen gegen die Zivilbevölkerung und in der Folge zu Ziviltoten. Nach dem Ende des Zweiten Weltkrieges (8. Mai 1945), der 74 Opfer forderte, kam die Gemeinde wieder zur Tschechoslowakei zurück. Nach dem Abzug der Roten Armee besetzten tschechische „Hausverwalter" die Häuser der deutschen Bewohner, später auch Legionäre aus Bessarabien. Es kam zu Misshandlungen, an denen eine Frau verstarb. Beim Versuch einer Nachkriegsordnung nahmen die Siegermächte des Zweiten Weltkrieges am 2. August 1945 im Potsdamer Protokoll, Artikel XIII, zu den laufenden „wilden" Vertreibungen der deutschen Bevölkerung konkret nicht Stellung. Explizit forderten sie jedoch einen „geordneten und humanen Transfer" der „deutschen Bevölkerungsteile", die „in der Tschechoslowakei zurückgeblieben sind". Bis auf 28 Ortsbewohner wurden zwischen April und September 1946 alle Deutschsüdmährer „offiziell" zwangsausgesiedelt. Aufgrund des Benesch-Dekretes 108 wurde das gesamte Vermögen der deutschen Einwohner sowie das öffentliche und kirchliche deutsche Eigentum konfisziert und unter staatliche Verwaltung gestellt. Es erfolgte keine Abgeltung für das eingezogene Vermögen.

In Übereinstimmung mit den ursprünglichen Überführungs-Zielen der Potsdamer Erklärung verlangte die Rote Armee den Abschub aller Sudetendeutschen aus Österreich nach Westdeutschland. Von den Vertriebenen konnten trotzdem 104 Poppitzer in Österreich verbleiben, die restlichen 1200 Personen wurden nach Deutschland weiter transferiert. Je zwei Personen wanderten in die USA und Australien aus. (Quelle: Wikipedia – Poppitz)

Zur Vertreibung der deutschen Bevölkerung von Poppitz 1945 / 46 ist auf der Webseite www.suedmaehren.at nachzulesen: Nach Zeitzeugenberichten kamen am 9. Mai 1945 tschechische „Revolutions-Gardisten" nach Poppitz. Es kam zu Plünderungen und Vergewaltigungen. Am 17. Mai wurden fast alle Männer nach Schattau transportiert, dort festgesetzt und misshandelt. Einige ältere Männer wurden am nächsten Tag freigelassen, während die anderen ins Lager nach Znaim bzw. nach Mannsberg gebracht wurden. Die Gefangenen mussten Zwangsarbeiten leisten und wurden immer wieder misshandelt. Am 16. Januar 1946 wurde ein achtzigjähriger Mann erschlagen, weil er seine letzte Ziege nicht hergeben wollte. Ein sechsundachtzigjähriger Mann, der im Ort zurückgeblieben war, verhungerte. Am 5. März 1946 wurden die letzten Deutschen aus dem Ort in Richtung Westzone abtransportiert.

Der Suchdienst des Roten Kreuzes brachte die Familie wieder zusammen. Vater Wetter war im Krieg ganz oben in Norwegen im Einsatz und fuhr dort mit Pferdefuhrwerken. Nach Kriegsende landete er in Bittelbronn bei Bauer Wilhelm Stammer. So wurde die Familie schließlich am 28. August 1946 wieder vereint. Die erste Unterkunft war sehr bescheiden, zwei Kellerräume mit Lehmboden. Zum Heizen wurde ein Ofen aufgestellt. Eine eigene Küche hatte man nicht, die Mutter durfte die

Küche der Stammers mitbenutzen. Man wurde aber gut in der Familie aufgenommen. Am Anfang gab es wenig zu essen. Gottfried erinnert sich, wie aus Zuckerrüben Sirup gekocht wurde. Ähren hat man von den abgeernteten Feldern gesammelt, die dann vom Bauer gedroschen wurden. Es gab einen ¾ Zentner Weizen, nicht viel für eine fünfköpfige Familie. Natürlich ging man auch in die Himbeeren und später sammelte man Bucheckern. In Bittelbronn wurden Gärten für die Vertriebenen in der Nähe vom Steinernen Kreuz angelegt. Das Wasser musste 300 Meter weit hingetragen werden. Der Vater hat Gurken angebaut, die, nur eingesalzen, in Gläser gegeben wurden. Die gab es dann in Massen. 1950 erhielt Familie Wetter eine größere Wohnung im Schulhaus in Bittelbronn. Im Frühjahr 1954 zogen sie nach Möckmühl um.

Marlies Kibler
Mai 2017

Quellen:
Bericht von Franz und Gottfried Wetter
Bericht über Poppitz von Ignaz Grund
Wikipedia: Poppitz
Internet: Südmähren Poppitz

Vertreibung der Familie Koffend aus Palitz
Landkreis und Bezirk Eger, Egerland im Sudetenland
(heute: Palic / Tschechien)

Irma Valet geb. Koffend erzählt am 4. Mai 2017

Frau Irma Valet geb. Koffend (*31.10.1931) stammt aus Palitz, Kreis Eger im Sudetenland. Dort lebten nur Deutsche, es wurde kein Tschechisch gesprochen. Der Ort liegt nahe an der Grenze zu Bayern. Er hatte etwa 300 Einwohner. Der Vater war Landwirt, er besaß 12 ha Land. Palitz war der Hauptort, zu dem fünf oder sechs andere Orte gehörten, Palitz hatte eine Kirche mit einem eigenen Pfarrer und ein Rathaus.

Und es gab dort eine Volksschule bis zur 8. Klasse. Palitz war 12 km von Eger entfernt. Irma lernte gut, deshalb schickte der Vater sie nach Eger in die „Bürgerschule", *(Mittelschule / Realschule)*. Sie musste 4 km zum Bahnhof Lindenau bergab laufen und in Eger noch einmal 2 km vom Bahnhof zur Schule, das gleiche zurück, also täglich 12 km Fußweg. Täglich musste sie um fünf Uhr aufstehen, Unterricht war von 8–13 Uhr und bis sie zu Hause war, war es meistens halb vier Uhr, dann musste sie noch Hausaufgaben machen.

Sie war gerade vierzehn geworden, als sie vertrieben wurden, das letzte halbe Jahr gab es schon keinen Unterricht mehr. Als sie in Möckmühl ankam, war die Schule für sie beendet, weil sie das schulpflichtige Alter überschritten hatte.

Im November 1945 haben sie ihre Heimat verlassen. Die Tschechen haben alles enteignet. Zwar hatte man von tschechischer Seite davon gesprochen, dass die Deutschen vertrieben werden sollten, aber die Deutschen wollten das nicht glauben. Die

Kirche in Palitz von Nord-Osten
(Quelle: Egerland.wordpress.com)

Bürgerschule Eger
(Quelle: Egerland-Museum Marktredwitz)

Tschechen wollten das Sudetenland dazu haben, die Tschechoslowakei allein wäre als Land zu klein gewesen. Sie hatten keinen Bescheid erhalten. Es traf sie unvorbereitet. Eines Morgens Anfang November 1945 klopfte es um fünf Uhr morgens an die Haustür. Innerhalb von 20 Minuten hatten sie das Haus zu verlassen. Den Stall voll Vieh durften sie nicht mehr betreten. Um Hunde und Katzen durften sie sich nicht kümmern. Nur was sie tragen konnten, durften sie mitnehmen. Was nimmt man in solch einer Situation mit? Koffends nahmen nur ihr Bettzeug mit. Später, als die Aussiedlung geordnet vonstatten ging, durften die Leute einige Sachen mitnehmen. Sie wurden nach Eger in ein Sammellager gebracht.

Einige Bauern scheinen die Gerüchte Ernst genommen zu haben, sie haben schon vor der Vertreibung ihre Habe auf Wagen geladen und über die Grenze nach Deutschland gebracht. Ihr Vater war nicht der größte Bauer, gehörte aber zu den größeren. Die größeren Bauern wurden zuerst enteignet.

Sie waren nur drei Tage im Lager, als sie erfuhren, dass die Großmutter, die Mutter des Vaters, am zweiten Tag nach der Vertreibung gestorben war. Sie war schwer krebskrank und deshalb zurückgeblieben. Sie baten um Erlaubnis, zur Beerdigung gehen zu dürfen und es wurde verlangt, dass sie eine Bescheinigung über den Todesfall beibringen. In Eger lebten Verwandte, eine Kusine, heute verheiratete Bronner, Gertrud und Willi aus Bittelbronn. Sie besorgte die Bescheinigung. Unter der Auflage, dass sie danach ins Lager zurückkehrten, durften alle zur Beerdigung gehen. Der Bruder war sechs und Irma vierzehn, Vater und Mutter und Großmutter mütterlicherseits. Anstatt ins Lager zurückzukehren, führte Vater Koffend, der die Schleichwege durch den Wald kannte, seine Familie sicher über die gut bewachte Grenze nach Deutschland. Es war nur ein Kilometer. Nun besaßen sie gar nichts mehr. Die im Lager gefangen gehaltenen Menschen wurden zehn Jahre lang zu Zwangsarbeit gezwungen, in Prag und in der Landwirtschaft, bevor sie das Land verlassen konnten. Man hat nichts mehr von ihnen gehört, eine Verbindung war nicht möglich.

In Neualbenreuth hatten sie Verwandte, es wurde oft über die Grenze weg geheiratet. Bei den Verwandten konnten sie erst mal eine Weile bleiben. Vater versuchte, Geld zu verdienen. Zum Glück war Gertrud da schon draußen, also in Bayern.

In Eger hatte diese Kusine gelebt, deren Eltern einen schönen großen Bauernhof besaßen. Der war beschlagnahmt und eingezäunt worden und dahin kamen die deutschen Soldaten, die von der Wehrmacht entlassen werden sollten. Denen hatte man ab und zu etwas zu essen zugesteckt, sie bekamen wenig. Einer war dabei, der aus Bittelbronn stammte, er hieß Willi Bronner. Er sagte zu Gertrud, wenn ihr vertrieben werden solltet, kommt zu mir. Sie hatte dann die Adresse und ging zunächst allein dorthin. So gelangten auch Koffends nach Bittelbronn. Die Kusine hat in der „Rose" in Bittelbronn geholfen. Gertrud und Willi Bronner heirateten, pachteten zunächst einen Hof in Kressbach und kauften ihn später.

Die Eltern lebten bei Familie Ott in Bittelbronn, Eltern, Bruder und Großmutter. Der Vater arbeitete zuerst bei Bauern und sie wohnten dort etwa zwei bis drei Jahre lang. Dann fand er Arbeit in Neckarsulm, danach bei Kali-Chemie in Heilbronn, er war gelernter Schmied. Später kauften sie in Heilbronn ein Haus. Onkel Adolf Koffend war im Krieg und wollte nach der Entlassung nicht mehr heim, sondern kam nach Bittelbronn. Seine Geschwister waren noch in der Heimat. Er arbeitete zuerst bei Deininger in Bittelbronn. Irma arbeitete in Bittelbronn im Haushalt.

Nach dem Krieg war Frau Valet dreimal wieder in der Heimat. Im Ort gab es Vierkanthöfe. Jeder hatte seinen Hof für sich allein, dahinter die Felder. Der Ort lag 600 m hoch. Der Boden war fruchtbar, es wurde viel Kartoffel angebaut. Die wurden angebaut zum Eigenbedarf und zum Verkauf. In Eger hatte man Kunden, denen immer Kartoffeln zum Einkellern geliefert wurden. Aber auch Roggen und Gerste wurden angebaut. Später ist der Hof abgebrannt, heute steht nur noch ein halbes Wohnhaus. Das erste Mal war sie Mitte der 50er Jahre dort. Da stand noch alles.

Dillenberg war an der Grenze zwischen Bayern und Egerland, da ist man hingefahren, wenn die Eltern sich was gönnten. Es war eine schöne Gegend. Auch Waldsassen war ein Ausflugsort, wo sie gerne hingingen.

Mineralquellen gab es viele in der Gegend. Im Sommer mussten sie den Berg runter zurQuelle mit einem kleinen Wagen und Flaschen, die in Kisten standen. Diese wurden mit Wasser gefüllt. Es war ein großer gefasster Brunnen. Das Wasser wurde während der Erntezeit getrunken. Wilds stammen aus Sandau. Dorthin ging man zum Arzt oder nach Eger. Man musste durch den Wald laufen. Die Verkehrsbedingungen waren bescheiden, es gab keinen Bus, und sie wohnten weit weg vom Bahnhof. In der Gegend gab es auch viel Schnee, sie lagen ja 600 m hoch. Im Winter waren die Wege oft meterhoch verschneit.

Wie sind sie aufgenommen worden? In ihrer Haushaltsstelle fühlte sie sich nicht wohl, Irma musste jeden Tag um fünf Uhr aufstehen, ausmisten und melken, mit 14 Jahren. Dafür bekam sie am Abend zwei Kartoffeln und eine Tasse Milch. Sie schlief in einer Rumpelkammer. Abends ging sie zu Kusine Gertrud in die „Rose", die Wirtin war sehr nett. Zwei Jahre blieb sie in dieser Stelle. Anschließend besuchte sie im Winterhalbjahr die Haushaltungsschule in Neckarsulm. Danach kam sie zu Valets in den Haushalt und heiratete später Gerhard Valet.

Zuzug Irma Koffend 29.06.1949 von Bittelbronn,
Adolf Koffend 11.09.1946 von Bittelbronn

Verschriftlicht im August 2017
Erika Speth

Vertreibung der Familie Wild aus Sandau Kreis Marienbad, Egerland im Sudetenland (heute: Dolni Zandov / Tschechien) und anschließende Flucht aus Möhra bei Meiningen aus der SBZ

Anton Wild wurde 1896 in Teichhausen Kreis Tepl im Sudetenland geboren. Sein Vater war dort Schreiner und Landwirt. Von 1911–1915 besuchte er die Lehrerbildungsanstalt in Prag, am 28.6.1915 legte er die I. Dienstprüfung ab. Die erste Stelle als Außerplanmäßiger Lehrer und Schulleiter an der Einklassigen Volksschule in Tissau trat er am 1.10.1915 an. Jedoch schon am 6.12.1915 erfolgte die Einberufung zum Militär. Bis zum Ende des Ersten Weltkriegs kämpfte er in der Österreichischen Armee, aus der er erst am 7.12.1918 entlassen wurde. Die II. und III. Dienstprüfung legte er im November 1919 ab. Es folgten Anstellungen an verschiedenen Ein- oder Zweiklassigen Schulen im Kreis Tepl, bevor er am 1.1.1922 zum Planmäßigen Lehrer und Schulleiter an der Einklassigen Volksschule Kschiha befördert wurde. Im

Schulklasse mit Lehrer Anton Wild – 1935
(Quelle: Herbert Darilek)

darauffolgenden Jahr heiratete er Emma Riedl, Tochter eines Musikers und Landwirts aus Teichhausen. Der erstgeborene Sohn Herbert musste sofort nach dem Abitur Soldat werden und fiel mit neunzehn Jahren in Stalingrad (*1942/43*). 1924 wurde Tochter Germana (Gera) und 1930 Elfriede (Elfi) geboren.

In einer Landschaft mit duftenden Wiesen und herrlichen Wäldern, einer Hochfläche mit Weiden und romantischen Teichen, lebten zufriedene Menschen in glücklichen Familien. In Einsiedel, ca. 3 km entfernt, war die zuständige Kirche, in der die Kinder der Familie Wild getauft wurden. Im Winter war es manchmal gar nicht möglich, zum Gottesdienst zu gehen, natürlich zu Fuß. Die Winter waren schneereich und die Wege verweht. Wintersport gab es in allen Varianten von Fassdauben bis Schlitten und Eislaufen auf den zugefrorenen Teichen. Dann kam der Anschluss an Deutschland. Von der Sprache her empfand man kaum eine Änderung, denn alles sprach deutsch. Man lebte ja im Egerland, in einem rein-deutschen Sprachgebiet. Der Postbeamte, der Gendarm oder der Ortsvorsteher waren Tschechen und man wurde durch Hospitanten in Vaters Schule beobachtet. Man war und blieb deutsch. Eine andere Fahne, das war alles, was sich für uns Kinder änderte.

Zum 1.9.1940 erfolgte die Versetzung von Anton Wild an die Zweiklassige Volksschule in Ober-Sandau Kreis Marienbad, als Oberlehrer. Ein Jahr später wur-

Ober-Sandau (Quelle: Michael Kummer)

Elfriede Wild (um 1944)
(Quelle: Herbert Darilek)

de er zum Beamten auf Lebenszeit ernannt. Er hatte sich um eine Versetzung in einen Ort auf halbem Wege zwischen Marienbad und Eger bemüht. Der Grund war eine einfachere schulische Betreuung der Kinder. Der Umzug erfolgte in einen Schulneubau, aber der Vater war da schon bei der Deutschen Wehrmacht und hielt kein einziges Mal Unterricht in der neuen Schule.

In einer Zeit, wo man auch gerne einen Vater zum Reden hätte, war Elfi mit Mutter und Geschwistern allein. Es waren hektische Zeiten. Internat in Eger, dann wieder Fahrschülerin. Kriegswirren mit Bomben und Tieffliegerangriffen. Durch beherztes Eingreifen eines Soldaten bei einem Fliegerangriff im Bahnhof Eger gerade noch überlebt. Es folgte die Marienbader Schulzeit, mit vielen schönen Freundschaften. Schon die Tatsache, in dieser Kurstadt mit besonderem Flair zur Schule zu gehen und die Gäste aus der großen weiten Welt bestaunen zu können, war toll. So verlebte Elfi die Jahre mit den ersten wichtigen Eindrücken und Empfindungen der Pubertät, den ersten Tanzversuchen mit auf Urlaub weilenden Freunden vom großen Bruder Herbert und der älteren Schwester Gera.

Der Zweite Weltkrieg ging seinem Ende entgegen. Es kam zu Ausschreitungen gegen Deutsche aufgrund der verlorenen Übermacht aus der legendären Vorherrschaft und der rechtlos gewordenen Bevölkerung, unterstützt durch die Alliierten, die nunmehr auf der Siegerstraße waren. Banden und Partisanen tauchten auf. Unter der tschechischen Fahne wurde im eigenen Land, in der eigenen Region der Privatbesitz okkupiert und man verlor alle Rechte. Elfi war fünfzehn Jahre alt und musste mit zehn bis fünfzehn Freundinnen aus Sandau von heute auf morgen zum Abtransport bereitstehen. Rucksack, Kleidung und etwas Verpflegung, so ging es per Lkw ins Landesinnere, bis nach Rokican. Bei der Ankunft wurde selektiert. Kräftige und erfahrene Mädchen kamen zu Bauern und die anderen in eine Eisen-Fabrik mit unzähligen Arbeitern, rauchenden Schornsteinen und viel Dreck. Es war eben ein Eisenwerk. Und niemand sprach deutsch und wer es konnte, tat es nicht. Ein großer Raum, Bretterverschläge, miserable sanitäre Verhältnisse und wir „Kinder" mittendrin, auf uns alleine gestellt. Viele Tränen, keine Verbindung nach Hause, eben Sklaven zum Arbeiten. Die Wochenenden waren dem Saubermachen von Schultoiletten gewidmet und Arbeiten, die man sonst keinem zumuten konnte. Wochen vergingen. Es wurde improvisiert und man arrangierte sich so gut es ging. Ein deutscher Jude half ab und zu bei einer Besorgung und es blieb nichts anderes übrig als sich anzupassen. Es waren tiefgreifende Erlebnisse. Diese Zwangsarbeit dauerte etwa sieben Monate und dann ging es wieder nach Sandau und es begann die Vorbereitung der Aussiedlung im Frühjahr 1946. Eines Morgens musste sich die Familie auf dem Bahnhof einfinden: 50 kg Gepäck, keine Wertsachen und nur was man an Kleidung auf dem Körper tragen konnte. Verladung in Güterwaggons und ein langer Transportzug nahm seinen Weg Richtung Westen. Mit Entsetzen erkannte man dann unterwegs, dass es nicht in die „Westzone" ging, sondern in die Sowjetische Besatzungszone. Oh Schreck!

Nun kam es, wie es kommen musste. Nach tagelanger Fahrt, den üblichen Entlausungsaktionen, gemeinsamen Dusch-Aktionen die Einbürgerung in Möhra bei Meiningen. Auch hier wurde selektiert, nach Größe und Stärke eingeteilt bei Bauern oder als Haushaltshilfe. So wurden Mama, Gera und ich einem Bauern zugeteilt, der vor dem Ein-Zimmer-Bezug das Bettgestell sowie Tisch und Stühle zerstörte. Jeder zweite Ortsbewohner hieß Luther und alles was katholisch war, war schlecht und böse. Ich hatte Glück und wurde bei einer Familie aufgenommen, die Gefallen an einem jungen Menschen hatte und mich gut behandelte. Bald war ich ein richtiges Familienmitglied. Musste zwar hart arbeiten, aber man war fair. Es war eine Ziegelei. Die Familie hatte einen großen Freundeskreis und es kamen viele Besucher aus nah und fern, die auch Leben ins Haus brachten. Ich habe dort viel gelernt.

Gera hatte eine bezahlte Arbeit gefunden und ich konnte in einem Kindergärtnerinnenseminar die Ausbildung zur Kindergärtnerin beginnen. Das ging so eine Zeit, mal besser mal schlechter. Man arrangierte sich, knüpfte Verbindungen und Kontakte nach dem Westen und suchte nach neuen Möglichkeiten. Dann kam eines Tages über die Schwester des Vaters die Nachricht von dessen Heimkehr. Die Tante war nach Besigheim ausgesiedelt worden und mein Vater hatte bei seiner Entlassung aus der Kriegsgefangenschaft – zuerst in Norwegen dann in Frankreich – die Adresse seiner Schwester als Heimatadresse genannt. Nun gab es für uns natürlich nur einen Gedanken: die Familienzusammenführung. Richtung Westen zu gelangen, war schon damals schwierig. So gingen zuerst die Mama und dann einige Wochen später Gera und ich schwarz über die grüne Grenze nach Westdeutschland.

Nach der Entlassung aus der Kriegsgefangenschaft im Februar 1947 musste Anton Wild sich zunächst von Hungerödemen erholen. Einige Wochen lang versuchte er sich dann als Vertreter bei der Lebensversicherung „Herold", ehe er als Aushilfslehrer an der Landwirtschaftlichen Berufsschule Willsbach eine Anstellung fand. Sieben Monate später, am 22.12.1947 begann sein Dienst als Lehrkraft im Angestelltenverhältnis an der Volksschule Möckmühl. Er hatte einen halben Lehrauftrag. 1948 musste ein entsprechender Anteil der Bewohner katholisch sein, um auch einen katholischen Lehrer einzustellen. Das war durch die vielen Vertriebenen aus Ungarn und dem Sudetenland gegeben. In Möckmühl fand die Zusammenführung der Eltern am 20.6.1948 – dem Tag der Währungsreform – statt. Wir hatten ein Dach über dem Kopf, ein Zimmer in der Schule unter einer Dachschräge mit einer Luke, zwei Betten und ein Ami-Feldbett und hausten wie Spitzwegs „armer Poet". Aber wir waren zusammen. Einfach war es nicht. Das Kindergärtnerinnenseminar war zu teuer. Kein Geld und keine Ersparnisse. Ich fand dann eine Anstellung in einem Foto-Labor – auch bei einem Vertriebenen – und erhielt 60 DM im Monat bei einer Arbeitszeit von Montag bis Samstag ganztägig. Ende 1949 konnte die Familie in eine richtige Wohnung umziehen, in einem Neubau vom Bauer Schweiss. 1951 erhielt Anton Wild eine Planstelle an der Volksschule Möckmühl und wurde wieder ins Beamtenverhältnis übernommen. 1954 wurde ihm eine Ehrenurkunde für 40jährige Dienstzeit von der Landesregierung Baden-Württemberg überreicht. Elfi heiratete in diesem Jahr Alfred Darilek.

Zusammengestellt nach dem Personalbogen von Anton Wild und Aufzeichnungen von Alfred Darilek nach Erzählungen seiner Frau Elfi.

Marlies Kibler

Juli 2017

UNGARNDEUTSCHE – DONAUSCHWABEN

„Ungarndeutsche" nennt man allgemein die Nachfahren der einst ins Karpatenbecken eingewanderten Deutschen. Der Begriff Ungarndeutsche kann historisch auch Bevölkerungsgruppen außerhalb des heutigen Ungarn einschließen, da das Königreich Ungarn mit dem Vertrag von Trianon (1920) wesentlich verkleinert wurde, als große Gebiete Ungarns an die Nachbarstaaten fielen.

Zu beachten ist auch, dass sich in der Vergangenheit nicht alle deutschsprachigen Volksgruppen in gleicher Weise und Intensität mit dem ungarischen Staat identifizierten. Zumeist bezeichnet im heutigen Sprachgebrauch der Begriff „Ungarndeutsche" daher nur einen Teil der deutschsprachigen Bevölkerungsgruppen im ehemaligen Königreich Ungarn.

Historisch wanderten die Deutschen in mehreren Wellen zu verschiedenen Zeiten in das Karpatenbecken ein. Es entstanden auf dem Gebiet des damaligen Ungarn deutsche Sprach- und Siedlungsgebiete. Seit der Vertreibung 1946–1948 leben Ungarndeutsche (oder Deutsche aus Ungarn) auch in Deutschland, Österreich oder in Übersee (zum Beispiel in Brasilien oder in den USA).

Geschichte

Die Einwanderung der ersten Deutschen erfolgte um 1000, als deutsche Ritter in Begleitung der Herzogin Gisela von Bayern, Königin von Ungarn, in das Karpatenbecken kamen. Gisela war die Frau des ersten ungarischen Königs St. Stephan. St. Stephan gründete das Königreich Ungarn und wurde 1001 formell als König von Ungarn anerkannt, als Papst Silvester II. ihm den Titel „Apostolische Majestät" verlieh. Er regierte bis zu seinem Tod 1038.

Die größte Einwanderungswelle ins ungarische Tiefland erfolgte nach der Türkenherrschaft. Zwischen 1700 und 1750 kamen deutsche Siedler aus Süddeutschland, Österreich und Sachsen in die nach den Türkenkriegen zum Teil menschenleeren Gebiete Pannoniens, des Banat und der Batschka und trugen entscheidend zur wirtschaftlichen Erholung und kulturellen Eigenart dieser Regionen bei.

Ende des 18. Jahrhunderts lebten im damaligen Vielvölkerstaat Königreich Ungarn mehr als eine Million Deutsche, die vor allem in der Landwirtschaft tätig waren. Es gab aber auch eine blühende deutsche Kultur mit literarischen Werken, Zeitungen, Zeitschriften, und Kalendern in den Städten. Ein großes deutsches Theater wurde am 9. Februar 1812 in der Hauptstadt eröffnet. Vor dem Ersten Weltkrieg lebten etwa 1,5 Millionen Donauschwaben im Königreich Ungarn, deren Siedlungsgebiete 1919 zwischen den Staaten Ungarn, Jugoslawien und Rumänien aufgeteilt wurden. Viele von diesen wurden nach 1945 vertrieben.

Im 19. Jahrhundert bildeten sich „deutsche Industriezweige" wie Glasbläser, Metallgießer, Steinmetze heraus. In der zweiten Hälfte des 19. Jahrhunderts begann eine radikale Magyarisierungspolitik, in deren Folge sich das städtische deutsche Bürgertum, um seine wirtschaftlichen Interessen zu wahren, dem Ungartum anpasste. So wurde die deutsche Sprache allmählich durch die ungarische ersetzt.

Nach dem Ersten Weltkrieg gehörte Ungarn zu den Verlierern. Österreich-Ungarn hatte 1879 mit dem Deutschen Kaiserreich den Zweibund geschlossen. 1882 wurde der Zweibund durch den Beitritt Italiens zum Dreibund erweitert. Italien wechselte beim Londoner Vertrag (1915) aus expansionistischen Interessen auf die Seite der Alliierten.

Ungarn verlor 1920 im Vertrag von Trianon, den es unter Protest unterschrieb, 70 Prozent seiner Gebiete, die von Nachbarstaaten annektiert wurden. Die Zahl der Deutschen im Staat Ungarn wurde dadurch mehr als halbiert.

Gegen den Magyarisierungsdruck auf Staats- und Schulebene wehrte sich „Der Ungarländische Deutsche Volksbildungsverein" 1924 unter der Leitung von Jakob Bleyer mit geringem Erfolg. In dieser Situation hofften die Deutschen in Ungarn zur Verbesserung ihrer sprachlichen Situation auf Hilfe von außen. Diesen Sachverhalt nutzte das NS-Regime nach Hitlers Machtergreifung im Januar 1933. Das Deutschtum in Ungarn wurde zum politischen Spielball der ungarischen und der reichsdeutschen Regierung.

Während in den Jahren nach 1929 die Mehrheit der Deutschen im Dritten Reich dem programmatischen Irrationalismus verfiel und eine Selbstzerstörung, die zunächst als Aufstieg und „Erwachen" empfunden wurde, begann, kämpfte die ungarndeutsche Minderheit ums Überleben. Die Sprach- und Schulpolitik der Regierung des Reichsverwesers Nikolaus von Horthy von 1920 bis 1944 bezweckte u. a. die Einschmelzung nicht ungarischer Minderheiten.

In der Außenpolitik waren sich Ungarn und das Dritte Reich darüber einig, dass die Friedensverträge von Versailles und Trianon annulliert werden müssen, zumal Ungarn zwei Drittel seines Staatsgebiets an die sog. Nachfolgestaaten abtreten musste. Mit Hilfe des Dritten Reichs und Italiens wurde 1938 durch den Ersten Wiener Schiedsspruch der überwiegend von Ungarn besiedelte Teil der Slowakei an Ungarn rückgegliedert. Dank Hitlers Duldung wurde im Frühjahr 1939 die Ruthenei (Karpatho-Ukraine) zurückgeholt. Der Zweite Wiener Schiedsspruch verkündete 1940 die Rückkehr Nordsiebenbürgens an Ungarn. Als Hitler 1941 Jugoslawien den Dolchstoß versetzte, durfte Ungarn sich wieder die Mittel- und Südbatschka, mit dem Branauer Dreieck zwischen Donau und Drau einverleiben. So viel Entgegenkommen von deutscher Seite verlangte natürlich von Ungarn entsprechende Gegenleistungen. Am 27. Juni 1941 trat deshalb Ungarn auf Deutschlands Seite in den Zweiten Weltkrieg ein. Im Sommer 1941 nahm das Kaschauer Armeekorps an den Kampfhandlungen gegen die Sowjetunion teil. Es wurde aber im Herbst zurückgezogen. An der Großoffensive im Frühjahr 1942 waren wieder größere ungarische Verbände beteiligt, die aber bei der russischen Großoffensive im Januar 1943 vollständig aufgerieben wurden. Danach wurden ungarische Truppen nur noch im Partisanenkampf eingesetzt.

Im Jahr 1941 wurde es anlässlich des Besuchs von Reichsaußenminister von Ribbentrop in Budapest vertraglich festgelegt, dass zunächst 25.000 deutschstämmige Männer ihren Wehrdienst im Dritten Reich ableisten können. Angehörige der deutschen Volksgruppe in Ungarn – ob sie Mitglieder des Volksbund waren oder nicht – wurden seit 1942 zum Dienst in der Waffen-SS angeworben und gemustert. Nach der Musterungsaktion nahm alles seinen Lauf, den nahezu niemand *so* gewollt, gar aktiv geplant oder auch nur klar vorausgesehen hat. Die große Masse, die sich irgendwie vom neuen „Aufstieg" gefangen nehmen ließ, war allmählich wieder zur Vernunft gekommen. Doch als man hier von den entsetzlichen Vorgängen hörte, war es zu spät. Die ungarndeutsche Volksgruppe in der Uniform der Waffen-SS wurde gröblichst missbraucht. Einerseits wollte sich die damalige ungarische Regierung der um ihre Muttersprache ringenden und verhältnismäßig wohlhabenden deutschen Minderheit entledigen. Für seine Gebietserweiterungen mit Hilfe Deutschlands konnte Ungarn auch seine Deutschen als „Gegenleistung" anbieten. Die Leidtragenden waren die ungarndeutschen Männer und ihre Familien, deren Vertreibung auf Grund der Aussiedlungsverordnung der ungarischen Regierung vom 22. Dezember 1945 beschlossen wurde.[1]

---

1   2017 – Unser Hauskalender – Das Jahrbuch der Deutschen aus Ungarn Auszug aus „Verschleppte aus Nadwar (Nemesnádudvar) als Zwangsarbeiter in der Sowjetunion" von Georg Richter

Als die von Miklós Horthy geführte Regierung angesichts der sicheren Niederlage Ende 1944 geheime Waffenstillstandsverhandlungen mit der Sowjetunion führte, putschten die Pfeilkreuzler[2] und versuchten, ein nationalsozialistisches Regime zu errichten. Im Waffenstillstandsabkommen vom 20. Januar 1945 musste Ungarn sich einer Alliierten Kontrollkommission unter Vorsitz der Sowjetunion unterstellen. Dieses Waffenstillstandsabkommen verpflichtete Ungarn zur aktiven Mithilfe bei der Verfolgung, Verhaftung und Verurteilung von Kriegsverbrechern. Alle hitlerfreundlichen oder andere politischen, militärischen und paramilitärischen Organisationen der Ungarn und Ungarndeutschen waren aufzulösen.

Nach dem Zweiten Weltkrieg wurden viele Ungarndeutsche zur Zwangsarbeit in die Sowjetunion verschleppt, oder in Ungarn nach Entnazifizierungsverfahren enteignet, entrechtet und zwischen 1946 und 1948 nach Deutschland, zuerst in die amerikanische, später in die russische Besatzungszone vertrieben.

1945 wurde per Gesetz eine Bodenreform mit kommunistisch-sozialistischer Zielsetzung durchgeführt. Dabei wurde auch der Grundbesitz aller Mitglieder des *Deutschen Volksbundes* entschädigungslos enteignet. Eine Verordnung vom 1. Juli 1945 organisierte die Überprüfung auf nationalsozialistische Belastung, der vor allem die deutsche Minderheit unterzogen wurde. Es gab ein vierstufiges Kategorienschema:

- Kategorie 1: Führende Mitglieder einer „Hitler-Organisation". Dazu zählten die Mitglieder der Waffen-SS
- Kategorie 2: einfache Parteimitglieder und solche, die ihren magyarisierten Namen regermanisiert hatten
- Kategorie 3: Unterstützer von „Hitler-Organisationen"
- Kategorie 4: Personen, die „ihre Vaterlandstreue und demokratische Gesinnung nicht unter Beweis gestellt" hatten

Der Grundbesitz der in den Kategorien 1–3 erfassten Personen war für die Ansiedlung von ungarischen Flüchtlingen bestimmt, die aus Nachbarstaaten geflohen oder vertrieben worden waren.

Am 29. Dezember 1945 verfügte die ungarische Regierung, dass diejenigen ungarischen Staatsbürger nach Deutschland „umzusiedeln" seien, die sich bei der Volks-

---

2 Die Pfeilkreuzler oder Hungaristen waren die Anhänger einer unter verschiedenen Bezeichnungen von 1935 bis 1945 bestehenden, faschistischen und antisemitischen Partei in Ungarn. Ihr Parteiführer war Ferenc Szálasi. Mit Unterstützung des Dritten Reiches errichteten die Pfeilkreuzler vom 16. Oktober 1944 bis zum 28. März 1945 in den noch nicht von der Roten Armee besetzten Teilen Ungarns eine faschistische Kollaborationsregierung, unter der mehrere zehntausend Menschen ermordet wurden.

zählung von 1941 zur deutschen Nationalität oder Muttersprache bekannt oder die Magyarisierung ihres Namens rückgängig gemacht hätten, Mitglied des Volksbundes oder einer bewaffneten deutschen Formation gewesen waren. Diese Ausweisung beruhte auf Artikel XIII des Potsdamer Abkommens, das die „Überführung der deutschen Bevölkerung oder Bestandteile derselben, die in Polen, Tschechoslowakei und Ungarn zurückgeblieben sind, nach Deutschland" festlegte.

Die Volkszählung 1941 hatte im Gebiet von Trianon-Ungarn rund 477.000 Personen deutscher Muttersprache erfasst, 300.000 hatten sich zur deutschen Nationalität bekannt. Rund 100.000 hatten der SS angehört, viele davon waren gefallen oder in Kriegsgefangenschaft geraten. Dem Volksbund und seinen Organisationen hatten im Herbst 1942 (im vergrößerten Ungarn) rund 300.000 Angehörige der deutschen Minderheit angehört. Etwa 60.000 bis 70.000 waren bereits zusammen mit der Wehrmacht geflohen, darunter zahlreiche SS-Mitglieder und ihre Familien sowie Volksbund-Mitglieder.

István Bibó, 1945 Innenminister Ungarns, wandte sich in mehreren Denkschriften gegen die Vertreibung der Ungarndeutschen. 1946 äußerte er hierzu unter anderem: „Wir tun jetzt mit ihnen nichts anderes als vor einem Jahr mit unseren Juden". Ende 1945 trat er aus Protest zurück.

Am 1. Juni 1946 wurden die Transporte in die Amerikanische Besatzungszone von den Amerikanern gestoppt, weil Ungarn das zurückgelassene Vermögen der Deutschen auf seine Reparationsverpflichtung anrechnen lassen wollte, was die Amerikaner nicht anerkannten. In dieser ersten Phase wurden bis zu 130.000 Ungarndeutsche nach Deutschland verbracht.

Nachdem die Sowjetunion sich bereit erklärt hatte, weitere Ungarndeutsche aufzunehmen, wurden von August 1947 bis Juni 1948 weitere 33 Transporte organisiert. Etwa 50.000 aus Südungarn kamen in die sowjetische Zone, überwiegend in die Auffanglager in Sachsen, in die Graue Kaserne in Pirna.

Ab etwa August 1946 spielten die Überprüfungskommissionen, die sehr langsam arbeiteten, bei der Ausweisung nur noch eine geringe Rolle. Oftmals mussten unbelastete Deutsche Ungarn verlassen. Dagegen konnten Mitglieder des Volksbunds bleiben. Er hatte sich vor allem aus armen Bauern und nichtorganisierten Arbeitern rekrutiert. Die ungarischen Kommunisten bewahrten diese Schichten vor der Ausweisung, zielten stattdessen auf vermögende und grundbesitzende Bauern als potentielle Gegner eines sozialistischen Umbaus Ungarns.

Alles in allem hat Ungarn, das durch das Potsdamer Abkommen ermächtigt war, seine gesamte deutsche Bevölkerung auszusiedeln, etwa die Hälfte von ihnen ausgewiesen. Damit endete die dreihundertjährige Geschichte der Deutschen in Ungarn.

Situation bis zur Wende

Nach der Vertreibung der Deutschen zwischen 1945 und 1948 wurden die verbleibenden Deutschen in Ungarn durch die Aberkennung ihrer Staatsbürgerschaft staatenlos. Erst ab 1950 bekamen sie Personalausweise und wurden als Staatsbürger anerkannt. Von 1950 bis 1956 folgte die Periode der totalen Diktatur, in der neben den „Kulaken" (reiche Bauern) auch die Ungarndeutschen als Staatsfeinde betrachtet wurden. Beim ungarischen Militär bekamen die ungarndeutschen Männer oftmals keine Waffen und wurden in diesem Bereich auch nicht ausgebildet, weil sie nicht als vertrauenswürdig angesehen wurden, stattdessen mussten sie etwa drei Jahre Arbeitsdienst ableisten. Zahlreiche Beispiele zeigen, dass Ungarndeutsche an den Universitäten nicht studieren durften oder ihre Studien wegen ihrer ethnischen Herkunft abbrechen mussten. Deutschfeindliche Äußerungen wie „Wer ungarisches Brot isst, soll Ungarisch sprechen" waren bis in die 1970er Jahre keine Seltenheit. Die Diskriminierungen führten dazu, dass 1956 nach dem ungarischen Volksaufstand viele Ungarndeutsche das Land verließen und nach Österreich, Deutschland, die USA, Kanada oder Australien auswanderten.

Marlies Kibler
Januar 2017

Quelle: Wikipedia

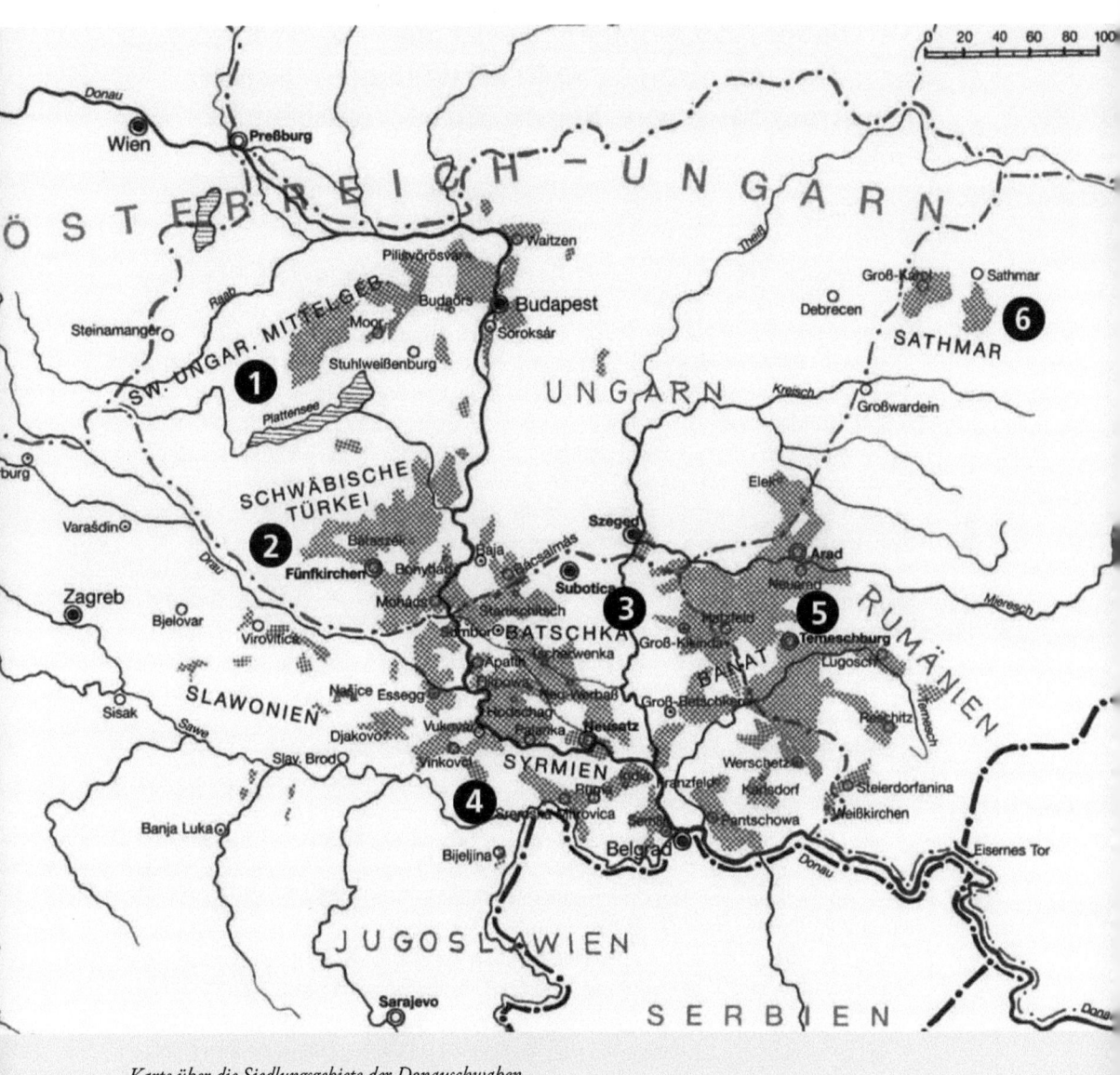

*Karte über die Siedlungsgebiete der Donauschwaben
(Quelle: St. Gerhards-Werk Stuttgart [Public domain])*

Vertreibung der Familie Schissler aus Leinwar Kreis Gran (heute: Leányvár, Kreis Esztergom, Grafschaft Komárom-Esztergom, Region Mittel-Transdanubien in Ungarn)

Leányvár oder Leinwar, wie es auf Deutsch hieß, gehört zum Kreis Gran (heute Esztergom) an der Donau, etwa 40 km westlich von Budapest. Dort hatten sich die Vorfahren der Familie Schissler vor etwa 300 Jahren niedergelassen. Vermutlich kamen sie aus Bayern, meint Georg Schissler, weil der Dialekt ähnliche Begriffe enthält, die sich über Jahrhunderte erhalten haben. Die Schisslers – Vater Josef (1895) und seine Frau Maria geb. Tisch (1902) sowie die Kinder Josef (1922), Thomas (1924), Katharina (1926) und Georg (1938) sind alle dort geboren. Der Vater betrieb eine Landwirtschaft, er war der zweitgrößte Bauer im Dorf. Zwei neue Häuser nannten sie ihr Eigen, in dem größeren wohnte die Familie, das andere war vermietet. Obwohl in Ungarn geboren, sprach Georg nur deutsch und nicht ungarisch. *Kein Wunder, von den zuletzt 1.422 Einwohnern waren 1.210 Deutsche*[1]. Etwa 5 km von Leányvár entfernt gab es ein Kohlebergwerk, in dem viele Einwohner arbeiteten. Josef, der älteste Sohn, hatte sich, als er etwa 20 Jahre alt war, zur Waffen-SS gemeldet, sonst wäre er zur ungarischen Armee eingezogen worden. Die Ausbildung dort war nicht so gründlich und man munkelte, dass die Soldaten nur als Kanonenfutter dienten, viele sind gefallen.

1943 war eine deutsche Versorgungskompagnie der Wehrmacht mit etwa 120 Soldaten nach Leányvár verlegt worden. Als Nachschubkompagnie hatte sie die Aufgabe, die kämpfenden Truppen in Russland mit Lebensmitteln zu versorgen. Kompagnie-Chef Singer war bei Schisslers einquartiert und lebte dort wie ein Familienmitglied. Als die russische Front näher rückte, riet Singer der Familie, den Ort zu verlassen. Nicht alle im Dorf waren hitlerfreundlich gesinnt. Wenn nun die Russen einrückten und erfuhren, dass der Sohn bei der SS war, würde man sie vielleicht erschießen oder nach Sibirien verschleppen. So verließ die Familie sowie auch Verwandte und andere Dorfbewohner eines Nachts im Herbst 1944 ihr Zuhause und fuhr von Gran mit dem Schiff auf der Donau bis Wien und von dort mit der Bahn nach Neuhaus in der Tschechoslowakei *(vermutlich Jindrichuv Hradec bei Neu Bistritz, etwa 16 km von der österreichischen Grenze entfernt)*. Eine große Kirche im Ort war zum Flüchtlingslager umfunktioniert worden. In Leányvár hatte man vorher Schweine und ein Kalb geschlachtet und das Fleisch zu Schinken, Wurst etc. verarbeitet. Ein Teil der Fleischwaren sowie auch Weizen und andere Lebensmittel, wurden in einem dafür hergerichteten Hühnerstall eingelagert und die Tür zugemauert. Man wollte so für die Rückkehr vorsorgen. Auf die Flucht nahm man neben Kleidung und anderen Sachen auch Schinken, Fleisch, Schmalz und Mehl mit. Davon lebte die Familie nun in Neuhaus. Das ging so bis Kriegsende. Als dann die Russen einrückten, verlangten diese und auch die Tschechen, dass alle binnen einer Stunde das Lager verlassen müssten. Zu Fuß machten sie sich auf den langen Heimweg. Viel konnten sie nicht tragen und manches Stück musste unterwegs zurückgelassen werden. Auch die Lebensmittelvorräte waren rasch aufgebraucht. Manchmal wurden sie von russischen Lastwagen ein Stück mitgenommen, was nicht ungefährlich war. Einmal fuhr ein Lkw nachts in einen Wald und die Russen suchten nach jungen Frauen auf der Pritsche. Eine, die nicht aus ihrem Dorf stammte, wurde heruntergezerrt. Ihr Mann versuchte vergeblich sie zurückzuhalten. Er erhielt einen Schlag mit dem Pistolenknauf auf die Hand, die gleich dick anschwoll. Nach einer Stunde wurde die Frau zurückgebracht. Die Gruppe hatte einen Führer, der Jilich hieß. Er hatte im Ersten Weltkrieg russisch gelernt und konnte sich gut verständigen. In einer größeren Stadt in der Tschechoslowakei, Brünn(?), erfuhr er, dass hinter dem Bahnhof eine ungarische Kompagnie mit 30 Soldaten stationiert sei. Diese sollte bald aufgelöst werden und konnte nicht mehr alle vorhandenen Lebensmittel aufzehren. Dort bekamen die Flüchtlinge jeden Tag eine warme Mahlzeit. Untergebracht waren sie in einem offenen Waggon. Wenn es regnete, spannte man Decken auf. Das Wasser versuchte man in Eimern aufzufangen. Trotzdem waren morgens alle nass.

In der Nähe stand ein russischer Eisenbahnwaggon, innen luxuriös ausgestattet, in dem ein russischer Offizier wohnte. Er beobachtete die Flüchtlinge. Eines Tages sagte er zu Jilich: „Heute Abend um 10 Uhr will ich eine Frau haben. Wenn keine kommt, erschieße ich euch alle". Jilich teilte dies der Gruppe mit. Keine Frau meldete sich. Eine Tante von Georg, die fünf Töchter im Alter zwischen 15 und 25 Jahren hatte, wollte sich opfern, aber die Mädchen hielten sie zurück, so dass sie ihr Vorhaben schließlich aufgab. Abends sagte Jilich: „Ich gehe jetzt zu dem Offizier und sage ihm, dass keine Frau kommt. Wenn ihr einen Schuss hört, dann war ich der erste, den er erschossen hat." Im Waggon hätte man eine Stecknadel fallen hören können. Was man hörte, war Zähneklappern. Nach einer Weile kam Jilich zurück, kreidebleich. Er berichtete, der Offizier liege auf seinem Bett und schlafe. Es stinke nach Wodka und neben ihm liege eine leere Wodkaflasche. Daraufhin packten sie ihre Sachen ein und zogen eiligst weiter in Richtung Heimat. Als sie schließlich dort eintrafen, erlebten sie eine böse Überraschung. Der Hühnerstall, in dem sie ihre Vorräte eingemauert hatten, war aufgebrochen worden und leergeräumt.

Nach etwa 14 Tagen, es war schon fast Sommer 1945, kamen die Russen ins Dorf. Ungarische „Rendörseg" *(Polizisten mit Maschinenpistolen)* befahlen der Familie, das Wohnhaus zu verlassen, sie könnten in das kleinere Haus gegenüber einziehen. Die

Mutter hatte dieses gerade fertig saubergemacht, als sie wieder erschienen und verkündeten, „dort könnt ihr auch nicht rein". Der sonst so besonnene Vater wurde zornig und wollte mit der Mistgabel auf die Russen losgehen. Einer zog schon die Maschinenpistole, aber die Mutter griff ein. Sie drehte den Gewehrlauf nach oben und rief „aufhören, wir gehen". Nun zogen sie hinunter ins Dorf, in das alte Haus des Großvaters. Dort wohnten sie, bis sie im Frühjahr 1946 ausgewiesen wurden.

Die Russen räumten nun das Dorf leer. Pferde, Kühe, Rinder, Schweine, Hühner, Enten, Gänse, alles wurde den Bewohnern weggenommen. Sie durften weder die Felder abernten noch Ähren lesen. Die russischen Soldaten bekamen nur ein Kastenbrot als Verpflegung, alles andere mussten sie selbst organisieren. Den Bewohnern ließen sie nur eine Kuh, die Milch für die kleinsten Kinder lieferte. Die Versorgungslage war entsprechend schwierig. Die Russen zogen jedes Wochenende betrunken durchs Dorf. Jeder bekam pro Tag ein Quantum Wodka zugeteilt. Den Wodka sparten sie auf, um sich am Wochenende zu betrinken. Dann machten sie sich auf die Suche nach Frauen, die man nun vor ihnen verstecken musste. Eine junge Witwe, Mutter von vier kleinen Kindern, hat sich jede Nacht auf dem Dachboden versteckt. Im Winter hat sie sich so erkältet, dass sie es nicht überlebt hat.

Vertreibung aus Wudersch (Budaörs) (Quelle: „Unsere Post")

Der Stiefbruder der Mutter, Michael Fink, war auch bei der Wehrmacht gewesen, aber nicht in Gefangenschaft geraten. Auf dem Bahnhof in Budapest traf er, noch in Uniform, Landsleute aus Leányvár. Sie warnten ihn, in sein Dorf zurückzukehren. Im Gefängnis in Gran seien junge Juden beschäftigt, die deutsche Soldaten übel behandelten. Er solle lieber nach Deutschland fahren, die anderen würden sowieso bald ausgewiesen. Da er der Meinung war, nichts Böses getan zu haben, fuhr er trotzdem heim. Seine Mutter, hoch erfreut, hatte schnell zwei Eier aufgetrieben und in die Pfanne geschlagen. Die waren noch nicht gar, als schon zwei Polizisten dastanden, um ihn ins Gefängnis nach Gran mitzunehmen. Er durfte die Eier vorher noch essen. Als sein Vater ihn am nächsten Tag dort besuchte, erkannte er seinen Sohn kaum. Er war grün und blau geschlagen worden. Während er noch im Gefängnis war, wurden die Dorfbewohner ausgewiesen. Der Vater blieb zurück und setzte alle Hebel in Bewegung, um seinen Sohn frei zu bekommen und irgendwie hat er es geschafft, wie genau erfuhr niemand. Nach 14 Tagen stießen die beiden auf wundersame Weise zu den anderen Vertriebenen.

Im Radio und durch Flugblätter hatte man schon von der bevorstehenden Ausweisung gehört, aber keiner wollte daran glauben. Doch es geschah. Die ungarische Regierung hatte bei den Siegermächten die Ausweisung der Donauschwaben

Die Vertreibung der Ungarndeutschen aus Wudersch (Budaörs) begann am 19. Januar 1946 (Quelle: „Unsere Post")

durchgesetzt. Man wollte an ihr Vermögen kommen. Die deutschen Dörfer waren gepflegt, es gab Höfe, Kirchen, Rathäuser, Vermögen war da, im Gegensatz zu den ungarischen Dörfern. Nach dem Motto: „Mit dem Rucksack seid ihr gekommen, mit dem Rucksack sollt ihr das Land wieder verlassen, alles andere bleibt hier", durften pro Person 100 kg mitgenommen werden. Der Ort wurde straßenweise geräumt. Eines Abends im April *(24.03.1946)*[1] hieß es: „Alle Sachen zum Bahnhof bringen". Es stand da kein Personenzug – der Zug bestand aus Güterwaggons, die aber oben geschlossen waren. 40–50 Personen sollten in einem Waggon Platz finden. Denjenigen Deutschen im Dorf, die im Bergwerk gearbeitet hatten, stellte man es frei zu bleiben oder auszureisen. Man brauchte sie im Bergwerk. Zunächst sagten sie, wir gehen mit nach Deutschland – obwohl keiner so genau wusste, ob Deutschland wirklich das Ziel der Reise sein würde und nicht etwa Russland. In dem Waggon, dem Schisslers zugeteilt wurden, waren auch fünf oder sechs Familien, wo die Väter im Bergwerk gearbeitet haben. Die ganze Nacht beratschlagten sie auf dem Bahnsteig, was sie machen sollten – mitfahren oder dableiben. Morgens um 5 Uhr fiel die Entscheidung, und zwar für Leányvár. Sie luden ihr Gepäck wieder aus und die anderen hatten mehr Platz. Insgesamt 70 Bergarbeiterfamilien durften in Leányvár bleiben. Später, als es in Deutschland bergauf ging, haben sie ihre Entscheidung sehr bereut. In der ersten Nacht schlief Georg ganz oben auf einem Bündel Kleider. Johann Fink hat die halbe Nacht geweint, weil er keinen bequemen Schlafplatz gefunden hatte. Insgesamt wurden 1000–1200 Personen auf die Waggons verteilt, *229 Familien*[1]. Der Zug war drei Wochen unterwegs. Manchmal ging es zurück, dann wieder vorwärts, je nachdem wie die Gleise frei waren. Begleitet und bewacht wurde der Zug von russischen Soldaten bis an die österreichische Grenze, dann wurde er vermutlich an die Amerikaner übergeben. *Gefahren wurde nur nachts. Tagsüber stand der Zug immer auf einem Bahnhof*. In Wien mussten alle aussteigen und in eine große Halle gehen, wo sie verpflegt wurden. Georg erinnert sich an eine Art Fastnachtskrapfen und Kakao. Dann wurden alle entlaust, bevor sie wieder in den Zug steigen konnten. Es ging nun direkt nach Deutschland und dort wurden unterwegs immer wieder Waggons abgehängt, z. B. in Heidenheim oder Großgartach. Eine Lok mit einem Waggon erreichte an einem Samstagmorgen (13.4.1946) von Heilbronn kommend den Bahnhof Möckmühl. Darin waren all die Familien (Engler, Fink, Klotz, Schäffer, Stadtmüller, Sturz, Tisch, Schissler), die später in Möckmühl gelebt haben, insgesamt 49 Personen. Um 10 Uhr kam der Amtsbote Kaiser auf den Bahnhof und erklärte: „Ihr müsst euch alle um 11 Uhr auf dem Rathaus im Sitzungssaal einfinden. Dort werdet ihr dann von den Hauseigentümern abgeholt. Die wissen, wie viele Personen sie aufnehmen

---

1 „Vertreibung der Deutschen aus Ungarn 1946–1948 nach Gemeinden"; www.ungarndeutsche.de
2 Unser Hauskalender – Das Jahrbuch der Deutschen aus Ungarn 2017", Bericht von Anna Ranger

müssen". Als Marga Holzapfel, 14 Jahre alt, die fast 50 Leute sah, fragte sie: „Muss ich die alle mitnehmen?" Alles lachte, auch der Bürgermeister. Ihr wurden aber nur vier Personen zugeteilt: Opa und Oma Fink, Michael und Johann Fink. Familie Schissler kam nach Siegelbach zu Bauer Adolf Kaiser. Josef Schissler war bei Kriegsende in Österreich in amerikanische Gefangenschaft gekommen. Die Amerikaner ließen die Soldaten in den ersten Monaten fast verhungern. Es waren tausende Kriegsgefangene und man hatte Angst, dass sie einen Aufstand machen würden. Später durfte Josef Schissler am Wochenende österreichischen Bauern bei der Ernte helfen. Im Sommer 1946 wurde er nach der Ernte aus der Gefangenschaft entlassen. Von Nachbarn in Leányvár hatte er erfahren, dass seine Familie in Siegelbach bei Möckmühl lebe und er fuhr direkt dorthin. Resi Tisch (verh. Krebs) sah ihn zufällig am Bahnhof (28.06.) und brachte ihn zu seinen Eltern, die gar nicht wussten, ob er überhaupt noch lebt.

Der Anfang war nicht einfach für die Flüchtlinge. Alles lag in Schutt und Asche in Deutschland und es gab Lebensmittelkarten. Die Einheimischen sagten zu Recht: wir haben selber nichts zu essen und jetzt kommen die Flüchtlinge und essen uns das bisschen weg. Der Aufenthalt in Siegelbach dauerte etwa ein Jahr, es gab da aber keine Zukunft für die Familie. Man wollte eine Wohnung in Möckmühl haben. Dafür benötigte man einen Wohnberechtigungsschein von der Gemeinde, die auch die Wohnungen verwaltete. Es klappte und eine Wohnung in einem Haus im Kleinen Binsach wurde ihnen zugeteilt. Man organisierte einen Leiterwagen mit einem Ochsen, um die wenigen Habseligkeiten nach Möckmühl zu transportieren. Dann die Enttäuschung. Auf ihr Läuten und Klopfen machte in dem angegebenen Haus niemand auf. So fuhren sie weiter in die Roigheimer Straße, wo Opa Fink wohnte. Zu zehnt hausten sie nun in einem Zimmer. Zum Schlafen war absolut nicht genug Platz für alle da. Deshalb schliefen Georg und seine Schwester Kathi bei Familie Niedermeyer in der Seckachtorgasse. Eines Morgens erkundigte sich die Hausbesitzerin, Frau Maier, was da eigentlich los sei, warum sie immer abends kämen und morgens wieder gingen. Sie wurde über die beengten Wohnverhältnisse aufgeklärt und bot nun an, dass Familie Schissler sich unter dem Dach ein Zimmer ausbauen könne und die Waschküche als Wohnküche nutzen dürfe. Diese hatte einen schrägen Boden mit Sinkkasten, man musste den Tisch unterlegen damit die Suppe nicht aus dem Teller floss und es gab nur Kellerfenster. Vater Schissler arbeitete beim Bauern G. Fleischmann. Dieser war gerade dabei, in die Ruchsener Straße auszusiedeln. Er bot Familie Schissler an, in seine alte Wohnung in der Unteren Gasse zu ziehen, sie müssten sich aber um einen Wohnberechtigungsschein kümmern. Die Mutter ging aufs Rathaus und erklärte den Sachverhalt und der gewünschte Schein wurde ausgestellt. Als Fleischmanns die obere Wohnung – zwei Zimmer und Küche – verlassen hatten, begann man zu renovieren. „Es waren ungelogen 10 cm alte Tapeten an den Wänden, die haben immer nur neue Tapeten draufgeklebt", erzählt

Georg. Schließlich war alles saubergemacht und frisch geweißelt. Mutter hatte die Fußböden geschrubbt und am Samstag wollten sie einziehen. Da kamen zwei Mädchen und sagten, „das gefällt uns, da ziehen wir ein". Schisslers erwiderten: „Fleischmann hat uns die Wohnung zugesagt, wir haben einen Wohnberechtigungsschein und haben alles hergerichtet". „Wir haben auch einen Schein", meinten die beiden Mädchen „und wir wollen hier einziehen". Damals wurde samstags noch auf dem Rathaus gearbeitet. Es war etwa 11, ½ 12 Uhr. Josef Schissler war so etwas wie der Familienvorstand. Er ging nun aufs Rathaus. Im obersten Stockwerk hatte Bürgermeister Schmidt-Aursch sein Amtszimmer. Er sagte zu ihm: „Sie können doch nicht für eine Wohnung zwei Scheine ausstellen, welcher gilt denn jetzt?" Darauf entgegnete Schmidt-Aursch: „Der, den ich zuletzt ausgestellt habe." Josef platzte der Kragen, er packte ihn an der Krawatte und drohte, ihn aus dem Fenster zu werfen. Der Bürgermeister zitterte und rief die Polizei an. „Was ist passiert", fragte der Polizist und Josef erzählte seine Geschichte. Darauf meinte der Polizist: „Herr Bürgermeister, das geht doch nicht, sie können doch nicht, wo doch der Mann bei Fleischmann beschäftigt ist, einen zweiten Schein ausstellen". Der Bürgermeister kam schließlich zur Vernunft und sie konnten einziehen. Der Wohnungsmangel war groß. Flüchtlinge mussten oft in der Küche mit den Hauseigentümern kochen und es gab Reibereien.

Die älteren Brüder Josef und Thomas konnten dann eine Umschulung für junge Männer mitmachen. Bei einer großen Baufirma in Heilbronn absolvierten sie eine Maurerlehre und machten die Gesellenprüfung. Eine Zeitlang konnten sie dort arbeiten bis eine Rezession kam und sie im Winter entlassen wurden. Durch seine Kontakte im Gesangverein und Musikverein fand Thomas dann eine Anstellung in der Agria und blieb dort 40 Jahre. Josef machte sich später mit einem Maurergeschäft selbstständig.

Georg Schissler stellt fest, dass die Flüchtlinge in Möckmühl nicht verhasst waren. Rückblickend waren sie ein Segen für die Region.

Erzählt von Georg Schissler am 08.03.2017
Aufgeschrieben von Marlies Kibler
Juni 2017

Ergänzungen in Kursivschrift

Die Bodenreform von 1945 / 1946 in der SBZ

Die Sowjetisch Besetzte Zone – SBZ, Ostzone oder umgangssprachlich einfach Zone genannt – war eine der vier Besatzungszonen, in die Deutschland 1945 von den alliierten Siegermächten USA, Sowjetunion, Großbritannien und Frankreich aufgeteilt wurde.

Die Sowjetische Militäradministration (SMAD) führte in den Jahren 1945 / 1946 in der SBZ – der späteren DDR – eine Bodenreform durch, die den Grundstein zur Sozialistischen Planwirtschaft legte. Unter der Losung "Junkerland in Bauernhand" wurden alle 7.160 Großgrundbesitzer, die mehr als 100 ha Land besaßen, vollständig und entschädigungslos enteignet und ab Herbst 1946 aus ihren Wohnorten vertrieben. Die Besitzer der Güter östlich der Elbe bis Ostpreußen nannte man Junker. Enteignet wurden auch 4.537 Betriebe unter 100 ha. Ebenso wie Staatswald und Forsten. Beschlagnahmt wurde nicht nur ihr Land, sondern auch Häuser, Hofgebäude, Möbel, Autos, Kleidung, kurz das gesamte Inventar der Gebäude. Manche wurden verhaftet und in „Speziallager" gebracht, die in den ehemaligen Konzentrationslagern Buchenwald und Sachsenhausen eingerichtet wurden. Auch Kriegsverbrecher und ehemalige Nazigrößen wurden enteignet. Dabei war man nicht wählerisch. Mancher wurde enteignet, der niemals Nazi war, und mancher echte Nazi kam ungeschoren davon. Eine gerichtliche Prüfung erfolgte nicht.

Insgesamt wurden 35 % der landwirtschaftlichen Nutzfläche der SBZ enteignet. Das Land wurde Landarbeitern, Umsiedlern, landlosen Bauern und Arbeitern übergeben. Umsiedler wurden in der SBZ aus ideologischen Gründen die 4,3 Millionen Flüchtlinge und Vertriebenen aus dem früheren deutschen Osten genannt. Die Parzellen hatten eine Größe von 5 ha bis 20 ha und waren somit viel zu klein, um einträglich bewirtschaftet zu werden. Die „Neubauern" hatten oft keine landwirtschaftliche Erfahrung, es fehlte ihnen an landwirtschaftlichen Geräten und Maschinen sowie an Vieh und es fehlten Wohnhäuser und Hofgebäude, so dass die Ernteerträge zurückgingen statt zu steigen.

Ein Drittel des neu vergebenen Bodens wurde in „Volkseigene Güter" (VEG) zusammengefasst, die in staatliches Eigentum übergingen.

Kirchlicher Besitz sollte nicht unter die Bodenreform fallen, wurde bisweilen dennoch enteignet.

Gemäß einem SMAD-Befehl aus dem Jahre 1947 sollten die Herrenhäuser abgerissen und aus dem Material neue Häuser für die Bauern gebaut werden. Viele der Vertriebenen wohnten in den Herrenhäusern, sie verloren also wieder ihre Wohnung. Außerdem reichte das Material nicht für alle geplanten Häuser. Schließlich wurden die landwirtschaftlichen Betriebe zwangsweise zu Landwirtschaftlichen

Produktionsgenossenschaften (LPG) zusammengeschlossen. Bis 1960 gab es in der DDR fast keine Einzelbauern mehr.

Im Jahre 2018 gehören in Ostdeutschland 50 Prozent der Flächen (Wiesen, Felder, Äcker) Genossenschaften, GmbHs oder Aktiengesellschaften. 34 Prozent aller Äcker sind dort im Besitz von Investoren, die nicht vor Ort leben; zwischen 2007 und 2017 übernahmen sie 72 Prozent aller frei werdenden Flächen. (Quelle: Stern Nr. 46 vom 8.11.2018 *Wem gehört Deutschland?*)

Erika Speth

Quelle: Internet

Flucht der Familie Hädicke aus Maasdorf bei Köthen (Südliches Anhalt im Landkreis Anhalt-Bitterfeld in Sachsen-Anhalt)

Meine Eltern, Erich Hädicke (1909–1966) und Irene geb. Kraft (1911–2002), hatten 1936 in Möckmühl geheiratet und lebten dann auf dem Gut in Maasdorf bei Köthen, das schon meinem Großvater und Urgroßvater väterlicherseits gehört hatte.

Am Ende des Krieges konnte meine Oma Kraft nicht mehr nach Möckmühl zurück, denn es war immer eine Tagesreise von Köthen oder Halle nach Möckmühl. Sie war also noch in Maasdorf, als die Amerikaner bei uns einzogen. Es kamen viele englische Kriegsgefangene auf den Hof, denn die Lager waren aufgelöst worden und sie waren auf dem Heimweg. Manche hatten ein Fahrrad und viele kamen zu Fuß. Alle wurden von uns freundlich aufgenommen und bewirtet. Sie wollten natürlich abends Radio hören und so kann ich mich an eine kleine Gruppe erinnern, die im Herrenzimmer Radio hörte und mit uns Kindern spielte.

Einer von ihnen konnte etwas Deutsch sprechen. Er bedankte sich für die freundliche Aufnahme und fragte, ob er auch für uns etwas tun könnte. Es wurde beraten und plötzlich sagte Oma, ob er nicht etwas aufschreiben könnte, so dass wir es anderen Kameraden zeigen könnten, die vielleicht nicht so nett wären wie die Gruppe,

Wohnhaus der Familie Hädicke in Maasdorf (Quelle: Ulrich Hädicke)

die gerade bei uns war. Er schrieb also einen kleinen Brief und dieser wurde sorgfältig verwahrt.

Wir hatten Panzersperren auf beiden Seiten des Hofes und meine Mutter und Oma beschlossen, dass diese Sperren offengelassen werden. So standen wir alle vor dem Tor, als die Amerikaner zuerst mit einem Jeep und dann mit Panzern ins Dorf einzogen. Sie warfen uns Kindern Schokolade und Kaugummi zu, aber mein Bruder Erich sagte, dass er so ein schwarzes Zeug nicht essen würde. Später am Nachmittag kamen zwei Amerikaner zurück und sagten, dass wir unser Haus räumen sollten, da sie ein Hauptquartier bräuchten. Meine Mutter fragte, ob wir wenigstens im oberen Stock bleiben könnten, aber die Amerikaner verneinten dies, denn im Hauptquartier dürften keine Deutschen sein. Da fiel Oma der Brief ein, den die Engländer geschrieben hatten und sie holte das Schriftstück hervor. Die Amerikaner lasen aufmerksam und berieten sich. Dann sagten sie: „Wir brauchen euer Haus nicht." Später hörten wir, dass sie ihr Hauptquartier in einem kleineren Haus aufgeschlagen hatten.

Es war natürlich immer eine verzwickte Sache, wenn die Amerikaner ins Haus kamen und etwas tauschen wollten, z. B. schwarzen Tee, den Oma und meine Mutter sehr gern tranken, gegen Eier, Mehl oder Milch. Viel wurde herumgeraten, was wohl „flour" sei. Wären es vielleicht „flowers"? Oma holte Blumen aus dem Garten, Nein, das wollten sie nicht. Ein Amerikaner zeigte, wie man Teig knetet. Oma be-

Im Herrenzimmer (Quelle: Ulrich Hädicke)

schloss Englisch zu lernen und sie machte zur Belustigung der Amerikaner auch gute Fortschritte.

Leider waren die Amerikaner nur kurze Wochen bei uns. Da die Russen ganz Berlin besetzt hatten und die anderen Besatzungsmächte auch einen Teil der deutschen Hauptstadt haben wollten, fand ein Tausch statt und gegen einen Teil von Berlin wurde unsere Gegend von den Amerikanern an die Russen abgegeben.

Eines Morgens waren dann russische Soldaten im Dorf. Niemand durfte seine Haustür abschließen und die Hoftore mussten offengehalten werden. Die Mädchen versteckten sich, wenn russische Soldaten auftauchten und auch ich wurde oft abends aus dem Bett geholt und durchs hintere Fenster hinausgehoben und schlief bei Nachbarn. Den alten Leuten taten sie nichts und so war es oft Oma, die sie empfing und bewirtete. Eines Abends wollten sie wieder auf den Hof und eine eiserne Tür neben dem Hoftor war nicht offen. Oma ging sofort hinaus und ein Streifschuss ging knapp an ihrem Kopf vorbei. Ich habe das Loch in dieser Tür noch einmal gesehen, als ich kurz nach der Wende in Maasdorf war. Ich weiß nicht, ob diese Tür heute noch existiert. Ein andermal kamen sie und fragten, ob wir ein Auto hätten. Wir hatten den Mercedes schon während des Krieges in die Scheune gefahren, denn es gab kein Benzin mehr und wir fuhren immer mit der Kutsche. Wir zeigten ihnen das Auto und sie sagten, sie wollten es kaufen. Sie bezahlten auch einen Betrag aber

Gruß aus Maasdorf (Quelle: Ulrich Hädicke)

nach einer halben Stunde kamen sie wieder und wollten ihr Geld zurück. Ein andermal kamen sie mit einem Lastwagen und holten das Klavier und sämtliche Polstermöbel ab, um sie nach Russland zu transportieren. Die Gardinen wurden dann ein andermal abgeholt.

Im Herbst 1945 wurde auch in der russischen Zone die Bodenreform durchgeführt, bei der alle Bauernhöfe über 100 ha enteignet wurden. Auch unser Hof wurde an 17 Neusiedler aufgeteilt. Ein Mann aus dem Nachbardorf, der Kommunist war und nun eine gute Stelle in der Nachbarstadt Köthen hatte, wollte meiner Mutter helfen, da wir seine Frau während des Krieges mit Lebensmitteln unterstützt hatten. Sie war eine der vielen gewesen, die jeden Tag auf den Hof kamen und Kartoffeln, Butter, Milch und anderes erbettelten oder tauschten und Oma und meine Mutter fragten niemals nach den Namen. Anscheinend bekam seine Frau nirgendwo etwas, da sie Kommunisten waren.

Meine Mutter und dieser Mann, ich kenne den Namen nicht, stellten also eine Liste auf, wer diese Neusiedler sein sollten. Zuerst schrieben sie alle Verwandten von uns ein. Dies wurde aber nicht erlaubt, so schrieben sie unsere Arbeiter ein.

Der Hof wurde aber weiter gemeinschaftlich bewirtschaftet, da mein Vater sowieso jedes Jahr am Erntefest jedem Arbeiter einen Bonus erteilt hatte. Die Russen fanden dies heraus und so kamen sie am 6. Januar 1946 mit einem Jeep und sagten, wir hätten eine halbe Stunde, um uns fertigzumachen und dann würden sie uns mitnehmen. Wir würden dann in ein Ostlager kommen. Meine Mutter holte uns vom Dorfteich, der zugefroren war und auf dem wir mit den anderen Dorfkindern spielten. 1946 war ein sehr harter Winter. Oma, Mutter und auch wir weinten, aber das machte den Russen wenig aus. Sie saßen im Herrenzimmer am Tisch und tranken Schnaps, den meine Mutter aufgetischt hatte.

Meine Mutter nahm uns an der Hand und zusammen mit Oma gingen wir durch den Saal und zur Verandatür hinaus, durch den Park und wir verbargen uns hoch oben im Stroh der Scheune unseres Nachbarn, des Müllers. So um 4 Uhr herum, als es schon etwas dämmerte, kam Müller Albrecht in seine Scheune, um Futter für sein Schwein und seine Hühner zu holen. Mein Bruder Erich hatte Husten und so hörte er, dass jemand in seiner Scheune war. Er rief hinauf und meine Mutter bestätigte, dass wir da seien.

Müller Albrecht sagte, dass die Russen drüben in unserem Haus vor Wut tobten, dass 2 Frauen mit 3 kleinen Kindern ihnen entkommen seien. Wir hörten auch eine Glocke und Müller Albrecht ging hinaus, um herauszufinden was jetzt wieder los sei. Die Russen hatten einen Jungen durchs Dorf geschickt, der ausrufen musste, dass wer uns helfen oder über Nacht beherbergen würde, am nächsten Morgen mit uns erschossen werde.

Meine Mutter bestätigte sofort, dass wir am nächsten Morgen nicht mehr hier sein würden. Wir stiegen alle vom hohen Dachboden herunter und Frau Albrecht brachte uns etwas zu essen und auch Mäntel für Oma und meine Mutter. Herr Albrecht gab uns Geld mit und den Sportwagen seiner Tochter für meinen Bruder Uli, denn er war noch keine 4 Jahre alt. Meine Mutter sagte, die Albrechts sollten sich alle Sachen, die sie uns gegeben hatten, von unserem Haus holen.

Als es dann völlig dunkel war, es muss so um 6 Uhr gewesen sein, machten wir uns auf den Weg. Wir vermieden die Straßen und gingen über die Felder. Sobald wir ein Auto mit einem Scheinwerfer sahen, warfen wir uns platt auf den Boden, denn das Land ist flach und ohne Hügel. Ein Nachbarsjunge, der von den Russen hinausgeschickt worden war, spürte uns auf und er versprach nicht zu verraten, dass er uns gesehen hatte. Er schwor, es noch nicht einmal seiner Großmutter zu erzählen.

Am Ende des nächsten Dorfes wohnte die Kommunistenfamilie und meine Mutter hatte einige Sachen dort ausgelagert, aber die Familie war nicht zu Hause. Ich kann mich erinnern, dass wir jeden Kontakt mit Leuten mieden, nur die Hunde hörten uns und heulten hinter den Türen.

Inzwischen war es fast 10 Uhr geworden und mein Bruder Erich konnte sich kaum auf den Beinen halten. Oma klagte nicht, obwohl sie über 60 Jahre alt war und unsere Schuhe beinahe durchgelaufen waren. Im nächsten Dorf wohnte eine Bekannte von uns und meine Mutter erinnerte sich an die Adresse. Es war ruhig im Dorf, denn alle Dorfbewohner gingen gewöhnlich früh ins Bett. Sie klopfte an die Tür, aber nur der Ehemann war zu Hause. Er machte uns auf und gab uns zu essen und trinken. Während der Mahlzeit wurde beraten, was nun zu tun sei. So wurde beschlossen, dass wir bis 3 Uhr nachts schlafen sollten und dann würde uns Herr Bieler wecken und mit uns bis zum nächsten Bekannten, einem Gärtner, von dem mein Vater immer Blumenkohl und Tomatenpflanzen kaufte, gehen. Wir würden in Richtung englische Grenze gehen und er könne am nächsten Tag wieder allein nach Hause wandern. Inzwischen würde er unsere Schuhe reparieren.

Nach einem hastigen Frühstück um 3 Uhr morgens ging es dann weiter. Herr Bieler leuchtete mit einer Taschenlampe, wenn es nötig war und wir kamen noch, bevor es richtig hell wurde, bei unseren Bekannten an. Nach einem 2. Frühstück und ich kann mich erinnern, dass wir gekochte Eier schmausten, die eilig vom Hühnerstall geholt wurden, machte sich Herr Bieler wieder auf den Weg und es wurde beschlossen, dass wir den Tag über bleiben sollten und der Gärtner, ich weiß den Namen nicht mehr, würde uns dann mit seinem Lieferauto, in dem er gewöhnlich Pflanzen transportierte, zu seinem Kollegen in, ich glaube es war Giersleben, bringen.

Ich glaube, wir Kinder haben an diesem Tag viel geschlafen nach dem vielen Wandern und der kurzen Nacht. Während der nächsten Nacht ging es dann wieder weiter und wir kamen ungeschoren in Giersleben an.

Wieder blieben wir während des Tages versteckt im Haus und in der nächsten Nacht ging es weiter der Zonengrenze entgegen. Jeder der Bekannten gab meiner

Mutter etwas Geld, Proviant und unter anderem auch eine Flasche Schnaps. Alles war in einem Rucksack verstaut, den meine Mutter trug. Die nächste Nacht verbrachten wir auf dem Bahnhof. Ich glaube, es war Helmstedt. Viele Flüchtlinge, so wie wir es nun waren, waren unterwegs. Wir trafen auch einige Leute aus unserem Dorf, die unterwegs waren, um Schweine im Harz zu kaufen. Sie fragten, ob sie uns etwas geben könnten und sie leerten ihre Taschen und gaben uns ihre Taschentücher, denn wir hatten keine. In dieser Nacht schliefen wir Kinder einige Stunden lang auf den Steinfliesen unter einem Bahnhofstisch, sodass keiner von den vielen Menschen auf uns treten konnte.

Meine Mutter erfuhr, dass kleine Gruppen mit einem erfahrenen Einheimischen, der die Gegend kannte, schwarz über die Grenze gingen. Sie wollte sich so einer Gruppe anschließen, aber anfangs wollten sie keine Kinder mitnehmen. Wir hatten aber jetzt Geld und konnten etwas schmieren. So stapften wir wieder durch die Nacht. Leider mussten wir durch ein kleines Dorf, in dem ein russischer Posten die Flüchtlinge abfing. Es waren 17 Leute in unserer Gruppe. Die Frauen und Kinder wurden in einen Schweinestall gestopft. Dann wurde unser Rucksack untersucht. Das Brotmesser warfen sie sofort weg und dann fanden sie die Flasche Schnaps. Sie ließen uns also wieder aus dem Schweinestall heraus und sagten, wir könnten gehen. Sie schickten uns aber in die entgegengesetzte Richtung und da wir die Gegend nicht kannten, beschlossen Oma und meine Mutter, dass es wohl das beste sei, wenn wir den Weg zum Bahnhof wieder zurückgingen. Am Ende des Dorfes machten wir einen großen Bogen um das Dorf herum und kletterten über Stacheldraht und überquerten Felder, um zum Bahnhof zurückzukommen.

Dann erfuhr meine Mutter, dass es einen Zug zum englischen Sektor gab. Wahrscheinlich war es in Marienborn. Wir machten uns also wieder auf den Weg. Dort angekommen, gingen wir sofort zum Bahnhof, um uns nach dem Zug umzusehen. Ja, wurde bestätigt, es ginge ein Zug, aber die Fahrkarten würden erst am nächsten Morgen ausgegeben. Nun beobachtete meine Mutter, wie Leute Geld durch den Kassenschlitz schoben und dann etwas zurückerhielten. Sie tat das gleiche und sagte nur: „Fünf". Prompt bekam sie Fahrkarten für den Zug am Morgen. Am nächsten Tag waren alle Fahrkarten ausverkauft! Es wurde uns nun gesagt, dass wir auch Papiere und einen Ausweis vorweisen müssten. Also gingen wir alle zum Bürgermeisteramt und meine Mutter sagte, dass wir Flüchtlinge seien und alle Papiere verloren hätten. Der gutmütige Bürgermeister stellte uns nun Papiere aus, aber meine Mutter gab uns andere Namen. Ich hieß z. B. Gerda, denn so hieß meine Freundin.

Da wir unsere Kleider nun schon einige Tage getragen hatten und am Bahnhof keine Möglichkeit zum Waschen war, fragte Oma in einer Wirtschaft, ob wir uns wohl waschen könnten. So gaben sie uns schließlich einen Eimer Wasser und wir konnten uns im Garten waschen.

Wir warteten dann auf den Zug und auch tatsächlich kam ein Güterzug in den Bahnhof gerollt. An der Sperre stand ein russischer Soldat und kontrollierte die Papiere. Er konnte aber nicht lesen und hielt die Papiere verkehrt herum. Alle durften einsteigen und meine Mutter fand ein kleines Podest im Güterwagen und hob uns darauf, damit wir nicht zusammengetrampelt wurden. Als alle Passanten im Zug waren, hieß es „wieder aussteigen und das Gepäck im Zug lassen". Sehr oft wurde dann das Gepäck der Passanten einfach abtransportiert. Wir hatten an diesem Tag Glück und durften wieder einsteigen. So fuhr der Zug sehr langsam an der Grenze entlang und ich kann noch heute die Posten im Abstand von einigen Metern sehen mit ihren Gewehren in der Hand.

Nach etwa einer Stunde hielt der Zug an und alle mussten aussteigen. Wir waren in der englischen Zone und am Rande eines Flüchtlingslagers. Bevor man das Lager betreten durfte, wurde man von oben bis unten mit einem Insektizid eingepudert, damit sie keine Flöhe oder Läuse ins Lager bekommen. Es gab Hallen mit Stroh ausgelegt und eine Waschhalle. Man bekam auch etwas zu essen und es war wärmer als draußen.

Jeden Morgen mussten sich alle versammeln und es wurden die Namen aufgerufen von den Leuten, die an dem Tag weitertransportiert wurden. Niemand wusste wohin. Am 5. Tag wurden auch wir aufgerufen und ein Zug stand bereit. Diesmal war es ein Personenzug. Wir fuhren den ganzen Tag und während der Nacht hielt der Zug an. Wir hielten auf dem Bahnhof von Köln. „Schnell raus!" rief meine Mutter. „Hier in der Nähe in Mönchen-Gladbach wohnt Onkel Eugen". Beinahe hätten wir meinen Bruder Erich vergessen, der in der Ecke schlief. In dieser Nacht schliefen wir bei der Bahnhofsmission und wir bekamen Kakao zu trinken. Meine Mutter zeigte uns den Kölner Dom beim Bahnhof, aber wir wollten nicht hineingehen, denn alles war so ungeheuer groß und dunkel in der Nacht. Am nächsten Tag trafen wir dann in Mönchen-Gladbach ein. Wir machten uns auf, die vornehme Appartementwohnung von den Ensingers zu finden. Groß war Omas Freude, ihren Bruder wiederzusehen, obwohl die Ensingers nicht an Kinder gewöhnt waren. Wir konnten alle ein Bad nehmen und Opa anrufen. Wir blieben nur wenige Tage, da wir schon so viele Tage unterwegs gewesen waren. Von da an war es relativ einfach nach Möckmühl zu kommen und Opa holte uns in Osterburken ab. Leider war Opas Haus voller Leute. Im Erdgeschoß war die Kinderklinik Brendle und die Schwestern wohnten auch im Haus. Inzwischen war auch Onkel Heinz mit seiner Frau Emme eingetroffen und es gab wenig zu essen. Dies alles zusammen mit der Flucht war zu viel für unsere geliebte Oma und sie wurde schwermütig.

Aufgeschrieben von Ingrid Reichardt, geb. Hädicke

März 2017

ANHANG

Umsiedlungen der in Ost- und Südosteuropa lebenden Deutschen von 1939 und 1944

Zuständig für die Umsiedlungen war die Volksdeutsche Mittelstelle unter dem Leiter Werner Lorenz, die dem SS-Hauptamt und somit Heinrich Himmler unterstand.

Personen deutscher Volkszugehörigkeit und nichtdeutscher Staatsangehörigkeit, die außerhalb der Grenzen des Deutschen Reiches in den Grenzen von 1937 und Österreichs lebten, vor allem in Ost- und Südosteuropa, wurden zur Zeit des Nationalsozialismus als Volksdeutsche bezeichnet. Zuvor nannte man sie „Auslandsdeutsche".

Die **Deutschbalten**, rund 65.000 Personen aus Lettland und Estland, wurden Anfang **Oktober 1939** in den Warthegau (NS-Bezeichnung) und nach Westpreußen umgesiedelt. Sie hatten 750 Jahre in diesem Gebiet gelebt. Zuvor waren die Polen vertrieben worden.

Ab **November 1939** folgten die **Wolhyniendeutschen** mit rund 65.000 Personen und die **Galiziendeutschen**.
Die von 1939 bis 1941 zwischen der Sowjetunion und dem Deutschen Reich vereinbarten Umsiedlungsabkommen schlossen Ostwolhynien aus. Die 44.600 Deutschen in **Ostwolhynien** wurden von **Oktober 1942 bis Mai 1944** zunächst nach Bialystok und dann in den Warthegau verbracht.
Die Wolhyniendeutschen hatten sich im Laufe des 19. Jahrhunderts aus Westpreußen und Polen kommend im Land angesiedelt. Sie waren nicht vom Zaren gerufen worden.

Die Deutschstämmigen aus **Bessarabien und Bukowina**, insgesamt 212.000 Personen, wurden im September/Oktober **1940** umgesiedelt. Sie hatten 120 Jahre in der Region gelebt.

Im November **1940** wurden etwa 14.000 **Dobrudschadeutsche** ins Deutsche Reich nach Mainfranken und Niederfranken umgesiedelt, wo sie eingebürgert wurden. Ein ganzes Dorf verweigerte die Einbürgerung, und etwa 100 Personen kamen ins KZ Flossenbürg. Ab 1942 wurden Landwirte im Protektorat Böhmen und Mähren und im Wartheland untergebracht und sogar in Lothringen, Galizien und Südsteiermark. Sie hatten sich vor etwa 100 Jahren am Schwarzen Meer angesiedelt, zum Teil waren sie aus Bessarabien eingewandert.
Auf der **Krim** siedelten ab 1804 Deutsche. Im August 1941 deportierte Stalin 53.000 Menschen vorwiegend nach Kasachstan.
Nach dem Einmarsch der deutschen Truppen im Jahr 1942 wurden die verbleibenden 960 Deutschstämmigen von **September 1943 – März 1944** in den Warthegau umgesiedelt.

Die **Schwarzmeerdeutschen** (so bezeichnet von der Volksdeutschen Mittelstelle) wurden mit rund 73.000 Personen von **August 1943 bis Mai 1944** umgesiedelt.

Die **Transnistriendeutschen** mit rund 135.000 Personen wurden von **Februar 1944 bis Juli 1944** umgesiedelt.

Erika Speth

Quelle: Wikipedia

Dokumente der Alliierten Kontrollkommission in Ungarn

Eine wichtige Dokumentensammlung zur Geschichte der Nachkriegszeit

Die Kommission für Gegenwarts-Forschungen der Ungarischen Akademie der Wissenschaften hat einen Sammelband mit Dokumenten über die Tätigkeit der Alliierten Kontrollkommission für Ungarn (AKK) veröffentlicht. (Documents of the Meetings of the Allied Control Commission for Hungary 1945–1947, MTA Jelenkorkutató bizottság, Budapest 2000, p. 456.). Das Buch enthält insgesamt 50 Dokumente, hauptsächlich Sitzungsprotokolle, Memoranden der AKK, die im Waffenstillstandsabkommen am 20. Januar 1945 in Moskau ins Leben gerufen wurde. Die Dokumente stammen mehrheitlich aus amerikanischen Archiven. Die Vorsitzenden der einzelnen Kommissionen waren Marschall Woroschilow (Sowjetunion), Generalmajor William S. Key, ab 5. Juli 1946 Brigadiergeneral Weems (Vereinigte Staaten) und Generalmajor Edgcumbe (Großbritannien). Die Aufgabe der Kommission war die Kontrolle der Durchführung des Waffenstillstandsabkommens, die Beteiligung an der politischen und wirtschaftlichen Umgestaltung Ungarns sowie die Vertretung der wirtschaftlichen und politischen Interessen ihres eigenen Landes und dessen Bürger. Wichtige Themen der Sitzungen waren noch die Rückführung der Kriegsgefangenen und Flüchtlinge, die Versorgung der Kommissionen mit Behausung, Möbeln, Lebensmitteln usw. Den Vorsitz bei den Sitzungen führte der Vertreter der Sowjetunion (Marschall Woroschilow, in seiner Abwesenheit Generalleutnant Swiridow). Spätere Versuche, ein Gleichgewicht in der Kontrollkommission herzustellen, scheiterten am Widerstand der Sowjets, wodurch auch die Verantwortung der Westmächte für das Wohlergehen der Bevölkerung eingeschränkt wurde: Die anfangs in freundlicher Atmosphäre geführten Gespräche wurden später ständig rauer. Die Amerikaner protestierten immer mehr gegen die unmittelbare Einmischung der Sowjetführung bzw. der sowjetischen Kontrollkommission in die inneren Angelegenheiten Ungarns, zuerst bei der Agrarreform im März 1945, die unter der Direktive Woroschilows durchgeführt wurde, ohne die westlichen Partner darüber informiert zu haben.

Ein weiteres regelmäßig diskutiertes Thema der Sitzungen war die Vertreibung der deutschen Minderheit zwischen Januar 1946 und Mai 1948.

Ganz unerwartet für die Repräsentanten der Westmächte wird dieses Thema auf die Tagesordnung gesetzt. Am 17. Juli 1945 unterbreitet Woroschilow die Bitte der ungarischen Regierung zur „Repatriierung der Schwaben" nach Deutschland. „Die ungarische Regierung" – heißt es in dem Schreiben – „bittet die AKK, sie (d. h. die Schwaben) nach Deutschland in ein Gebiet zu verschicken, das nicht nahe der ungarischen Grenze liegt. Nach Schätzung der ungarischen Regierung gibt es etwa 200 000 prodeutsche Schwaben im Lande." Die Vertreter der Westmächte entziehen sich einem sofortigen Entschluß mit dem Hinweis, daß sie weitere Einzelheiten wissen wolle und eine Rücksprache mit ihr Regierung für nötig erachten. Der englische General möchte die ganze Aktion auch genauer definiert haben. Sie ähnele eher einer Deportierung (Zwangsverschickung) als einer Repatriierung (Rücksiedlung). Woroschilow ist mit dieser Definition einverstanden, und in den späteren Sitzungen wird regelmäßig von der Deportierung der Schwaben, gelegentlich auch von ihrer Vertreibung, (expulsion) gesprochen. Das Datum dieser Sitzung ist insofern interessant, daß es auf den Tag genau dem Beginn der Potsdamer Konferenz zusammenfällt. In der ungarischen öffentlichen Meinung wird auch heute noch oft der Stand vertreten, die „Aussiedlung der Schwaben" wäre eine Durchführung der Beschlüsse der Konferenz in Potsdam gewesen. Dagegen steht fest, daß die ungarische Regierung schon vor Beginn der Potsdamer Konferenz mit der Bitte einer „Repatriierung" der deutschen Bevölkerung an die AKK in Ungarn herantrat und diese Bitte dann von der Konferenz in Potsdam – mit Vorbehalten von den Westmächten – lediglich gewährt wurde. Das beweist auch das Protokoll der AKKSitzung vom 25. Januar 1946. Hier heißt es: „General Key erklärte, er habe Klagen gehört über die Auswahl der zu Deportierenden und über das ganze Verfahren. Er schlug vor: Da die ursprüngliche Regierungsverordnung – es handelt sich hier um die Verordnung vom 29. Dezember 1945 – behaupte, die Aktion erfolge ‚auf Anordnung der AKK', müßte der Text zur Lesung ‚mit der Genehmigung der AKK' umgeändert werden. Er führte aus, die ungarische Regierung habe aus eigener Initiative beantragt, daß die Schwaben deportiert würden. Der Vorsitzende (Woroschilow) erklärte sich bereit, zur Ausbesserung der Verordnung Instruktionen zu geben und führte aus, er würde auch die Veröffentlichung in den ungarischen Zeitungen bewerkstelligen, um klarzumachen, daß die Deportierung das Ergebnis eines von der ungarischen Regierung gestellten Antrages sei. Auf Anfrage von General Edgcumbe erklärte sich der Vorsitzende auch bereit, klarzustellen, daß für die Auswahl der Personen die ungarische Regierung voll zuständig ist und die Verantwortung der AKK bestehe allein in der Sicherung der aktuellen Ausführung, daß der Transport in möglichst geordneter und humaner Weise durchgeführt wird." Was davon weitergeleitet wurde, ist uns nicht bekannt; zu einer Umformulierung der beanstandeten Verordnung kam es nicht.

Die Klagen gegen die ungarischen Behörden werden immer lauter: Keine genauen Informationen über die Zahl der zu Deportierenden, Fragen nach Alter, Beruf und Geschlecht werden nicht beantwortet, Züge fahren ohne vorherige Anmeldung ab; oft dürfen sie den in den Bestimmungen festgelegten Hausrat und Lebensmittel nicht mitführen, Klagen über die schlechte Behandlung durch die abfertigenden Behörden werden geäußert usw., was dann schließlich zu einer zeitweiligen Einstellung der Transporte führt. „Es wurde wiederholt klargemacht" – heißt es dann im Protokoll vom 19. Juni 1946 –, „diese Maßnahme sei notwendig geworden infolge des andauernden Versagens der ungarischen Behörden, bei der Auswahl und dem Transport dieser Personen menschliche Überlegungen in Betracht zu ziehen, was zu ernsten Beschwerden der Behörden in Deutschland führte, weil dort viele von diesen Personen bar aller Mittel ankamen." Als Beispiel werden die Tschechen zitiert, die eine reibungslose, den Abmachungen entsprechende Deportierung der dortigen deutschen Bevölkerung gewährleisten.

Die veröffentlichten Dokumente sind zum Verständnis und zur genaueren Information über die Nachkriegsereignisse von außerordentlicher Bedeutung.

H. K.

Aus: Neue Zeitung, Budapest, Nr. 51/52, 22. Dezember 2000

Zur Deportierung der Ungarndeutschen in die Sowjetzone Deutschlands

General Swiridow: Wir behandeln den nächsten Punkt der Tagesordnung betreffs der Deportierung der Schwaben, unterbreitet von General Edgcumbe. Der General bittet um Auskunft, ob die Verlautbarung der Wahrheit entspreche, daß 50 000 Schwaben in die Sowjetzone Deutschlands deportiert werden sollen. Ich kann sagen, wie es schon in der Presse berichtet wurde, daß wir von der ungarischen Regierung die Bitte zur Deportierung von 45 000 bis 50 000 Schwaben in die Sowjetzone Deutschlands erhalten haben. Aus Pressemeldungen wissen wir, daß sich die Sowjetbehörden in Deutschland zur Aufnahme einer solchen Zahl von Schwaben bereit erklärt haben. Ich glaube, ich habe schon in unserer letzten Sitzung über die schwere Lage gesprochen, die in Ungarn im Hinblick auf die zur Deportierung vorgesehenen Schwaben entstanden ist. Zwei Familien leben auf ihrem Hof oder auf dem Hof, er hat also zwei Eigentümer, und während der Schwabe im Haus sitzt, lebt der Ungar im Stall oder in der Scheune. Wie man im Russischen sagt: „Zwei Katzen in einem Sack." Zur Bereinigung dieser Lage ist die Deportierung von etwa 50 000 Schwaben erforderlich. Durch das Entgegenkommen der Sowjetregierung wird durch Aufnahme dieser Zahl Abhilfe geschaffen. Das ist alles, was ich zu dieser besonderen Frage sagen kann.

General Edgcumbe: Ich möchte fragen, ob die Anordnungen zur Deportierung mit den Bestimmungen zur Deportierung in die Amerikanische Zone vergleichbar sind, denn ich möchte hier betonen, daß die AKK für den geordneten und humanen Verlauf der Deportierung verantwortlich gemacht wurde, und wie Sie sich erinnern werden, haben wir gewisse Besichtigungen der Transporte usw. durchgeführt, als die Schwaben in die Amerikanische Zone verschickt wurden. Ich denke, wenn die Sache anläuft oder noch davor, sollten wir die Vorkehrungen zur Verschickung der Schwaben in die Sowjetzone auf ähnliche Weise überprüfen, wie es bei der Verschickung in die Amerikanische Zone geschah.

General Swiridow: Soweit mir bekannt ist, bin ich in der Lage zu sagen, daß die Deportierung in humaner Weise durchgeführt wird. Jede Person kann einen Lebensunterhalt Lebensmittel – für einen halben Monat mitführen. Die Frage des humanen Transports wird strikt befolgt. Die Aktion wird unter ärztlicher Kontrolle durchgeführt. Kranke Menschen und schwangere Frauen werden nicht verschickt, und die ganze Sache wird in einer geordneten Weise durchgeführt. Soweit ich informiert bin, sind die technischen Vorbereitungen zur Durchführung noch im Gange, und ich habe Ihnen schon gesagt, worüber ich informiert wurde.

General Edgcumbe: Vielen Dank für Ihre Erklärung, aber ich denke, es ist unsere Pflicht zu überprüfen, was mit den Schwaben geschieht, bevor sie in die Sowjetzone gebracht werden, wie wir sie auch vor der Abfahrt der Züge in die Amerikanische Zone besuchten; denn wir können uns nicht darauf verlassen, daß die ungarischen Behörden ihr Bestes tun. Wenn Sie zustimmen, so denke ich, wir werden benachrichtigt, wann der erste Zug abfährt damit wir in dem entsprechenden Gebiet einen Besuch abstatten können.

General Swiridow: Ich kann mich nicht erinnern, daß sowjetische Vertreter anwesend gewesen wären, als diese Züge in die Amerikanische Zone abgingen. Soweit ich mich erinnere, waren im Grunde genommen die Amerikaner daran allein interessiert und machten die nötige Kontrolle. Ich kann mich nicht erinnern, daß russische Vertreter daran teilgenommen hätten.

General Edgcumbe: Ich denke, es handelt sich nur darum, daß wir sehen, was die ungarischen Behörden vor dem Abgang der Züge machen. Was die Amerikaner betrifft, wir inspizierten, um zu sehen, wie die Schwaben vor ihrer Abreise aussehen. Wir wollen nur sehen, wie man auf die Deportierung reagiert, um unserer Regierung darüber berichten zu können. Ich würde gerne in meinen Aufzeichnungen nachschauen, was wir bei den Vorkehrungen zur Deportierung in die Amerikanische Zone beschlossen haben. Wir haben damals klare Beschlüsse gefaßt, und ich möchte nachschauen, was darüber in meinen Aufzeichnungen steht, und ich möchte General Swiridow bitten, dasselbe zu tun. Das ist keine Kontrollfrage. Ich weiß, meine Regierung ist daran interessiert zu wissen, wie die Schwaben reagieren. Ich möchte nachprüfen, was wir früher beschlossen haben, und ich bin sicher, wir können wieder Übereinstimmung erzielen.

General Swiridow: Die frühere Deportierung der Schwaben wurde in Übereinstimmung mit einem Plan des Alliierten Kontrollrates in Berlin durchgeführt, und die AKK in Ungarn übte lediglich die Kontrolle aus. Was uns betrifft, wir vertrauten den Amerikanern, daß sie sich bei der aktuellen Deportierung an die Regelungen des Kontrollrates halten. Aber im gegenwärtigen Fall, bei der Deportierung von 50 000 Schwaben in die Sowjetzone Deutschlands, hat die AKK in Ungarn weder vom Kontrollrat in Deutschland noch von irgendeiner anderen Stelle Anweisungen bekommen. Ich habe nicht einmal von der Sowjetregierung Anweisungen zur Kontrolle und Durchführung des Transports von Schwaben. General Weems: Ist Herrn General bekannt, wann diese Transporte beginnen? General Swiridow: Offen gesagt, ich weiß es nicht. Ich persönlich habe in dieser Angelegenheit überhaupt keine Anweisungen bekommen. Es wäre viel besser, wenn die Amerikaner, dem Beispiel der Sowjets folgend, in ihrer Zone auch an die 50 000 Schwaben aufnehmen würden. General Edgcumbe: Wir haben also nur aus Pressemeldungen Kenntnis davon, daß die Sowjetbehörden zugestimmt haben. Stimmt das? General Swiridow: Ich weiß, daß sie tatsächlich deportiert werden und daß die Pressemeldungen in dieser Hinsicht korrekt sind. General Edgcumbe: Herr General weiß also, daß im Prinzip die Entscheidung gefallen ist, hat aber keine detaillierten Anweisungen.

General Swiridow: Ja, so ist es. General Edgcumbe: Gut, Herr General wird uns vielleicht wissen lassen, wenn er Informationen bekommt, wann mit der Deportierung angefangen wird. General Swiridow: Ich glaube, die ungarische Presse wird es früher wissen als ich. General Edgcumbe: Ich möchte nicht der ungarischen Presse glauben, ich glaube Herrn General Swiridow. General Swiridow: Schönen Dank.

(Documents of the Meetings of the Allied Control Commission for Hungary 1945–1947, MTA Jelenkor-kutató bizottság, Budapest 2000, p. 456)
Übersetzung durch die Autorinnen

Aufruf zur Ausweisung der Familie Affenzeller aus Tichá, früher Oppolz Kreis Kaplitz, heute Kreis Český Krumlov, Südböhmen, am 18.9.1946

Freie Übersetzung.

Sie sind zum Transfer in Ihre Heimat (d. h. heim ins Reich) bestimmt worden und werden am 18. / 9. 1946 um 8 Uhr in die Sammelstelle in Kaplitz abtransportiert.

Zum Mitnehmen sind: 2 Decken, 4 Wäschegarnituren, 2 gute Arbeitsanzüge, 2 Paar gute Arbeitsschuhe, 1 guter Arbeitsmantel (Winterrock), 1 Eßschale, 1 Tasse und ein Eßbesteck, 2 Handtücher und Seife, Nähzeug (Nadel und Zwirn), Lebensmittelkarten und die amtlichen Personenausweise und Dokumente.

Weiter können Sie Gegenstände Ihres Personenbedarfes, etwas unverderbliche Lebensmittel und ähnliches mitnehmen. Alle Ihre Sachen dürfen das Gesamtgewicht von 50 kg pro Person nicht überschreiten.

Sämtlicher Schmuck, Wertgegenstände, Geld und Einlagebücher (außer der Reichsmark) schreiben Sie auf und geben Sie in einem Sack mit Ihrem Namen und der Anschrift an dem Ort der Zusammenkunft ab.

Bei dem Verlassen Ihrer Wohnung sind Sie verpflichtet alle Eingänge zu den Wohnungs- oder Betriebsräumen zu zusperren, die Schlüssel mit einem Kartonschild mit Ihrem Namen und Anschrift zu versehen und am Ort der Zusammenkunft abzugeben.

Die Schlüssellöcher müssen mit den beigelegten Papierstreifen überklebt werden, sodass die Türen ohne Beschädigung der Streifen nicht geöffnet werden können. Auf den Streifen unterschreibt sich der Haushaltsvorstand eigenhändig.

Es wird dringends darauf hingewiesen, daß nichts von Ihrem Eigentum verkauft, verschenkt, geborgt oder sonstwie veräussert werden darf.

Die Nichtbefolgung dieser Anordnungen wird bestraft.

ACHTUNG!

Dieser Brief ist zur Sammelstelle nach Kaplitz **mitzubringen.**

ADRESA:

Menzeller Aloisia, Marie, Anna, Josef
Christine, Růžena, Terezie, Michael
Tichá č. 71

Byl jste určen k odsunu do své vlasti (domů do Říše) a budete odtransportován dne 18. / 9. 1946 v 8 hodin do sběrného střediska v Kaplici. **Vezměte s sebou:** 2 přikrývky — 4 soupravy prádla — 2 dobré pracovní obleky — 2 dobré pracovní boty — dobrý pracovní plášť (zimník) — misku, šálek a jídelní příbor — 2 ručníky a mýdlo — šicí potřeby (jehly a nitě) — potravinové lístky a úřední osobní průkazy a doklady.

Dále si můžete vzíti s sebou předměty Vaší osobní potřeby, něco nezkazitelných potravin a podobné; všechny Vaše věci nesmí přesahovati celkovou váhu 50 kg na jednu osobu.

Veškeré šperky, cenné předměty, peníze a vkladní knížky (kromě markových platidel) si sepište a odevzdáte je v sáčku s Vaším jménem a adresou na shromaždišti. Při odchodu z bytu jste povinen uzamknouti všechny vchody do místností, které obýváte nebo v nichž provozujete živnost klíči, které opatříte lepenkovým štítkem s Vaším jménem a adresou a odevzdáte na shromaždišti.

Klíčové otvory přelepte připojenými papírovými páskami tak, aby dveře nemohly býti otevřeny bez porušení pásky. Na pásky se hlava rodiny vlastnoručně podepíše.

Důrazně upozorňuji, že nic z Vašeho majetku nesmí býti prodáno, ani darováno, půjčeno nebo zcizeno.

Neuposlechnutí těchto příkazů se trestá.

Z příkazu Okresní správní komise:

Das Dokument stellte uns freundlicherweise zur Verfügung: Rolf Fürst, Enkel von Aloisia und Josef Fürst

Das Kriegsgefangenenlager in Heilbronn-Böckingen

In der Endphase des Zweiten Weltkrieges eroberte die 7. US-Armee große Teile Süddeutschlands, darunter vom 2. bis 15. April 1945 auch Heilbronn, und machte in kürzester Zeit Hunderttausende deutsche Kriegsgefangene. Da die Gefangenen irgendwo untergebracht und versorgt werden mussten, befahl das Oberkommando der US-Truppen in Europa die Einrichtung von *Transient Enclosures*, also Durchgangslagern, auf deutschem Boden. Die Lager PWTE C-3 und PWTE C-4 (PWTE = Prisoner of War Temporary Enclosure) wurden auf freiem Feld im Westen des heutigen Heilbronner Stadtteils Böckingen errichtet. Ende April 1945 kamen die ersten Gefangenen in Heilbronn an. Die Gefangenen kamen „weitgehend ausgehungert und entkräftet" bei den PWTE an, wie ein Augenzeuge berichtet.

Die Lager wurden unter großem Zeitdruck von US-amerikanischen Pioniergruppen errichtet – auch die Gefangenen wurden zum Ausbau herangezogen – und waren im Mai 1945 mit 150.000 Mann überfüllt. In den ersten drei Monaten fehlte es an Material, Personal, Essen, Wasser, es fehlten Unterkünfte und sanitäre Anlagen. Das und die feuchte Witterung führten zu katastrophalen hygienischen Zuständen. Bis zum Sommer 1945 starben 250 bis 300 Gefangene. Ab August wurde es deutlich besser. Die Amerikaner griffen auf ihre eigenen und die deutschen Material- und Nahrungsmitteldepots zurück und requirierten in großem Umfang zivile Einrichtungen (u. a. Bäckereien). Zu keinem Zeitpunkt waren die Zustände in Heilbronn vergleichbar mit denen in den Rheinwiesenlagern.

Das Rote Kreuz kümmerte sich um die Gefangenen, sammelte Spenden, Nahrungsmittel und Lesestoff und vermittelte Kontakt zu den Suchdienstkarteien, die sich darum bemühten, die Angehörigen der Gefangenen zu finden.

Zwei Männer ragten in dieser Zeit besonders heraus: der evangelische Stadtpfarrer Böckingens Theodor Zimmermann (1893–1974) und der österreichische Jesuitenpater Johann Planeta, der selbst Gefangener im Lager C-4 gewesen war und nach seiner Freilassung noch bis Oktober 1946 als katholischer Lagerpfarrer wirkte. Das Lager C-4 war schon Ende Juli 1945 geschlossen worden. Die evangelische Kirche um Zimmermann organisierte Sammlungen von Lebensmitteln und Gebrauchsgegenständen, erreichte Anfang August den offiziellen Transport von Hilfsgütern in das Lager C-3 und eröffnete auf Initiative Zimmermanns und auf Anregung des amerikanischen Lagerkommandanten ein Genesungsheim für körperlich geschwächte Entlassene, dem weitere folgten. Lagerpfarrer Planeta erreichte die Entlassung zahlreicher Gefangener, die speziellen Gruppen angehörten, z. B. Geistliche, Kranke, Versehrte, Sudetendeutsche, Österreicher.

Auch Privatpersonen versuchten, Gefangenen mit Briefen und Lebensmitteln zu helfen.

Das Lager PWTE C-3 wurde unter verschiedenen Bezeichnungen bis Mai 1947 als Durchgangslager für Kriegsgefangene weitergeführt. Wie viele Gefangene die Heilbronner Lager durchliefen, ist nicht mehr genau zu ermitteln.

Erika Speth
Februar 2018

Quellen: Stadtarchiv Heilbronn und Wikipedia Lager Heilbronn

Lastenausgleich

Der Lastenausgleich war ein Entschädigungswerk im westlichen Teil Deutschlands, das nach Art und Umfang als einzigartig gilt. Das Gesetz trat am 24.5.1949 in Kraft. Er sollte Flüchtlingen – auch aus der sowjetisch besetzten Zone oder der späteren DDR – und Heimatvertriebenen, aber auch Spätheimkehrern, Ausgebombten und anderen Geschädigten die wirtschaftliche Eingliederung erleichtern. Die Kosten mussten zum Teil diejenigen aufbringen, die Eigentümer von Häusern, Grundstücken und sonstigem Vermögen waren. Abzugeben war die Hälfte des festgestellten Vermögens, auf 30 Jahre verteilt, die letzte Rate war bis zum 31.3.1979 zu bezahlen. Durch die Verteilung auf viele Jahre betrug die Belastung nur 1,67 % pro Jahr. Infolge der ständigen Inflation seit 1952 fiel das den Betroffenen allmählich leichter.

Die Geschädigten erhielten aber nur bei kleinem Vermögen, unter 5.000 Reichsmark, vollen Ersatz. Darüber gab es etwa dreißig degressive Entschädigungsstufen, die von 80 % bei 10.000 Mark bis 6,5 % bei über 1 Million Vermögen lagen. Grundlage der Berechnung war bei Haus-, Betriebs-, Landwirtschafts-, Forst- und sonstigem Grundvermögen der Einheitswert von 1935. Üppig ist diese Entschädigung also nicht ausgefallen. Ein Großgrundbesitzer mit 200 ha bekam z.B. 33.800 DM, 1,69 Pfennig/qm. Auch hier war der Entschädigungsbetrag gestaffelt. Beim Erwerb von z.B. Wohngebäuden während des Naziregimes musste nachgewiesen werden, dass sie nicht unter Wert von jüdischen Mitbürgern gekauft worden waren.

Ein großer Posten im Lastenausgleich waren die Kriegsschadenrenten, die an Alte und Erwerbsunfähige gezahlt wurden, die ihre wirtschaftliche Existenzgrundlage verloren hatten.

Was mit dem Lastenausgleich nicht berücksichtigt wurde und auch nicht werden konnte, war die oft bedeutende Benachteiligung der Vertriebenen. An erster Stelle ist der berufliche Abstieg zu nennen. Vielen gelang es nicht mehr, in gleichwertige Berufe zurückzukehren. Insbesondere Landwirte mussten sich überdurchschnittlich oft mit Hilfsarbeitertätigkeiten begnügen, was sich natürlich auch auf die spätere Rente auswirkte. So waren die Einkommen der Vertriebenen im Verhältnis zu Nichtvertriebenen manchmal noch bis in die zweite Generation niedriger.

Marlies Kibler
Februar 2018

Quelle: Wikipedia

Herkunftsgebiete der Umsiedler, Flüchtlinge und Heimatvertriebenen

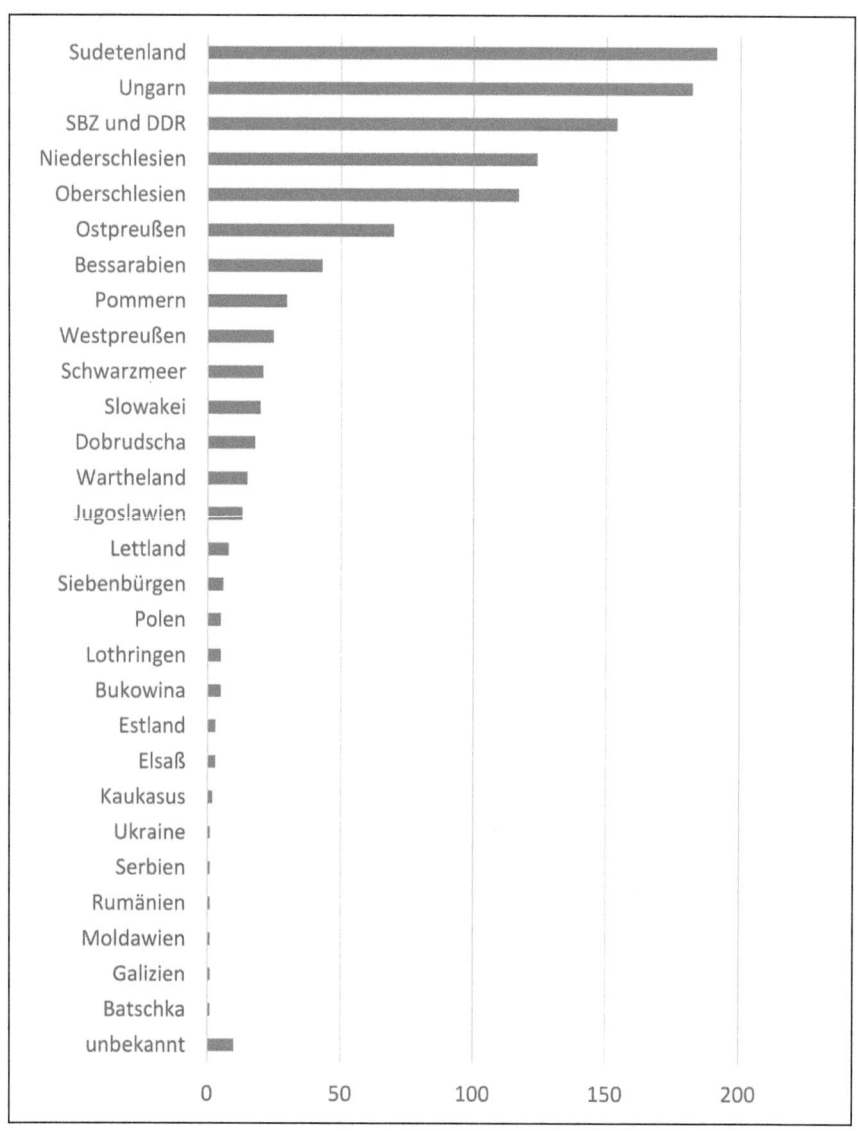

Quelle: Stadtarchiv Möckmühl

Zuzugsjahr der Umsiedler, Flüchtlinge und Heimatvertriebenen

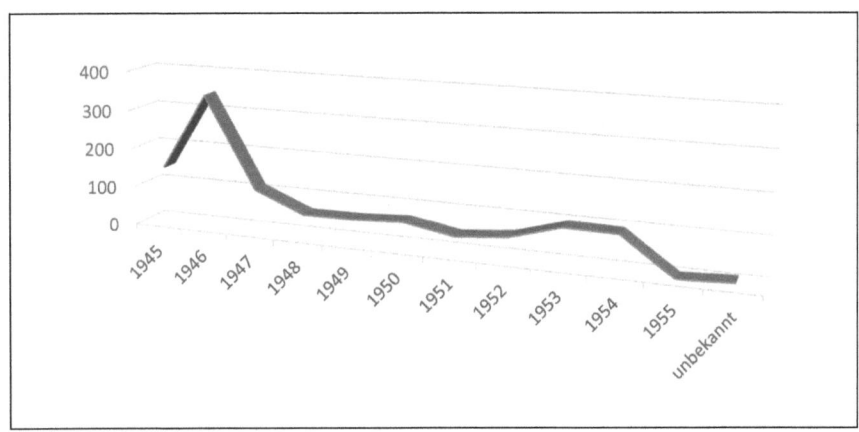

Quelle: Stadtarchiv Möckmühl

Altersstruktur der Umsiedler, Flüchtlinge und Heimatvertriebenen

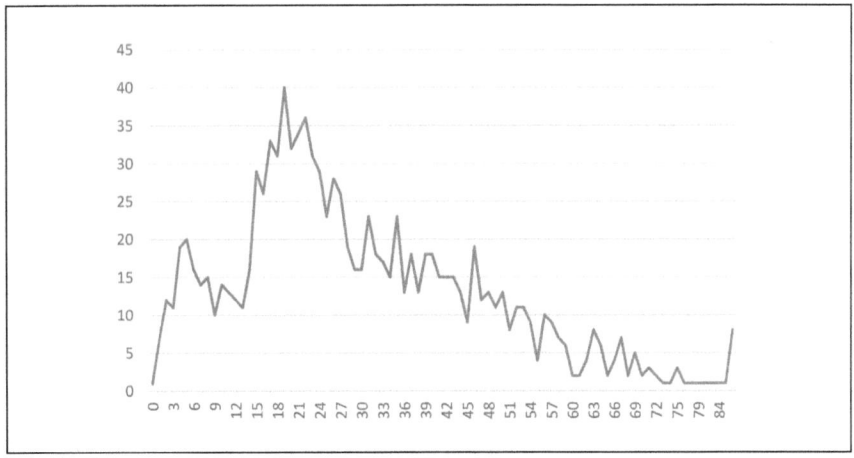

Quelle: Stadtarchiv Möckmühl

Religionszugehörigkeit der Umsiedler, Flüchtlinge und Heimatvertriebenen

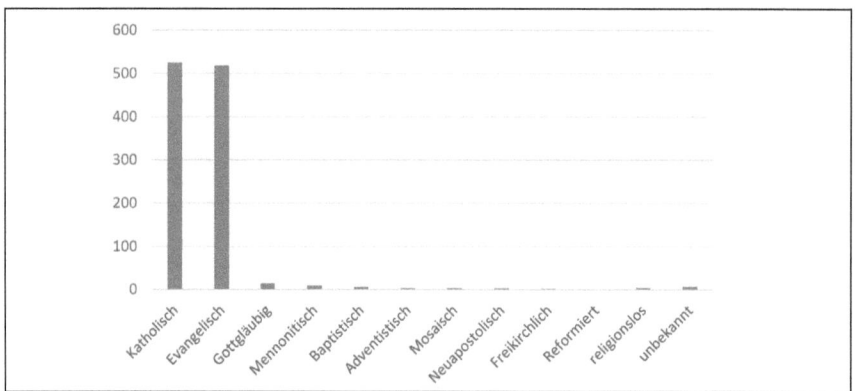

Quelle: Stadtarchiv Möckmühl

Sudetendeutsche Heimatvertriebene

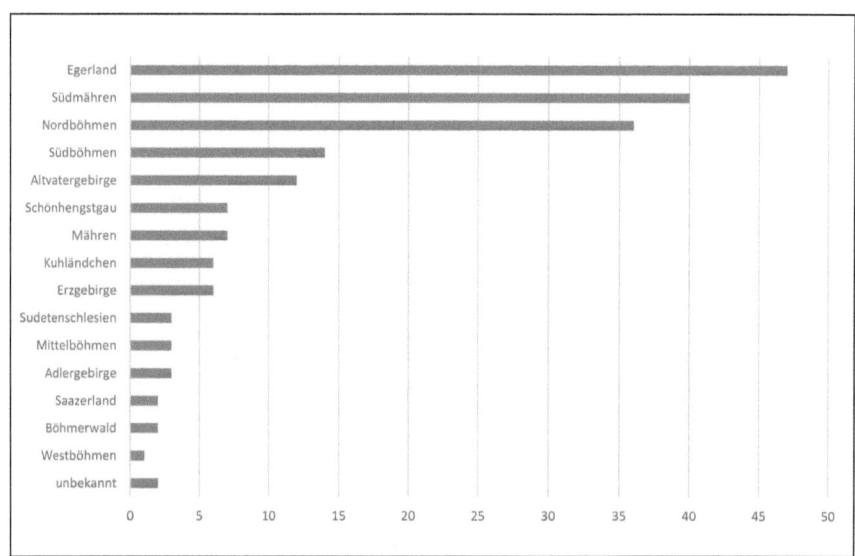

Quelle: Stadtarchiv Möckmühl

Ungarndeutsche Heimatvertriebene

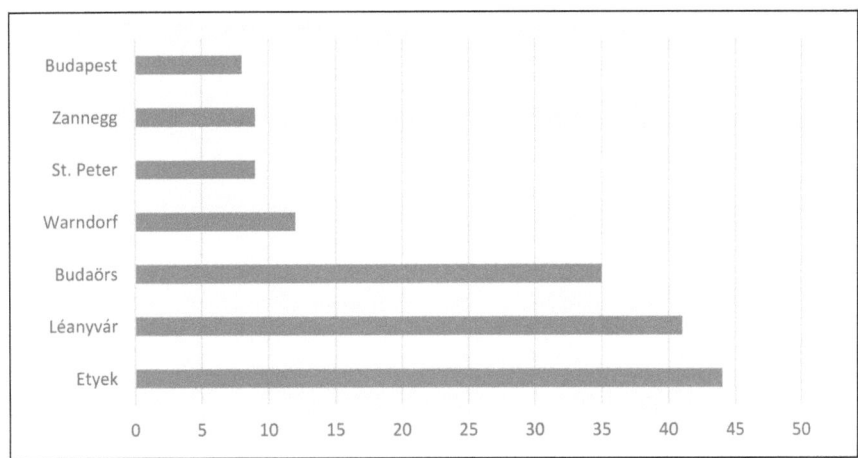

Quelle: Stadtarchiv Möckmühl

Möckmühl, 2016. Foto: Dr. Ulrich Mählert